每一种声音
都期待回响

CREDIBLE
WHY WE DOUBT ACCUSERS AND PROTECT ABUSERS

我们为何质疑受害者

论可信度

Deborah Tuerkheimer
［美］德博拉·陶克海默 著 沈乐慧 译

北京联合出版公司
Beijing United Publishing Co.,Ltd.

图书在版编目（CIP）数据

我们为何质疑受害者：论可信度 /（美）德博拉·陶克海默著；沈乐慧译. -- 北京：北京联合出版公司，2025.6. --（她们的话语）. -- ISBN 978-7-5596-8321-2

Ⅰ. C91

中国国家版本馆 CIP 数据核字第 2025FC0421 号

CREDIBLE: Why We Doubt Accusers and Protect Abusers
Copyright © 2021 by Deborah Tuerkheimer
Published by arrangement with Harper Wave
An imprint of HarperCollins Publishers
Simplified Chinese edition copyright:
Shanghai Naquan Cultural Diffusion Co., Ltd.
All rights reserved.

我们为何质疑受害者：论可信度

作　　者：[美] 德博拉·陶克海默
译　　者：沈乐慧
出 品 人：赵红仕
策划机构：风之回响 RESONANCE
责任编辑：孙志文
特约编辑：于　淼　高继书
装帧设计：周雯静

北京联合出版公司出版
（北京市西城区德外大街 83 号楼 9 层　100088）
北京联合天畅文化传播公司发行
北京美图印务有限公司印刷　新华书店经销
字数 219 千字　787 毫米 ×1092 毫米　1/32　10.75 印张
2025 年 6 月第 1 版　2025 年 6 月第 1 次印刷
ISBN 978-7-5596-8321-2
定价：69.80 元

版权所有，侵权必究
未经书面许可，不得以任何方式转载、复制、翻印本书部分或全部内容。
本书若有质量问题，请与本公司图书销售中心联系调换。电话：(010) 64258472-800

致 幸存者

目录

作者说明 / 1

导言 / 3

第一章　以权力为轴线 / 11
　　　　可信度复合体的运作方式

第二章　完美受害者与魔鬼施暴者 / 40
　　　　迷思如何影响我们的可信度判断

第三章　谁的真相 / 59
　　　　受害者如何被质疑

第四章　责任转嫁 / 105
　　　　受害者如何被挑剔

第五章　关照落差 / 138
　　　　受害者如何被无视

第六章　"更糟糕了" / 180
　　　　为何可信度复合体会伤害受害者

第七章　超越信念　　　　　　　　　/　209
　　　　幸存者至关重要
结　论　　　　　　　　　　　　　　/　238
致　谢　　　　　　　　　　　　　　/　248
注　释　　　　　　　　　　　　　　/　252
索　引　　　　　　　　　　　　　　/　302

作者说明

我在本书中分享的故事涵盖了性侵和骚扰事件发生后的一系列经历。毫无疑问，在后续篇章中，我本可以呈现无数关于受害者如何勇敢面对这些后果的故事，但我选择重点讲述的那些案例，不仅揭示了我们在对待不端性行为指控者时存在的模式化问题，也放大了那些鲜有人倾听的声音。我选择的故事既反映出性暴力指控经历中的共性，也展现其独特性。为保护隐私，在某些情况下，我会更改姓名和识别特征。

我将交替使用"受害者"（victim）和"幸存者"（survivor），除非上下文或所描述的人有倾向性。这两个词都旨在传达不端性行为所造成的伤害、并非一蹴而就且常伴缺憾的治愈过程，以及暴力发生后，仍锲而不舍所需要的力量。正如作家唐娜·弗赖塔斯（Donna Freitas）所写的："我既是一名幸存者，*也*是一名受害者，不知何故，这两种身份将永远与我共存。"[1]

尽管男孩和男人也会是不端性行为的受害者和幸存者，但女孩和女人构成了绝大多数暴力的受害者，这一事实并非巧合。同样不足为奇的是，大多数施暴者是男性。我使用性别代词来指代施暴者和受害者，描绘的是典型的性暴力状况——涉及男性施暴者和女性受害者。[2] 对于施暴者而言，他们利用权力去掠夺弱势者，同样的权力也在保护他们免于承担后果。大多数不端性行为——即便在今天——仍未得到处理，这一现状维护着滋生暴力的等级制度。性别无法与性暴力及其后果相分割。这一现实塑造了下文中的故事。

导　言

2020年2月下旬的一个早晨，我来到曼哈顿下城区的刑事法院大楼。在职业生涯的早期，我曾是那里的一名检察官。当时，我专门负责性暴力方面的案件，其中的许多案件我仍记忆犹新。当我走进法院，那些案子——尤其是受害者们——就会出现在我的脑海中。那天把我带回法院大楼的是哈维·韦恩斯坦（Harvey Weinstein）一案。此前，我身处任职的西北大学，密切关注着此案为期一个月的审理。现在，我终于能亲临现场，观察整个审理过程。

经过五天的审议，陪审团宣布已作出裁决，当时我就在法庭现场。仅这一事实就非同寻常。绝大多数性侵报案从未实施逮捕，更别说指控、起诉或定罪了。[1]在整个美国，警方接到的性侵案报告中大约只有20%会实施逮捕。[2]在部分司法管辖区，逮捕率甚至更低。³正如人们所知,当原告和被告是熟人时,指控就会以某种方式影响审理,这让陪审员倍感头疼。此外,当被告是有权势者时,免责就是普遍规律,而追责是极少数例外。

韦恩斯坦的法庭之路催生了一个新时代。大约在两年半前,有关这位好莱坞巨鳄暴行的开创性报道将窃窃私语演变为千夫所指。#MeToo 成为热搜,各行各业的人们站出来公开她们的故事,揭露在出版、时尚、音乐、体育、广告、喜剧、慈善、酒店、零售、法律、工厂、学界、科技行业、宗教场所、政界等各领域的性暴力行为。此时距塔拉纳·伯克(Tarana Burke)发起"MeToo"运动已有十余年。事实上,该运动将为性暴力的幸存者赋能,尤其对于有色人种的妇女和女孩而言。⁴直到韦恩斯坦受审,这一运动已将性暴力推至我们的公共对话与意识的最前沿。

在 #MeToo 话题形成病毒式传播之后,活动家和倡导者利用这一势头要求进行系统性变革。他们取得了一些显著成就。几十年来,韦恩斯坦一直在利用保密协议让女性保持沉默,这一行为被曝光后,使用保密协议这一关键因素受到极大关注,这类协议因而在十几个州受到限制。有一些州扩大了性骚扰的定义,以涵盖更广泛的行为,其中包括情节较轻的骚扰,同时让更多受害者得到保护,如合同工和实习生等。还有几个州延长了提起性骚扰控诉的时效。⁵

尽管运动取得了初步成效,但我们的机构及其文化的改革几乎已经停滞。努力取得的法律成果远未达到我们所需要的程度。今天,在各州和联邦法院里,在民事和刑事案件中,即使是最进步的管辖区也保留了一些降低指控者可信度的法律。

在法律体系以外，问题更严重。在日常生活中，我们需要对可信度做出紧急判断。比如，当同事告诉你某个骚扰事件，当你听到有关你老板的私下告诫，当某位朋友透露一个很久之前或新近发生的性侵事件，当你在社交媒体上得知一个熟人指控另一人行为不端，或当你读到针对你崇拜的政治家、演员或运动员的最新指控时，我们都需要加以判断。

判断可信度是一种强大的权力，因为可信度本身就是一种权力形式。每当我们评判可信度时，就会处于一种认可或贬损发声者的位置。然而，社会和个人在以令人不安的方式行使这种权力。即使是我们中最善意的人，包括那些勇于接受 #MeToo 教训的人，也是如此。

我们正在被一组力量左右，却对此一无所知，我将这组力量称为*可信度复合体*。这些力量腐蚀我们的判断，使我们极易贬低指控者的可信度，夸大被告的可信度。最脆弱的女性经历着最极端的可信度受损，而那些受到更高的地位或职位保护的男性，则是可信度大幅提升的受益者。

可信度复合体有两个主要的驱动因素。首先是文化。可信度复合体渗透到我们文化的最深层，我们可以把它视为公共的意义系统，尽管它极富争议。社会人类学家亚当·库珀（Adam Kuper）将文化定义为一个"思想和价值观的问题，一种集体心态"。[6]尽管我们所共享的意义系统是支离破碎的，但它仍然存在。这里的关键是，这种文化无法从一个权力明显失衡的社会环境中独立出来。⁷在接下来的故事中，等级、不平等、脆弱性和特权都起到了关键作用。

我们文化的一个主要呈现方式是个人的行为和态度。在接下来的章节中，你会看到，可信度复合体是人为推动的。一些人在系统中工作，这些系统常常会使一个人的可信度受到损害或得到提升。警官、校领导和工作人员在接下来的叙述中占有重要位置。朋友、室友、父母和同事也是如此。我们都无法超越文化规范，也无法避免其对我们内心造成的影响。正如文化心理学家所认为的那样，人类心理既是文化的产物，也是文化的生产者。当涉及可信度复合体时，个人心理反映并加剧了对于暴力指控的集体反应。⁸

无论你喜欢与否，我们都被同样的文化汁液浸染着。我们中的一些人比其他人更适应这些文化力量带来的影响，而另一些人则设法调整已被意识到的常见错误和偏见。有些人从不端性行为的独特经历中得到启发，这也塑造了关于可信度的判断。大多数人都已从许多 #MeToo 故事中得到了一些关于性暴力的信息。但是，没人能够免受文化影响，即便是幸存者也不例外。

法律是可信度复合体的另一个主要驱动因素。法律在塑造公共价值观和态度方面的功能往往被忽视。法律学者内奥米·迈泽伊（Naomi Mezey）写道："法律在看似不运作的时候，也在发挥作用。"迈泽伊解释说，在所有关系中，包括最亲密的关系，法律条文都设定了"我们商议生活及塑造身份的底线"。⁹

这些条文很庞杂，因为法律是一个迷宫。它是惩罚特定行为的刑事法规，是禁止特定形式歧视的法令，是解释这些法律的司法意见，是决定法庭接受哪些证据的规则，也是管理民事和刑事案件诉讼的程序。这些法律渊源对可信度复合体都至关重要。

由于法律融入了对文化的理解，它揭示了原本可能被掩盖的盲点。但正如社会学家苏珊·西尔比（Susan Silbey）观察到的，"法律不仅仅反映或编码其他规范建构的内容"，它也塑造文化。就如西尔比所说，"法律是文化进程的一部分，它在社会关系的构成中起着积极作用"。[10] 法律在强化可信度复合体的同时，也暴露了这一现象的存在。

———

早在 2017 年，韦恩斯坦已经成为公众舆论场上 #MeToo 话题的反面典型。法庭则不同。在那里，他像所有刑事被告一样被推定为无罪，除非他的有罪证据能够排除一切合理怀疑。控方案件依赖于指控者的话语，而指控者的可信度是核心，并且每个环节都会受到攻击。

接受韦恩斯坦辩护团队的盘问是艰难而痛苦的，他们利用了人们长期以来对报告性侵事件女性的怀疑。指控者被描绘成为了财富或名声而撒谎的人，被指责将自己置于弱势地位，被讲述成对辩方认为的自愿性行为的报复和后悔。她们被逼问为什么等待这么多年才站出来，且在她们所指控的性侵行为发生后，仍与韦恩斯坦保持友好关系。

这些是用来诋毁女性的老套路。它们不仅出现在法庭内，法庭外也同样存在，不端性行为的指控首先在法庭外被提出，通常是在受信任的内部圈子里。为韦恩斯坦一案的陪审员所设置的陷阱，是任何人都有可能陷于其中的。

当陪审员们拖着脚步回到法庭，我看着法庭工作人员围着韦恩斯坦，准备迎接即将到来的判决。我知道，这一刻不仅是为了韦恩斯坦一案勇敢的受害者，也是为了世界各地的性暴力幸存者，以及所有那些看着正义是否能在困境中得到伸张的人。*有罪*。人们相信了指控者：她们所描述的事情确实发生了，发生的事情是错的，她们的痛苦是重要的。人们认为，这些女性是可信的。

对韦恩斯坦的判决代表了一次巨大的胜利，但我仍在担忧实现这一时刻所需的条件。我们需要这么多女性——在审判中作证的六名和公开反对韦恩斯坦的几十名女性，她们给警察和检察官施加压力才得以使案件成立。如果可信度只体现在数量上，那么更典型的单独指控者会怎样？如果可信度只赋予某些指控者——韦恩斯坦的大多数受害者都是白人女性，那么当有色人种和其他边缘女性说出所遭受的性暴力时，会发生什么？这些都是紧迫问题——提醒着我们，#MeToo 工作任重而道远。

在我的职业生涯中，首先是一名特殊受害者检察官，其次是一名法律学者，我看到了可信度复合体是如何帮助性暴力实施者免于惩罚的。我逐渐相信，要制止这种情况发生，我们必须改变对可信度的态度。这一信念不仅源于我的工作，也来自我作为这个世界的一名女性的经验和观察。许多有权势者在维系父权制现状方面投入巨大。这种现状将持续下去，除非我们去思考可信度和它的本质：权力。

可信度复合体使这种权力分配不均，也不公平。我们将看到，在贬损指控者可信度的普遍倾向中，边缘化的幸存者受害最深。有色人种妇女、贫困妇女、残疾妇女、性少数群体、移民妇女——无论对于正式官员，还是其家人朋友，这些人是最不被信任的。在等级森严的社会中，她们所处的位置使其话语被区别对待。幸存者往往会预料到此类不平等待遇，为避免这种情况，她们便对所遭受的暴力缄口不言。

当女性真正站出来时，可信度复合体使我们如此轻易地否定她们，不相信她们对事件的描述，指责她们的侵害行为，无视她们的痛苦。与此同时，可信度复合体让我们拥护那些被指控的男性的利益，支持他们否认控诉，帮他们开脱罪责，优先考虑其逃避责任的渴望。我们中的大多数人都会受到这些倾向的影响——并非由于我们是坏人，也不是因为我们想置幸存者于不利地位，而是因为我们仍然沉浸在某种文化中，而这种文化一直在贬低性侵犯和性骚扰的受害者。

我们有另一项选择：通过正视扭曲我们决策的影响因素，我们可以更好地行使权力，决定谁是可信的。

我将在接下来的故事中，以最切近的方式阐明可信度复合体的运作原理。我们将看到被不端行为伤害的女性如何再次受到伤害——这次是被性暴力的后续所伤害。这些故事中的部分人物是你熟悉的：哈维·韦恩斯坦、杰弗里·爱泼斯坦（Jeffrey Epstein）、罗伯特·凯利（R. Kelly）、拉里·纳萨尔（Larry

Nassar）、比尔·科斯比（Bill Cosby）、布雷特·卡瓦诺（Brett Kavanaugh）、唐纳德·特朗普（Donald Trump）。但是，我们将通过一个全新的视角——可信度复合体——来看待那些熟悉的事实。

而本书中的大多数故事，属于那些其施暴者并不出名的女性，她们的讲述从未成为头条新闻。这些女性也承受了痛苦——不仅是性暴力，还有暴力的余波。她们遭遇挫败——不仅来自施暴者，也来自周围那些不能或不愿提供有效回应的人。一些受害者首先向朋友、同事或家人求助，另一些人则向工作场所的主管、大学的纪律官员，或者警察和检察官报告。这些人的判断在不知不觉中出现偏差，伤害了信任他们的女性。

我们可以做得更好。我们都是解决方案的一部分，因为每个人都是问题的一部分。如果我们重新调整自己，更公平地应对所接触到的指控，法律改革和文化变革将随之而来。随着时间的推移，我们就能瓦解可信度复合体。第一步，要从了解这种复合体的运作方式开始。

第一章 以权力为轴线
可信度复合体的运作方式

无论我们是否意识到，我们都很容易做出有损于社会弱势群体的可信度判断。我们怀疑其坚称为事实的权威性——即便那是关于她们自己生活的事实。当一项主张威胁到现状时，可信度复合体就会启动，而当那项主张来自边缘或脆弱人群时，可信度复合体则开始高速运转。我们的默认反应是驳回她们。

事情很简单：无论她们是顺性别还是跨性别，无论她们的种族或社会经济地位怎样，是何种性取向或移民身份，我们给予女性的信任太少了。与此同时，交叉因素很重要——就像没有一种典型的女性形象一样，也不存在我称之为*可信度受损*的单一经验。

一旦你为其命名，就会发现可信度受损无处不在。它并不孤立，也不独特，而是有模式、可预测的。它发生于工作场所，在你的贡献不被尊重时；发生于医疗环境中，在你的症状描述被认为不真实或不重要时；发生于薪酬谈判的过程中，在你的要求被视为不得体而遭驳回时；发生于课堂上，在你的见解被视为一文不值时；发生于亲密关系中，在你以某种方式为他人的行为负责时，等等，不一而足。即便你意识到这些时刻可能因性别而起，或许也不觉得它们与对你的可信度判断有关。通过了解可信度受损的运作方式，你就会知道为什么这些时刻让你感受到轻视。

当一个女人站出来指控性暴力时，损害其可信度的普遍社会冲动便到达了顶点。此时，性别、权力、性权利、文化信念和法律保护之间会产生碰撞。这就是我提出的可信度受损，以及我所谓的范式。

即使这种经历未被命名，大多数指控者也都清楚知晓。许多人挺身而出，却遭驳回。更多人因为这一预期而沉默。也许她们上一次就被驳回了，也可能已经看到其他指控者被驳回。人们感到可信度受损不可避免。

这种损害让人觉得影响深远——它确实如此。可信度需要的远不止是相信指控的真实性。要认定某项指控可信，我们还必须相信它所描述的行为应受到责备，并且值得我们关注。

设想一个人站出来指控暴力行为，并提出了三个方面的主张：*它发生了，它是错的，它很重要*。每一项主张都至关重要。只要其中任何一项遭到拒绝，无论是来自亲人还是官方的回应人，指控者都将被驳回。

倾听者或许会认定，遭指控的行为并没有发生。

或者认为，这不是被告的错，而是指控者的错。

或者会说，它的危害性不足以引发关注。

不管怎么说，结果都是一样的。说服不了听众，现状就会继续维持。除非指控中的所有部分——*它发生了，它是错的，它很重要*——都被接受，否则指控将被视为不实，不该受到指责或没那么重要，从而遭驳回。这三种可信度受损机制可能且常常重叠在一起——但仅仅是每一种机制本身，便足以使指控失效。

大多数女性在指控一个男人实施性暴力时，都会面临可信度受损。而一个女人站出来指控一个*有权势*的男人时，她面临的损害会更严重。需要说明的是：作为性行为不端受害者的男性在站出来时，也可能遭遇可信度受损。但本书的关注重点始终是那些对父权制威胁最大的人：女性指控者。在一个男性性特权受到威胁的父权制社会中，损害可信度的做法具有特殊效力。

可信度受损也有另一面——我称其为*可信度膨胀*。受损和膨胀共同定义了可信度的复杂性。就像可信度受损是三维的，它适用于全部的三项主张，这种可信度的"提升"也是如此。它确保施暴者几乎不会被追究责任，包容他们的系统也能够照常运转。

所有这一切似乎都自然而然且难以解决。可信度膨胀是一种根深蒂固的思维模式，导致它时常在人们的视线中隐形。但是，它与可信度复合体的运作密不可分。

我们的社会赋予了有权势的人一种隐秘的好处。正如哲学家劳伦·莱登-哈迪（Lauren Leydon-Hardy）对我说的那样，我们被教导对这些人"给予过度信任"。他们被授予一种权威，可以总结性地谈论过去的事件，并赋予其意义和重要性。他们得到了在我看来额外的可信度提升。事实上，这种提升是"社会规范性的"，莱登－哈迪说，这意味着我们共同用来引导生活的"路线图"教我们"一次又一次"地承认男性权威——不仅是做决定的权威，而且是理解世界的权威。

当我们同时评估一项陈述及其反驳时，我们对指控的常见反应是过度怀疑，*并过度信任对它的反驳*。这种反应在"他说，她说"的典型争论中最容易被发现。但不是所有指控都会引来反驳——有时，我们并没有听到被控方对事件的陈述，或是承认自己的行为。然而，他*仍*可以获得可信度的提升——只不过转移到了归咎（*这不是他的错*）和关照方面（*他很重要，所以不必为他的行为承担后果*）。

在我们责怪指控者以及漠视其痛苦方面，这种升级现象尤为明显。你可以把这看作一个环环相扣的系统：每一个贬低指控者可信度的机制都对应着一个提升被控方可信度的机制。当指控者通常不被信任、被指责、被漠视时，他们所指控的男人却很容易被相信、被免责、被赋予超乎寻常的重要性。

我们可能几乎没有留意到：被告的反驳不合情理，却被视为理所当然，并受到信任；不端行为会被解释成受害者的过错，或因危害性不足而被免于追责。但这些提升机制与针对指控者的相反机制产生了同样的效应。

这并不奇怪，因为可信度受损和膨胀的根源是相同的——一种沿着权力轴线分配可信度的复合体。

罗丝·麦高恩（Rose McGowan）就是引发一连串事件，并扳倒哈维·韦恩斯坦的那位女性。几十年来，这位制片人的不端行为在某些圈子里是公开的秘密。但没有女性公开站出来反抗他。这种情况在2016年秋天开始发生变化，当时身为女演员和活动家的麦高恩在推特上说一名"电影公司老板"强奸了她，但未提及其姓名。[1] 早期参与报道韦恩斯坦涉嫌虐待众多女性的顶尖记者们看到了她的推特发言。一年后，《纽约时报》(New York Times)的乔迪·坎特（Jodi Kantor）和梅根·图伊（Megan Twohey）以及《纽约客》(New Yorker)的罗南·法罗（Ronan Farrow）发表了关于韦恩斯坦侵害行为的爆炸性报道。[2]

在麦高恩的回忆录《勇敢》(Brave)中，她描述了自己如何在1997年圣丹斯电影节上被唤去参加一个商业会议，她的电影正在那里首映。被麦高恩称为"魔鬼"的韦恩斯坦正在他超大的酒店套房里工作，他们的会议就在那里举行。会议结束后，他说要送她。然而，麦高恩说，他把她推到按摩浴缸里，强迫她口交。她在震惊中离开了酒店。正如她所写的那样："我的生活就此改变。"[3]

当时的麦高恩不可能知道，至少有100名妇女——其中二十多人被称为"打破沉默者"——最终将指控韦恩斯坦的性骚扰或性侵犯行为。麦高恩花了近二十年时间才站出来，推动了这一连串事件。回到1997年，她认定自己是孤独的，对于发生的事情，她选择沉默。像许多幸存者一样——无论是否出名，无论指控的是否是一名权力掮客——她吸收可信度复合体的潜在信息，贬低了自身的可信度。

"我一直在想，那天晚上事发前，他在剧院里是怎样坐到我身后的，"她说，"这使得事情——确实不是我的责任，但——好像是我引诱了他。这让此事变得更恶心，也让我觉得自己更肮脏。我知道其他受害者也有这种感觉。我们一遍又一遍地回忆事件过程，责备自己。如果，如果，如果。"

麦高恩考虑过报警，但转念一想就放弃了。她解释说："我知道，如果我公开说出这件事，这个魔鬼不会有事，但我要永远失业了。"她认为韦恩斯坦身边的人，那些在好莱坞、媒体和政界的权贵群体，会继续保护他。"因为这没什么关系，"她写道，"事情就是这样。这不过是，一个，女孩。"[4]

近二十年后，当韦恩斯坦意识到麦高恩不会再保持沉默，他开始通过其法律团队和招募的一批探子抹黑她。就像坎特和图伊最终报道的那样，丽萨·布卢姆（Lisa Bloom），一位向韦恩斯坦（成功地）推销服务的律师，帮他打击"全世界的罗丝们"，尤其是麦高恩本人。在给韦恩斯坦的备忘录中，布卢姆建议开展一次"全面的网络反击运动，并将她称作病态的骗子"。布卢姆进一步建议："发表一篇有关她越来越狂躁的文章，这样一来，有人在谷歌上搜索她时，就会弹出这种内容，她会名誉扫地。"[5]

这次反击运动是有效的。就如麦高恩所说："他们做得非常、非常好。人们愿意相信这些东西，你知道吗？这让他们对可怕的事情感觉好些，你懂吗？他们得以在晚上安心地给自己盖上被子，以为这种事情只会发生在坏人身上，但事实并非如此。"[6]

麦高恩说，就在性侵发生后，事发消息以某种方式"像野火一样传遍了好莱坞"，她被列入黑名单。"似乎好莱坞的每一个讨厌鬼都知道我最脆弱和被侵犯的时刻。而我是那个为此受到惩罚的人。这就像一次又一次被侵犯。"

她说："每个人都想让它消失，这样他们就能感觉好些。"[7] 要想让不端性行为看似消失无踪，就必须破坏"全世界的罗丝们"的信誉。

可信度受损的不均衡现象

在我们判断指控者的可信度时，细节很重要。当女性处在边缘化、附属地位或其他弱势群体中时，她们的指控就更不可能得到认可。阶层、行业、移民身份、药物和酒精使用、性史、性取向都会产生影响。法律学者特里纳·格里洛（Trina Grillo）指出，最重要的细节莫过于种族，因为它"与性别密不可分"[8]。

我们在判断可信度时所犯的错误并不是随机分布的。相反，他们往往指向同一方向：反对那些无权无势者，并支持那些掌握权势者。这通常意味着，已处于相对不利地位的受害者会失败，而已经占据相对特权地位的被控方将受益。

随着时间的推移，出现了一个值得注意的例外。当白人女性指控一名黑人男子性侵时，掌权的白人有着轻信这种指控的悠久而悲哀的历史。正如历史学家埃丝特勒·弗里德曼（Estelle

Freedman）所写的,"没有什么比对强奸的反应更能体现种族支配地位的动态了"。关于黑人男性性侵者和白人女性脆弱性的迷思在奴隶制期间变得根深蒂固,当时对黑人男性的强奸指控,无论多么似是而非,经常被用来为法律体系内外的白人暴力辩护。当强奸指控成为针对黑人男子的战略部署,白人男子却被允许强奸他们的女奴而免于惩罚。弗里德曼回顾道,到 19 世纪后期,在全国范围内,两组事关种族的信念定义了强奸:"第一,黑人女性不可能遭强奸;第二,黑人男性威胁着白人女性的贞洁。"[9]

即使在今天,这段历史也塑造着对不端性行为的反应。许多有色人种受害者在描述暴力后果时提到了她们的种族。而许多白人女性*并未*如此,正如格里洛所说,她们"经常认为自己不是白人,而是'无种族'"。[10] 无论原告是哪个种族,事情都与他人如何看待她的可信度密切相关。①

来看看文凯拉·海因斯(Venkayla Haynes)的故事。海因斯是一名刚毕业的大学生,她说,大一刚开始,她就被强奸了。在我询问她后果时,她明确表示,我们需要回溯到更久之前,才能理解她不愿向当局报告这一事件的原因。海因斯告诉我,她 12 岁时,曾遭一名活跃于其所在教会青年团体的成员多次强暴。他"从未真正向教会索取过什么",海因斯说,"但作为回报,他会虐待黑人女孩",她"知道发生的事是错的",但只要虐待还在持续,

---

① 在下文的叙述中,我在指控者认同的情况下提供其种族身份,同时设法避免白人身份消失或默认为常态。——如无特殊说明,本书脚注为原书注。

她就不会告诉任何人。"我觉得有人夺走了我的声音……我沉默地经历了整个虐待过程。"

尽管海因斯对她遭受的虐待保持沉默,但另一个被同一位教会成员猥亵的女孩挺身而出。女孩的指控被公开,教会没有采取任何行动。"他在随后那个周日回到教堂,"海因斯回忆道。"在那个周日,他又开始虐待我。"她遭受的虐待持续了五年多,直到她搬家。这是海因斯首次遭遇可信度受损,这深刻地塑造了她对世界及其所处地位的看法。

多年以后,海因斯会克制出面指控校园性侵这一想法。她说,她是被邻近大学的一名运动员强奸的。他曾是她的一位密友,也是海因斯最早诉说其童年受虐经历的人之一。海因斯回忆说,性侵发生后,她的第一反应是不要报警。她向我解释说:"我是黑人,我是一个女人,我不是那个会立即拨打911或信任执法部门的人,因为问题涉及性行为不端和警察暴力,这些都是非常、非常敏感的话题。"她还记得多年前发生的事,一名受害者站出来之后,人们没有对猥亵她和其他女孩的黑人教会成员采取任何措施。

虽然作为一名刚毕业的大学生,海因斯不确定是否要向学校权力部门汇报她所遭受的侵害事件,但她毫不怀疑自己被强奸了。不过,她想知道自己是否有"力量"说出来,以及如果迎难而上,她是否会受到信任。她想知道有没有可能自己"在这一回得到保护",或者,就如她闭口不谈童年遭受的虐待那样,她将不得不再次"保护他人"。

经过一番挣扎,她清楚地意识到,她的故事对周围的人来说可能无足轻重,但她还是决定报告她的侵害事件。海因斯描述道,学院的反应是责备她。她回忆起自己被告知:"你不应该去校外的这间公寓。你不应该穿这件衣服。你不应该和这些男孩混在一起。你应该专心学习。"她强调,"一切都归咎于我。"

海因斯最终撤回控诉。"我觉得我牺牲了我的创伤、我的感受和我的经历,被迫保护对我施暴的人,"她解释道,"但没人想保护我。"她觉得发生在她身上的事情并不重要,这意味着她的"生命没有受到重视"。她随后写道:"遭强奸的黑人女性并不重要。"[11]

黑人女性的可信度受到损害,其方式与白人女性的遭遇不同。黑人女性被置于从属地位的情况不仅在程度上更甚,其性质也有所不同。正如法律学者安吉拉·哈里斯(Angela P. Harris)指出的,黑人女性不是"更倒霉的白人女性"。[12]当涉及可信度时,长期以来关于黑人女性性行为的迷思加剧了黑人指控者所面临的不信任、指责和冷漠。[13]

以安妮塔·希尔(Anita Hill)案为例,这位律师对克拉伦斯·托马斯(Clarence Thomas)的性骚扰指控促成了数场听证会。近三十年后,这些听证会仍是美国现代史上最关键的时刻之一。正如记者简·马耶尔(Jane Mayer)写的那样,"听证会演变成一场令人震惊的对决,托马斯和他的辩护人竭尽全力贬损希尔的品格,败坏她的信誉,在没有确凿证据的情况下指责她是一个骗子、幻想癖和色情狂。"[14]对希尔的说法持怀疑态度的人指出,她没有在数年前离开平等就业机会委员会(Equal Employment Opportunity Commission,EEOC)时投诉托马斯,当时他还是她的老板。事实上,大约在那个时候,希尔确实告诉了一位他们共同的朋友,托马斯涉嫌骚扰了她两年。

"我不信!"她的朋友回应。"你是什么意思?"希尔问道。"不是说我不相信你,"这位朋友解释说,"而是[我]无法相信克拉伦斯·托马斯会这样做。"希尔开始哭泣。这次谈话据说"影响了她对未来是否再与任何人探讨这段经历的考虑"。希尔后来回忆说:"如果我的朋友有这种反应,他身边的其他人也会有同样的反应。"将近十年,她没有再提起这个话题。[15]

当希尔站出来公开指责当时已被提名为最高法院法官的托马斯时,她再次受到无视。托马斯得到了法院的认可,希尔却身败名裂。在保守派的圈子里,她被广泛描述为精神错乱且放荡不羁,"有点疯狂,有点浪荡",一位政治评论家这样写道。

回顾她的经历,希尔指出,黑人女性"作为一个群体"长期以来一直"被视作不贞且饥渴"。作为奴隶,"发生在她们身上的性侵犯不是犯罪",而受害者"如果敢抗议,就会被指责有妄想症或是幻想自己总要抗议些什么"。几个世纪后,同样的叙述被用来驳回希尔的指控。她写道:"错误地将我塑造成一个色情狂,由于渴望某物使我无法辨别幻想和现实,这完全符合关于黑人女性性欲的迷思。"[16]

当一名黑人女性提出三项主张——*它发生了,它是错的,它很重要*——其可信度受损是最严重的。即便人们相信指控,那些受害者往往也会遭到冷漠对待,因为黑人女性发现,她们的价值不仅被社会贬低,也在自己种族的社区中遭到贬低。安妮塔·希尔指出了一种"为维护我们的种族身份而否认我们的性别"的冲动，并表示这迫使黑人女性对她们遭受的虐待保持沉默。"那些针对黑人的暴力和私刑的故事强化了禁止反抗骚扰、家庭暴力甚至强奸的规矩，"希尔补充道，"这种经历可能会伤害个人，但我们被告知，揭露那些行为会伤害每个人。"[17]

三种可信度受损机制中的每一种——不信任、指责、无视——都对黑人女性施加了特殊的报复。一项研究发现，那些向家庭成员报告性侵犯的受害者通常会得到三种常见的反应：否认侵犯的发生、指责受害者，或完全无视其指控。[18]那些面临更高性暴力风险的人则更可能面临不信任、指责或无视，从而降低了她们正式起诉的可能。研究黑人女性所面临的揭露障碍的心理学家发现了一种"文化使命，它保护美国非裔男性犯罪者免受刑事司法系统中实际上的，以及人们眼中的不公平待遇"[19]。（研究表明，针对土著女性的性侵犯绝大多数发生在跨种族之间，除此之外，许多性侵犯涉及同种族的受害者和施暴者。）[20]

对于黑人女性来说，挺身而出可能被视为一种不义之举。女权主义活动家和美国非裔研究者萨拉米夏·蒂耶（Salamishah Tillet）写道："黑人男性强奸犯的刻板印象……威吓到了那些被美国非裔男子侵犯的黑人女性，使其保持沉默，因为她们害怕被贴上种族叛徒的标签，更糟糕的是被视为刑事司法系统的同谋，而这一系统不成比例地监禁着黑人男子。"[21]正如安妮塔·希尔曾经描述的那样，对黑人女性施加这种沉默法则会导致"一种自我否定，它进一步助长对她们的贬低"[22]。

"Me Too"运动的创始人塔拉纳·伯克继续将她的工作重点放在那些远没有名人那么引人注目的受害者身上。[23] 为了让这些幸存者的故事变得更重要，伯克坚持认为她们的痛苦必须得到重视。电影制片人、系列纪录片《逃脱凯利的魔爪》(Surviving R. Kelly)的执行制片人德雷姆·汉普顿（dream hampton）说，如果不是这样，黑人女性不会愿意谈论她们所遭受的虐待行为。她观察到，"黑人男性在刑事司法系统中的受害者地位凌驾于其他所有伤害之上，这是压制黑人女性的一种方式"。[24]

记者雅米尔·史密斯（Jamil Smith）写道："尽管我们黑人社区不断要求女性成员优先考虑集体的种族斗争，有时以牺牲自己的尊严和安全为代价，但如果她们敢说黑人强奸犯一句坏话，那么她们就会被贴上不忠于我们传统和文化的标签。"[25] 在一个关注施暴者超过关注受害者的世界里，黑人女性有更多理由为保持沉默付出代价。

有色人种的幸存者，无论哪个种族，人们通常会认为她们的重要性不及施暴者。"有色人种女性在经济、社会和政治世界中的地位不同。"法学教授金伯利·威廉斯·克伦肖（Kimberlé Williams Crenshaw）写道，她创造了"交叉性"一词，以此阐明考虑身份和不平等相叠加的必要性。[26] 无论指控者是黑人、拉丁裔、亚裔美国人还是穆斯林——这一切都影响着人们对她可信度的判断。

土著女性遭遇可信度受损的方式与其他有色人种女性相类似——但也有独特的方面。萨拉·迪尔（Sarah Deer）是法学教授、麦克阿瑟基金会学者（MacArthur Fellow）和俄克拉何马州马斯科吉（克里克）部落［Muscogee (Creek) Nation］的公民。迪尔用了二十多年的时间来帮助遭受性别暴力的土著幸存者——她将这些幸存者描述为"不仅是受伤最深，也是最早的受害者，是政治和政治化性暴力的第一批受害者"。土著女性遭受性暴力的比例惊人：据政府估计，超过一半人在其一生中都受到过侵害。[27] 在一些社区，尤其是偏远的村庄，性侵犯的发生率更高。"这是意料之中的事。"[28] 南达科他州扬克顿苏族保留地（Yankton Sioux Reservation）的一位女性健康倡导者说。

官员们严重贬低了土著幸存者的可信度，导致报告往往石沉大海。当土著女性受到侵犯时，她们很清楚其指控很有可能被驳回。"你可能见过你母亲上报、你姐姐上报、你阿姨上报，或者你听说过她们上报，"迪尔说，"但没人承认做过这该死的事。那么，凭什么你会觉得你的案子是例外呢？"

部落社区经常与负责保护他们的执法人员，以及在理论上决定他们案件的陪审员在物理上相隔绝。在美国本土的48个州，对土著女性的性侵案起诉主要由联邦政府负责，而不是部落，后者对非土著罪犯缺乏管辖权（这些罪犯又要对绝大多数针对土著受害者的性侵犯负责）。[29] 这造成了一种隔阂感，加剧了负责追查和审理土著女性案件的局外人对她们及其痛苦的漠视。

对土著女性的漠视也延伸到了当地的执法人员。在阿拉斯加州，几个警察部门因未能调查土著女性的性侵犯投诉而臭名昭著。一位前警员的观察很能说明问题。格蕾琴·斯莫尔（Gretchen

Small）于20世纪初在诺姆市（Nome）担任警员。她说，在加入警队后不久，她就意识到该部门经常驳回土著女性的指控。在一个又一个案件中，原告遭到指责与无视。

斯莫尔记得一位土著女性报告说她在酒吧喝酒，醒来时和几个男人同在酒店房间里，其中一人描述了其他五人如何在她失去知觉时反复强奸她。听完受害人的陈述后，斯莫尔回到警局追查线索，两名警官却指示此事"不是强奸"，因为原告喝醉了。当斯莫尔提醒他们，与失去知觉的受害者发生性关系确实是犯罪行为时，警察"笑着指着一堆案件档案"，解释说"在受害者有'酗酒行为或滥交史'时"，案件将"永远得不到审理"。

和其他地方一样，在诺姆，相信性暴力发生并不足以促使行动。一位当地受害人支持者观察到一种挥之不去的"心态——不管在执法部门里，还是在社区成员内部——发生这样的事……属于个人错误"。指责，并不是针对土著受害者唯一的可信度受损机制。漠视同样是一个独立的问题。许多警察对土著幸存者的困境漠不关心。斯莫尔说，她曾接到命令，要求停止调查一名涉嫌强奸14岁阿拉斯加原住民的白人男子。"他不碰小女孩，"斯莫尔回忆起警官的话，"他只会灌醉酒吧里的女人，然后把她们带到苔原上做爱……他是个好人。"

从这起以及更多案例中，斯莫尔被迫得出结论："土著女性不重要。"[30] 事实上，一些倡导者已经不再鼓励土著受害者报告他们受到的侵犯行为。萨拉·迪尔解释说，尽管承认这一点让人感觉很糟糕，但"如果你愿意站出来作证，它会加深（侵犯）的创伤"，而且没人帮忙。[31] 对于许多幸存者，无论是土著还是非土著，二次伤害甚至比起初的侵犯更严重。

边缘化的幸存者对受到轻易漠视的可能性非常敏感。正如一位没有报告其性侵事件的跨性别女性写的那样："我保持沉默，因为我知道，虽然许多幸存者在分享她们的故事时会遇到不信任和疑惑，但跨性别幸存者往往面临着一种不同类型的怀疑——这种怀疑源于这样的看法：跨性别者'太恶心'，所以不可能被攻击。"[32]

严重的可信度受损使幸存者有了更多不揭露暴力行为的理由。

这样的事实普遍存在：提出暴力指控却被毫无缘由地驳回，这就是二次侵犯。与其一头扎进这种集体性的漠视，受害者往往宁可保持沉默。这种沉默是由我称之为*预判的可信度受损*引起的。

可信度复合体如何让受害者保持沉默

阿比·霍诺尔德（Abby Honold）是一位土生土长的明尼苏达人。她成长于一个中产阶级家庭，是六个孩子中的老大，就读于明尼苏达大学（University of Minnesota），并于2017年毕业。她说，走到这一步是一条"漫长而艰难的道路"。

几年前，霍诺尔德在失去知觉时遭强奸。"我确实觉得这是我的错。"她解释道，并补充说，在强奸犯侵犯她之前，她正在和他一起吸毒。"我觉得那事'责任在我'。如果我都认为'责任在我'，警察会怎么说？"在我们交谈之前，只有几个朋友和她的医生知道发生了什么事。

霍诺尔德之所以不向警方报告强奸事件起因于约一年前，另一名男子丹尼尔·德里尔-梅吕姆（Daniel Drill-Mellum）侵犯了她。这第一次强奸与第二次有很多不同。第一次，霍诺尔德在侵犯发生后不久由救护车送往医院。她确实报了警。她没有自责——至少一开始没有。

她的投诉没有得到妥当处理。她被视为骗子——一个年轻女子自愿发生性行为，然后开始后悔。后来，霍诺尔德做噩梦，梦到她拨打911，但无人接听。

第一次强奸极为暴力。当时数百名学生正为明尼苏达州对艾奥瓦州的橄榄球赛举办庆祝派对，事发地点就在派对所在街道的对面。聚会上，一个共同好友将霍诺尔德介绍给了德里尔-梅吕姆，她同意帮他把伏特加从他的公寓搬来派对现场。他们到达公寓后不久，德里尔-梅吕姆将霍诺尔德拉进卧室，在她的反抗中，他粗暴地脱掉了她的衣服，在她的腿上留下了抓痕。

霍诺尔德后来解释说："我当时就僵住了。"他将她扔到床上，强奸了她——肛门和阴道——同时咬她、使她窒息并短暂失去知觉。"我想，*我快死了*，我想至少这事会结束。"结束后，她告诉他要离开时，他又强奸了她。"这次，"霍诺尔德说，"我不停地踢、拉或想要站起来，因为我知道事情会有多糟糕。"

在霍诺尔德终于想办法逃出公寓后，她已惊慌失措。中午时分，外面阳光明媚，她找到了穿过马路回到派对的路。"你见到我就知道发生了什么事。我的头发乱了，我的衣服可能也有点乱，我的妆肯定被满脸的泪水弄脏了。学生们开始聚拢过来……我能听到他们中的一些人说：'哦，天哪，你觉得她是被强奸了，还是怎样？该死，这太疯狂了。'光是听着就觉得很可怕，我蹲下蜷缩起来……才开始哭。"

在人群中一名学生的建议下，霍诺尔德拨打了911。她回忆说，首先是一辆警车，然后是一辆救护车。她告诉我，警察建议她别让朋友陪她去医院，因为他们可能会影响她的陈述。警察不允许她给妈妈打电话。"你可以稍后打给她，"一名警官指示道，"这对你来说很难堪。"

"你有没有对这个男孩说些什么，让他能意识到这是强奸？"另一名警员问道。"听起来你说的不是'不'这个词，亲爱的，男孩们真的能理解'不'这个词。下次你该试试。"霍诺尔德记得她很疑惑，难道真的可以通过说一些话来阻止强奸犯？

去医院的路上，在她应对警方谈话时，她开始后悔报警。她记得自己当时想："你并不重要，发生在你身上的事没什么关系……不至于那么糟糕，你只是在抱怨，你就是太夸张了。"

在她到达医院后不久，一名警探来探访霍诺尔德。"只是要让你知道，这不会有任何结果，"他开门见山，并指出他已经联系了霍诺尔德认定的侵犯者，"我和这个孩子谈过了，他说这是双方同意的。对此，你有什么想说的？"

霍诺尔德无法回答警探的问题，这似乎是为了诱使她给出错误的答案。为了直接回应被问到的问题，她尽了最大的努力。正如性侵之后经常发生的那样，尤其是当问话不是以理解创伤的方式进行时，许多细节都会被遗漏。霍诺尔德没有提到咬人、窒息或肛门强奸："我的精力集中在我认为他想知道的事情上，他就是要让我按时间顺序讲述。如果我随口说出我记得的事情,他会打断我。"事实上,采访结束时,警探告诉霍诺尔德,她的报案"真的没那么严重"。正如霍诺尔德回忆的那样,警探解释说:"这是典型的'他说,她说',我们对此无能为力,但你仍然应该得到一个强奸取证包(rape kit)①。"

她照做了,然后她又一次接受了问话——这次是由一名性侵护士检验员(sexual assault nurse examiner)②进行的,其方法是根据创伤的实际情况进行的。护士提出了一系列开放式的问题,其中许多是关于霍诺尔德对这次袭击的直观印象。当被问及在那次事件中她经历了什么时,霍诺尔德突然想起德里尔-梅吕姆的手指伸进她的喉咙后,她的口腔感觉有些不一样。护士检查时发现,霍诺尔德的唇系带——连接上唇和牙龈的一小块皮肤褶皱——断裂了。护士还观察到抓痕和咬痕,有些深到足以留下疤痕,还有几十处阴道和肛门撕裂伤。那天晚上,在与案件警探的电话中,她说,霍诺尔德的伤势是她见过的700多起案件中最严重的。"我记得当时我认为这是一个'完美的案例'。"护士检验员后来说。"你得认真对待这件事。"她坚持道。她记得那个警探回答:"你知道,现在的孩子们都喜欢变态玩意儿。"[33]

霍诺尔德回家后开始了另一种校园生活。被强奸的那天晚上,她收到了几位男性朋友的语音邮件,他们显然是喝醉了,笑着大

---

① 用于收集性侵证据的医疗器具套件。——译注
② 经过特殊培训,为性侵受害者进行检查的护理人员。——译注

喊：" 妈的，我们不知道原来这么容易。"很快，校园里传言霍诺尔德谎称她遭受强奸。"故事流传开来，"她回忆道，"说是我在街上走到丹面前说：'你想上楼粗暴做爱吗？'结束后，我拨打911，是因为他不愿意当我男朋友。"在接下来的几个月里，霍诺尔德听到自己被称为"那个疯狂诬告的女孩""精神病"和"荡妇"，而德里尔－梅吕姆被描述为"无辜的""永远不会这样做的人"，并"得到了警方的澄清"。

霍诺尔德记得这是一段可怕的时光。警方在德里尔－梅吕姆被捕后不久就撤销了对他的指控，而霍诺尔德的创伤加剧，因为"没人再相信任何事"。由于德里尔－梅吕姆显然已经"逍遥法外"，她担心如果他再次强奸她，也没有人会在意。

如今，霍诺尔德想知道她谎报强奸的谣言，是否导致一些人认为即使提出投诉，也没有人会相信她们。她自己也有这种感觉——她提出的任何指控肯定会被视为谎言。这有助于解释为什么将近一年后，第二个男人侵犯她时，她选择不让警察介入。"我不能再这样做了，"霍诺尔德回忆道，"如果我再报警并面临类似的回应，我不知道是否能挺过去。"

事实证明，当又有两名女性站出来指控德里尔－梅吕姆时，他对霍诺尔德的侵犯行为才得到起诉。[34]"你应该感到幸运的是，我们对像他这样地位的人强奸像你这样地位的人进行了起诉。"她回忆起一名检察官告诉她的话，显然是在暗指攻击她的人来自一个比她更富有且受过高等教育的家庭。德里尔－梅吕姆后来认罪并被判入狱。

尽管她几乎没有感到"幸运",但起诉侵犯者对霍诺尔德来说是有意义的。性犯罪进入法庭实属例外。与大多数幸存者一样,霍诺尔德第二次选择保持沉默,不再报警。

可信度复合体提前运作,以防性暴力指控浮出水面。我们知道,大多数性侵事件不会向官方渠道汇报。在最容易遭受强奸的人群中,年龄在 18 岁到 20 岁之间的年轻女性向警方报案的不到三分之一。[35] 高校女性的上报率更低——根据一项估计,比例为 20%[36],另一项估计则低于 5%[37]。校园内外有色人种女性的上报率甚至更低。[38] 政府研究人员估计,每一名报告强奸的黑人女性背后,至少有 15 名遭受强奸却未报案的黑人女性。[39]

尽管大学性侵幸存者很少求助于警察,但如果事件看起来"可信",即涉及与陌生人暴力强奸相关的身体证据,她们更有可能起诉。[40] 但绝大多数性侵不符合暴力的"陌生人强奸"的模板:超过四分之三的受害者认识施暴者[41];十个受害者中有九个说没有使用任何武器[42]。性侵事件通常缺乏可靠的统一特征,这导致许多幸存者准确地预料到,她们的指控将因被视作不实而遭驳回。

许多幸存者也预见到,如果她们向当局,甚至向亲人求助,就算他们相信自己所说的*已经发生的事情*,也会受到指责和忽视。幸存者比任何人都更加清楚,无论她们的可信度受损程度是大还是小,都可能导致指控的驳回。相比在揭露暴力行为后遭受怀疑、指责或漠视,大多数人宁愿保持沉默。可信度复合体先发制人的运作机制有助于解释为什么不报案是惯例,而非例外。

对于包括阿比·霍诺尔德在内的一些幸存者来说，不公平待遇的预期——预判的可信度受损——源于过去的经验。多年来，许多幸存者几乎都顺带向我提起之前处理不当的性行为不端事件。儿童和青春期的性暴力以惊人的频率发生。黑人女孩尤其容易受到伤害，据估计，高达65%的黑人女孩在14岁之前遭受过性暴力。[43]无论是什么种族，童年或青春期的性暴力都会增加成年期受到性侵害的可能性。[44]这些受害者中的大多数都保持沉默。对于许多确实揭露过其遭受暴力行为的人来说，她们很早就吸取了一个惨痛的教训：报案没有任何作用。

还有其他途径导致了沉默。最初愿意揭露暴力行为的幸存者通常会在初始阶段，特别是在被亲人质疑可信度后改变主意。我与许多女性交谈过，她们不选择正式报案，是因为她们第一次非正式的揭露没有很好地被接受。心理学家的研究表明，来自亲友的"负面社会反馈"会导致幸存者不再谈论那些不端行径。[45]

当受害者最初的叙述不被重视时——无论是不信任、责备还是漠视——她常常会转向沉默。在与性侵犯和工作场所遭性骚扰的幸存者的许多对话中，我听到了首次揭露的反馈如何决定了之后的路径。当亲人反应糟糕时，就会强化她们对正式报案的徒劳感。正如幸存者对我说的，如果我自己的朋友都不相信我，不认识我的人为什么会相信我？如果我妈妈责怪我，警察当然也会责怪我。如果我最亲近的人都不关心发生了什么，其他人为什么会关心？

预判的可信度受损也能让那些虽未亲身经历，但深受我们文化浸染的人预料到，如果她们挺身而出，就会失去信誉。许多受害者都知道，她们的故事有多大可能会遭到怀疑、指责或漠视。她们通过观察别的指控者如何受到家人和朋友、警察和其他官员以及舆论的对待而得知这一点。当性侵犯脱离陌生人强奸范式时，这种意识是挺身而出的一个巨大障碍。[46]

漠视是一种尤为强大的先发制人的力量。性侵犯幸存者常常保持沉默，因为她们担心其报告得不到重视或不够重要，不足以确保让被告人承担后果。为了避免这种冷漠，许多受害者选择仅在治疗环境中袒露其受到的暴力行为。尼克·约翰逊（Nicole Johnson）是一位研究性别暴力干预和预防的心理学家。在临床实践中，约翰逊常年接触受到创伤的幸存者，尤其是性侵事件的幸存者。她告诉我，她的许多客户认为她们的遭遇不会被视为严重到要报警的程度。在权衡是否挺身而出时，这些女性明白，对施暴者的关心通常会超出对指控者的关心。

这种理解是受害者保持沉默的一个普遍原因，她们遭遇的侵害事件对于任何有能力追究施暴者责任的人而言都无足轻重。我们在各个行业都能见到这种情况，沉默是工作场所性骚扰的一个常见特征。在遭遇暴力的员工中，约有90%的人拒绝通过工作场所的正式渠道进行汇报。平等就业机会委员会召集的一个工作小组称，这些员工有"对她们的诉求不作为"的普遍预判。许多员工还怀疑，如果真的正式提交投诉，其声称的事将遭质疑，或者，她们会"因为引发侵害行为"而被指责。[47]

有充分的理由相信，经历过非身体骚扰的员工尤其会对其诉求能否触发行动产生怀疑。在美国历史上的绝大部分时间,性骚扰的概念并不存在。1975 年,在康奈尔大学(Cornell University)教授女性与工作相关课程的记者琳·法利(Lin Farley)召集了一次会议,让学生们谈论他们在工作场所的经历。法利回忆说,种族和经济多元化的女性群体之间的对话里显现出一种隐藏但"确定无疑的就业模式"。"我们每个人都已至少辞职或被解雇一次,因为我们对男人的行为感到非常不适。"法利说。[48]

不久,法院开始承认有关工作场所性骚扰的法律诉求,我将在后面的章节中探讨。在此之前,正如率先提出这一主张的法律学者凯瑟琳·麦金农(Catharine MacKinnon)描述的那样,这是"只能忍受的事情"[49]。只有在性骚扰被命名后,才会被抨击为错误及非法。[50]

即便有这种写进法律的正式诉求,工作场所性骚扰的受害者——尤其是更边缘化的员工——仍然怀疑挺身而出是否有益处。就像无数暴力受害者一样,在工作场所内外,许多人在沉默中煎熬。

亚力杭德拉(Alejandra)于 2003 年开始在加利福尼亚州弗雷斯诺市(Fresno)做清洁工。她的正常班次是周一到周五下午五点半至凌晨两点。亚力杭德拉在一个名叫马特奥(Mateo)的主管手下工作,她说,马特奥近一年来开始骚扰她。根据亚力杭德拉的叙述,马特奥会评论她的臀部,并告诉她,他想感受他的阴茎被她包裹着的感觉。他还会看色情录像,并在她面前自慰。他多次要求她为他口交或触摸他裸露的阴茎。他还曾经试图强奸她。据亚力杭德拉回忆,马特奥经常告诉她,如果她说出来,"没人会相信她"——这是施暴者惯用的噤声策略。亚力杭德拉说,她忍受了十多年的虐待,最后才向警方和雇主报告。[51]

工作场所性骚扰的受害者不仅要考虑质疑的可能性,还有报复的危险性。女性通常被视为消耗型员工——这种观点反映并延续了工作场所的等级制度。与此同时,施暴者作为男性以及更有权势的雇员一般更受重视。与看似可有可无的受害者不同,骚扰者很可能会受到决策者的保护。对于任何收入水平的员工来说,这一态势都构成合理的顾虑,尤其是对那些几乎没有后台的人来说。费城民权律师罗伯特·万斯(Robert Vance)拥有数十年在性骚扰案件中为原告代理的经验,他解释说,因为低收入员工需要薪水,她们往往只会在工作变得难以忍受时才和盘托出。弗雷斯诺的清洁工亚力杭德拉说,骚扰者一再告诉她,如果她举报,就会被解雇。"我忍受了很多年。"她后来表示。[52]

玛利亚·德·赫苏斯·拉莫斯·埃尔南德斯(Maria de Jesus Ramos Hernandez)从墨西哥来到美国,希望能赚到足够多的钱来支付女儿的手术费。她在脊椎按摩治疗师的办公室找到一份工作后不久,性暴力就开始了。埃尔南德斯没有立即举报这位脊椎医师。像许多受害者一样,她认为如果她挺身而出,就会被解雇。埃尔南德斯还孤身一人,没有钱也没有移民文件,又不会说英语。她有特殊理由认为警察会相信一个受人尊敬的社会成员,而不是她。和许多在孤立环境中工作的移民女性一样——也许在别人的家或小办公室——埃尔南德斯遭受的暴力或是其后果缺乏人证。她的讲述就是她拥有的全部。

埃尔南德斯还担心她会被指责为诱惑其雇主或鼓励他的行为。由于他付钱给她，她觉得自己不能"拒绝让他快乐"，所以她在遭受暴力的过程中几乎都是被动接受的。作为一个在工作场所没有权力的有色人种女性，作为一个如果站出来可能遭到质疑的原告，埃尔南德斯不太可能去投诉。[53] 她是骚扰者的完美目标。[54]

请留意可信度复合体是如何融合种种弱点的。边缘化的女性将遭受最深的可信度受损。因此，她们有特殊理由保持沉默。施暴者明白这一点，并经常以最不可能暴露其暴力行径的受害者为目标。最终，那些已经处于从属地位的人被进一步侵犯。

赵仪（Rowena Chiu）于1998年开始为哈维·韦恩斯坦工作，协助伦敦办事处制作他的欧洲电影。那年下旬，在威尼斯电影节上，她意识到自己正在与制片人深夜会面。她回忆说，韦恩斯坦准备在那里强奸她之前告诉她，"他从未拥有过中国女孩"。几十年过去，事后来看，赵仪说由于包括种族问题在内的权力不平衡，她"落入了韦恩斯坦的陷阱"。"亚洲移民是'模范少数族裔'的想法就是陈词滥调，"赵仪写道，"至少在我的英籍华人家庭中，我们害怕脱颖而出……我了解恭敬、礼貌和举止得体的社会益处。与许多亚洲女性一样，这意味着我作为一个性对象是可见的，而作为一个人是不可见的。"

她描述道，"近二十年来生活在如此严重的隐秘创伤中，以致曾两度试图自杀",并"为我接受这份工作、没有早点离开房间、某种程度的自我过错而感到内疚"。她对她的治疗师、她的牧师和她的未婚夫守口如瓶。

2017年夏天,《纽约时报》调查韦恩斯坦的记者之一乔迪·坎特拜访了赵仪。坎特有理由相信赵仪有故事要讲——这是赵仪近二十年前告诉过塞尔达·珀金斯(Zelda Perkins)的故事。塞尔达·珀金斯是其同事,她也是韦恩斯坦的性侵受害者。珀金斯曾与坎特交谈过,但不愿提供赵仪讲述的细节——珀金斯说,这要看赵仪是否愿意公开。[55]

当坎特第一次接触赵仪时,距离她和图伊发表韦恩斯坦调查的重磅炸弹只有几个月的时间——但赵仪不愿透露发生的事情。事情曝光后,数十名女性站出来提出指控——但赵仪仍然保密。原因有很多。

其一,早在20世纪90年代后期,她与韦恩斯坦签订了一项法律协议,要求她以沉默换取125 000英镑(约合213 000美元)。赵仪后来解释说,她和珀金斯"想向上级举报哈维,但我们被迫签署了一项保密协议,这份协议禁止我们与家人和朋友交谈此事,还使得我们与治疗师或律师合作,或协助刑事调查变得极其困难"。

虽然这不是两位女性想要的,但似乎别无选择。她们曾试图向上级举报韦恩斯坦,但可信度复合体已进入高速运转状态。正如赵仪回忆的:"多名高层人员用行动让我们闭嘴。有些人直接当着我们的面笑了。他们的意思都是一样的:相比好莱坞最有权势的男人,谁会相信我们呢?"

签署保密协议后,赵仪在她所说的"持续恐惧"中度过了近二十年——"害怕哈维的虐待、控制和权力,害怕这事会再度困扰我,害怕我会在不经意间违背永远不谈论这件事的承诺"。

保密协议造成了极大的伤害。然而,赵仪表示,公开发表言论的"个人限制"比法律限制"强得多"。像许多女性一样,尤其是来自"模范少数族裔"家庭的女性,赵仪从小就被教育不要"大惊小怪"或做出"令人不快"的行为。她习惯于不去引人注意或破坏现状。她被教导要"友好",即使这意味着掩藏她所受到的侵犯。[56]"保持沉默已成为我身份的一部分,无论是作为女性,还是作为有色人种。"她后来回忆道。

那是什么最终促使赵仪首先与坎特和图伊分享她的故事,然后在《纽约时报》上发表个人言论?她说,克莉丝汀·布莱西·福特(Christine Blasey Ford)的有力证词鼓舞了她。福特在2018年9月决定"大谈"布雷特·卡瓦诺的事①,给人留下了深刻的印象。几个月后,赵仪有机会在坎特和图伊召集的一次聚会上遇见福特。赵仪与福特分享了她的故事,随后听了其他女性的故事——总共十二位,还有她们的几位律师。这一小组在格温妮斯·帕特

---

① 布雷特·卡瓦诺于2018年10月就任美国最高法院大法官,在他获得大法官提名及就职后,曾受到多起性侵指控,克莉丝汀·布莱西·福特是指控者之一。——译注

洛（Gwyneth Paltrow）[1]于洛杉矶的家中会面，后者提出了对韦恩斯坦的暴力指控。聚集在一起的每一位女性都是 #MeToo 时代的重要控诉者，除了房间里尚未打破沉默的赵仪。

  对赵仪来说，那次小组碰面是一次重大事件。"与其他有类似经历的人会面在我的内心产生了巨大震动。"她解释道。在洛杉矶聚会后不久，她公开提出其指控，韦恩斯坦否认了这一指控。尽管挺身而出很困难，但赵仪对这个决定感到十分平静。"我可以暂时松一口气，因为我不必再守着一个令人作呕的秘密了。"她写道。

  几个月前，就在那个关键的聚会即将结束时，几位女性花了一点时间反思自己发声的经历。"我们还在这里，"塞尔达·珀金斯说，并补充道，"我们踏进火海，但我们都从另一边走了出来。"

  大多数提出不端行为指控的女性都会历经磨难：她们将受到质疑、指责、冷漠对待，甚至更糟。她们很可能会再次受到伤害——这一次的伤害，来自她们曾经信任的人们。我们现在来看看为什么会这样。

---

[1] 美国女演员，曾出演《七宗罪》《莎翁情史》《钢铁侠》《复仇者联盟》等。——译注

第二章　完美受害者与魔鬼施暴者
迷思如何影响我们的可信度判断

对受害者和施暴者的一系列误解深藏在可信度复合体中。这些误解渗透到我们的文化和法律中,在我们每个人身上打下烙印,操纵我们对不端行为的反应。当指控者的说法与我们对受害者、施暴者和暴力的理解背道而驰时,无论这种理解多么不准确,都更有可能造成我们对这一指控的怀疑。

这种迷思与现实之间的脱节涵盖了可信度的所有三个方面。你一定记得,"它发生了"是嵌套在指控中的三项主张之一。另两项分别是:*它是错的,它很重要*。我们必须相信这些主张中的每一项,才能使原告可信。总体而言,错误的范式使我们误入歧途。

陌生人强奸仍然是判断性侵指控的参照对象。大多数性侵是由朋友、约会对象、伴侣、同事、老板、导师实施的——到目前为止,熟人和密友比陌生人更有可能成为性暴力的肇事者。一项统计显示,超过一半的女性强奸受害者报告说,至少有一名施暴者是现任或前任亲密伴侣,而超过 40% 的人是被熟人强奸的。[1]但我们仍坚信与之相对的典型情况。陌生人强奸范式继续扭曲着我们对可信度的判定。

我们大多数人都熟悉这种范式,认为这是"真正的强奸"或"名副其实的强奸"。陌生人,而非受害者认识的人犯下的,才是强奸罪。它是由社会经济地位低的人犯下的;它需要大量的身体暴力,留下明显的身体伤害痕迹;它涉及某种武器;它发生在晚上,在黑暗的小巷或暴力盛行的街区。正如研究关于社区如何回应性侵犯的专家所观察到的,这些对强奸的理解"不仅影响专业执法人员,还有检察官、医疗专家、受害人支持者、法官、陪审员,甚至性侵受害者的朋友和家人"。[2]尽管这种范式与现实背道而驰,但它出奇顽固,被广泛的社会群体所接受。

近五十年来,社会学家和心理学家已经证明了有关强奸的迷思的影响,早期研究将其定义为"对强奸、强奸受害者和强奸犯的偏见、刻板印象或错误信念"[3]。最近,专家们对强奸迷思的看法发生了重要转变。他们关注错误的信念,也关注我们对性暴力的态度。人们广泛而长久地持有这些信念和态度。而且,它们起着至关重要的作用:正如研究人员所说,"否认并正当化男性对女性的性侵犯"[4]。换句话说,强奸迷思是支持性暴力的支柱,这有助于解释其长期存在的原因。

正如作家丽贝卡·索尔尼特(Rebecca Solnit)在《爱说教的

男人》(Men Explain Things to Me)中所写的那样,我们的文化充斥着"男人有权与女人发生性关系,无论她是否愿意"这样的看法。索尔尼特补充道:"这种认为自己有权获得性的感觉无处不在。"[5]性的特权与陌生人强奸范式齐头并进,这导致了我们对大部分性暴力的默许。我们只承认一小部分是真实的、错误的和值得关注的。其余的则被认为是伪造的、合理的或不重要的。这就是父权制结构的巩固方式。"他的权利胜过她的权利。"索尔尼特写道。[6]当男性的性特权受到保护时,尤其是在我们的日常关系中,性别等级制度就会凝结和僵化。

我们的日常关系包括与老板和同事的关系——这是另一个可信度评估有偏差的地方。研究人员发现,工作场所的性骚扰,如性侵犯,被一系列误解所包围。[7]这些误解会潜移默化地影响我们许多人回应性骚扰指控者的方式。

强奸和性骚扰的迷思之所以持久,不仅因为它们强化了父权制结构,也是由于我们大多数人都不愿面对丑陋的现实。事实证明,我们有十足的动机去怀疑性暴力的发生。金伯利·朗斯威(Kimberly Lonsway)是一位心理学家,负责的大部分研究是关于社区对不端性行为的反应,他观察到,我们所有人都是忽视它的既得利益者。"我们不希望它发生得如此频繁,"朗斯威告诉我,"我们不希望它发生在我们所爱的人身上。我们不想相信它。只要它不是真的,那世界就会更美好。"

接受性暴力普遍存在的事实也会破坏对我们自身和我们拥有的关系的理解。就如朗斯威解释的那样,如果相信暴力经常发生,而且肇事者大多是受害者和我们认识的人,这会使人深感不安。这些观念会迫使我们"重新思考性别及性行为",甚至我们自己的经历。所以,我们才坚持错误的范式,回避令人不安的事实。

南希·霍格斯黑德-马卡尔(Nancy Hogshead-Makar)是一名专为性暴力受害者做代理的律师。她还是一名前世界级女子游泳运动员,曾在1984年夏季奥运会上获得四枚奖牌,其中包括三枚金牌。在实现这一惊人壮举之前的几年,她于杜克大学(Duke University)念大二的时候,在林荫小路上跑步时遭到了性侵。袭击者残忍地强奸并殴打了她两个小时。

与同一种族的熟人所进行的典型性侵犯不同,发生在霍格斯黑德-马卡尔身上的事情符合传统范式,在这种情形下,人是极难逃脱的。"我比较符合这种叙事,"她难过地说,她的攻击者就是如此,"那是一个陌生人。他是非裔美国人。我是白种人。我有钱,他很穷。我看起来就是被强奸了。"

杜克大学提供了她需要的支持。霍格斯黑德-马卡尔退出了两门课,得到一张停车证,可以让她避免在校园里走很长的路去往宿舍。她被转移到一个更中心的地理位置。她周围的每个人都相信她被侵犯了。他们认为这伤害了她,所以尽一切可能帮她。他们明白她很重要,是大学社区中有价值的一员,她值得他们同情。她所在的社区团结在她周围,并在最大程度上重建她所失去的东西。这样的反馈帮助她继续前行。与随后几十年里她的大多数客户不同,她被认为是可信的,这让事情变得不同。

正如霍格斯黑德－马卡尔所充分认识到的那样,这一结果是特例,这与她作为一名受过教育的白人女性和明星运动员的特权分不开。这也与其攻击者作为一名黑人男子的脆弱性脱不开关系,根据警方拼凑出来的信息,这名黑人男子似乎是大学社区以外的人。霍格斯黑德－马卡尔和强奸犯的身份塑造了对她受到侵犯的集体反应,这令她感到悲哀。她坚信,她得到的照顾不该只留给像她这样的幸存者,而像这个施暴者那样的男人也不该是唯一被追究责任的人。强奸她的人从未被逮捕,但并不是因为还不够努力,而这种努力在她看来比惩罚的缺失更为重要。

霍格斯黑德－马卡尔强调,她在被强奸后的几年中所取得的成就,不应被用来削弱性侵犯所造成的创伤。她的故事远比按时间线叙述所呈现的要复杂得多,她拒绝任何简化包装,无论那多么诱人——就像她所说的,"嘿,南希在1981年被强奸,到了1984年,她就在奥运会上拿了三枚金牌"。她坚持认为,她之所以能获得成就,是因为她得到了"特殊待遇"。

大多数指控都未能打动我们,因为它们与霍格斯黑德－马卡尔的遭遇不同——它们与陌生人强奸范式,或完美受害者的原型及由此产生的魔鬼施暴者形象不同。

迷思与现实:受害者

我们的可信度判断受到"完美受害者"标准的妨碍。指控者没能达到该标准时,她的指控中包含的所有三项主张都会被驳回:它并未发生,它没有过错,它无关紧要。

"完美受害者"是我们认为女性实际如何应对暴力与我们认为女性应该如何应对暴力的结合体。如果指控者未能满足这些标准,那么她看起来就不像是一个受害者。

其中一项期望就是受害者要反击。女人必须进行某种身体抵抗,然后在暴力斗争后被施暴者征服:战斗或逃跑。只有这样,暴力行径才作数。2017年秋天,北加州一所大学的大二学生阿马利娅·瓦戈纳(Amelia Wagoner)遭一名同学性侵。当时,瓦戈纳是一名竞技运动员——她是学校赛艇队成员——这一事实使她信誉受损。

"你卧推能做几个?下蹲呢?你一周锻炼几小时?"瓦戈纳回忆起被告人律师对她的质问。"这是怎么发生的?你那么强壮,怎么可能让这种事发生?"

瓦戈纳向我描述"律师一直挑刺"的行为,认为她不太可能,甚至不配成为受害者。她补充说,她不明白为什么她的身体能力"如此重要"。"如果你僵住了,"她解释说,"那什么都不重要了——不管你能做多少卧推,或有多强壮。你的身体动弹不得。"

2019年,前军事语言学家瑞安·利·多斯蒂(Ryan Leigh Dostie)在《纽约时报》上写了一篇关于在军队服役时被强奸女性的文章。多斯蒂描述了她自己的指控,以及她认识的其他军队幸存者的指控是如何被驳回的,因为这些女性没有"表现得足够'像个强奸受害者'"[8]——多斯蒂说,在她的案件中,调查人员一直在重复这个"咒语"。

多斯蒂说,在她入伍的第一年,她和她认识的另外两名女性——一名专家和一名中士——遭到了性侵犯。这位专家站了出来,却不被相信,因为她"没有松开拳头,向强奸她的人开枪"——他们有四个人。中士则在棚子里下完一盘棋后被一名翻译强奸了,但她一直保持沉默,直到多年后她的军事生涯结束。在多斯蒂的讲述中,中士有充分的理由相信她会因为与男人独处而受到指责。"无论发生了什么,责任都在她身上。所以,中士低头不语。"多斯蒂写道。

43　　多斯蒂也偏离了完美受害者的原型。"尽管我自己有明显的、记录在案的伤痕,"她说,"在我被强奸后的几个小时里,在军警局一群无论如何都不愿意相信我的人面前,我哭得不够厉害,不够大声。"

当然,这个问题远远超出了多斯蒂和她刚好认识的幸存者的预想范围。"军队中的每一次强奸都是不真实的、令人难以置信的。"她写道。理想化的受害者在很多方面都与理想的军人相去甚远——多斯蒂将其描述为"沉默的"和"顺从的"。然而,就如那句咒语,当指控者没有"表现得足够像个强奸受害者"时,她们就会被驳回。

在军队之外,许多女孩和妇女被社会化为默许的和在身体上顺从的。即使传统的女性气质观念受到挑战,它们仍通过规定一组适当的特性和品质——如甜美和温柔——来保持其影响力。这个过时的标准持续限制着许多女孩和妇女的举手投足,这也是为什么在性暴力中,受害者可能无法满足对身体斗争的要求的诸多原因之一。

另一个显而易见的不抵抗的原因是自我保护。由于担心抵抗会增加她们死亡或更严重的伤害的可能性,一些受害者会有意识地做出不搏斗的决定。

另一些受害者则已经形成了一种在暴力发生时保持不动的应对机制,这通常源于童年遭受的性创伤。[9]心理学家已经发现,当威胁迫在眉睫时,这种应对机制几乎能自动激活。

受害者也会以僵直作为对创伤的条件反射。伴随神经生物学家对大脑的更多发现,他们已经能够识别出负责我们受到攻击时会发生的各种静止状态的神经回路。[10]严重的威胁状态会触发可预测的反应,无论遭遇的伤害事件是校园枪击、自然灾害、军事战斗、性侵犯还是严重的骚扰。

越来越多的证据正在彻底改变我们对受害者如何应对伤害的理解。但我们还在持续给她们增加一种默认的负担:抵抗的负担。这是一种特殊的负担——不仅根植于我们的文化之中,也在我们的法律之中。

———

我们刑法中的逻辑非常清晰:*没有在肢体上抵抗施暴者的指控者不是受害者。而与之相关的是,与屈服的女性发生强迫性行为的男性无须承担任何责任。*

众所周知,该法律的抵抗要求在过去的一个世纪中不断发展。[11]一个女人曾经需要"尽最大努力"抵抗才能在法律上成为合格的强奸受害者。一些州后来放宽了要求,承认那些提出过"严肃"

或"合理"抵抗的受害者。但这些变化保留了该要求的基本前提——除非她们发起一场斗争,否则女性应对她们所声称的强奸犯的行为负责。

较早的案件毫不掩饰规则的严厉性。1906年,威斯康星州最高法院撤销了对一名男子的强奸定罪,其受害者埃德娜·内瑟里(Edna Nethery)是一名青少年,她未能满足最大抵抗的标准。内瑟里遇到附近农民的儿子格兰特·布朗(Grant Brown)时,她正穿越田地去祖母家。布朗"立即抓住她,将她绊倒在地,把自己的身体压在她身上,解开她的内衣扣子,接着是他自己的衣服,并与她发生了性关系"。就内瑟里而言,她作证说:"我拼命想逃开。我一直在想尽一切办法逃跑。我想站起来;我抓住草地;我用尽全力尖叫,他让我闭嘴,我没有,然后他捂住了我的嘴,我差点被闷死。"在内瑟里答应不说出去之后,布朗才"允许她站起来"。最终她流着血到祖母家时,她"立刻惊呼:'格兰特·布朗对我做了什么?哦!我该怎么办?'"。

由于布朗已经在审判中被定罪,就必须承认这些指控的真实性,而上诉法院认为,内瑟里没有做足够的抵抗——因此,布朗并未犯下强奸罪。法院解释说:"必须在女性的力量范围内,用最激烈的肢体手段或能力来抵抗对她身体的插入,并且必须证明这种做法持续到犯罪结束为止。"按照这个标准,内瑟里的行为被认为是不合格的。"除了第一次被抓住时要求'让我走'和口齿不清的尖叫以外,她没有提出任何口头抗议。"更糟糕的是,内瑟里并没有与攻击她的人进行肢体对抗——至少没有令法庭满意。法院强调，女性必须运用她最强大的"保护手段"，因为"她有能力通过手、四肢和骨盆肌肉来设置最有效的屏障"。内瑟里没能做到对她的期望，这是她的责任，布朗自由了。[12]

这种由受害者背负的极端重担持续了数十年。到 20 世纪 80 年代，大多数州都在一定程度上放宽了"最大"抵抗的标准，要求"合理"或"严肃"的抵抗。但受害者仍然需要通过与袭击者对峙来证明自己值得法律保护。1983 年，在陪审团裁定一名男子犯有强奸罪后，上诉法院采取了不同寻常的措施以撤销定罪。在法庭看来，原告卡桑德拉·威克斯（Cassandra Weeks）在制止强奸方面做得不够。有证据表明，威克斯正在街角等着搭她表亲的车。这时一位熟人开车过来，威克斯坐进了他的车里聊天。该男子将威克斯带到一个僻静的地方，正如法庭所描述的那样，他"在她脸上打了三四次耳光，威胁要杀了她"，并"威胁要使用武器，他暗示，武器就在汽车座椅下方"。他强迫威克斯发生了性关系。

法院总结，威克斯没有采取更多的抵抗措施，其行为不合理。法庭承认，她"当然"害怕，同时迅速补充说："需要注意的是，在所谓的强奸发生后，所有马上见到受害者的证人都作证说，他们没有看到任何割伤、瘀伤或身体攻击的证据。她自己的证词表明，她没有做出任何反抗的努力。受害人在审判中声称，被告威胁要杀死她，然而，他没有做出任何行动，使一个明理的人在这种情况下确信：抵抗阻止不了强奸。"耳光和附近的枪是不够的。[13]

虽然抵抗要求不再像 20 世纪 80 年代那样严格，但它仍然是法院和陪审团判断强奸指控者的"模范行为标准"。[14] 标准因州而异。亚拉巴马州等保留了正式的要求,而特拉华州等其他一些州则定义了"不同意"和"强制"等术语,将抵抗作为法律保护的条件。[15] 直到今天,"女性的抵抗——或缺乏抵抗——并没有失去其在强奸起诉中的潜在相关性,"法律学者乔舒亚·德雷斯勒(Joshua Dressler)写道,"对于调查者而言,判定强奸案是否发生,抵抗的证据可能会有帮助——甚至至关重要。"[16]

除极少数例外,许多州即便已取消其身体抵抗的要求,仍实际采用着口头抵抗的要求。在全国范围内,从华盛顿到新罕布什尔州,以及两者之间的地方,受害者必须*证明*她不愿意进行性行为,才有资格成为性侵受害者。[17] 只要她在那儿,默认项便是她同意。与现在在大学校园里司空见惯的肯定式同意规则不同,刑法中的同意定义将拒绝性行为的责任推给了原告。否则,根据主流的法律定义,一个什么都不做的女人——在整个性接触过程中保持僵滞——就是已经同意了。

例如,在纽约,受害者必须"明确表达"她的不同意。这要求处于被告位置的"明理的人"能将她的"言语和行为"理解为"表达不同意"。[18] 而同意的定义有助于将传统的抵抗要求现代化,并扩大理应得到帮助的受害者的范畴。但让我们明确一点:强奸法仍然完整保留了对指控者由来已久的审视,审视她是否做出了足够多的努力来阻挠侵犯行为。

———

受害者在受到侵犯后的行为也可能令我们失望,还会降低她的可信度。当指控者的情绪反应与我们想象的不同时,她的故事似乎也很可疑。"压抑"和"强化"的情绪——或者说"情绪低落"和"情绪过度"的反应——对于在工作中接触性侵犯幸存者的心理学家来说司空见惯。[19] 然而,我们对受害者如何应对暴力的预设扭曲了我们对可信度的判断。

例如,没有表现出明显情绪困扰迹象的受害者通常会受到执法人员和大众的诋毁。[20] 在 2019 年广受好评的迷你剧《难以置信》(*Unbelievable*)中,一位名叫玛丽(Marie)的年轻女子被指控谎报强奸,后来警察抓住了袭击者,结果发现他是一名强奸惯犯,这证明她是无辜的。针对玛丽说法的质疑不是从警察开始的,而是从那些与她最亲近的人开始的。她的养母佩姬(Peggy)认为玛丽讲述她被强奸的方式有些奇怪。"她有点置身事外……在情绪上与她所说的话脱节。"佩姬告诉调查警察。出于同样的原因,玛丽的前养母香农(Shannon)也持怀疑态度。"我记得很清楚,"她告诉记者,"当时我在阳台上,她打电话来说,'我被强奸了。'非常平静,没有任何情绪。"香农和佩姬交谈时,彼此证实了对方的疑虑。当警方得知这些疑虑时,玛丽就成了嫌疑人,这破坏了针对其强奸犯所有有意义的调查。[21]

这些反应并不罕见。一项荟萃分析①发现,相比明显不安的指控者,人们认为"表现出受控情绪"的指控者更不可信。这是强奸指控者独有的负担,人们预期她们会"经历比其他犯罪受害者

---

① 指将多个独立的研究结果整合在一起进行统计分析的方法。——译注

更强烈的负面情绪"。性侵犯受害者会表现出极端情绪的假设扭曲了我们的判断。正如荟萃分析得出的结论,"情绪表现无法用来判断证言的真实度",而我们却无端地贬损某些受害者的可信度。[22]那些未能表现出适当情绪水平的女性会因此被驳回。

凤凰城退休的执法人员吉姆·马基(Jim Markey)在其岗位上工作了三十多年,其中有十四年负责监督性侵案件,他指出,许多第一目击者不相信那些看起来很冷静的指控者。但能够让人接受的受害者情绪范围非常狭窄,这造成了一种令人不安的困境,让人想起金发姑娘故事①的扭曲版本。和*过于冷静*的女性一样,*过于激动*的女性也无法令人信服。当"歇斯底里"的指控者控诉脱离陌生人强奸模板时,她们似乎尤为可疑。正如马基解释的那样,巡警员常常会想:"这个人没有受伤,现场没有任何武器,我不明白她们为什么会这样。"当被贴上歇斯底里的标签时,她们的指控很可能已经遭到放弃了。"歇斯底里"的女性被认为是不可靠的报告者,数个世纪以来都是如此。②

凯文·贝克尔(Kevin Becker)是一位临床心理学家,从事创伤研究近三十年。贝克尔强调,当我们谈话时,创伤受害者往往

---

① 指童话故事《金发姑娘和三只熊》。故事中,金发姑娘不小心闯进三只熊的房子,她分别尝试了大、中、小三只熊的食物和床铺,最终发现小熊的食物和床铺最适合自己,一般引申为适度、恰当的状态。——译注

② 曾经有人认为,子宫是"一个自由浮动的实体,当女性感到不满时,它会离开它的系泊处,绕着身体浮动,并破坏其通道中的一切",从而导致"歇斯底里"的症状。[23]

会违背传统的理解。"其情感也许并不总是符合你的预期。它甚至可能与人们通常说的完全不一样。"他解释道。一个正在讲述"一种非常可怕的情形，还绘声绘色"的人可能缺少我们看来受害者应该表现出的情绪。贝克尔告诉我，某些意想不到的反应——包括笑声——可以用创伤的神经生物学来解释，在某些情况下，还可以用幸存者的应对机制来解释。然而，如果没有一个合理的框架来解释它们，这些反应只会加剧我们的怀疑。

我们还假设一位女性会立即切断与施暴者的所有联系——这是"完美受害者"剧本不利于幸存者的另一个典型例子。如果一位女性与其施暴者保持着任一形式的关系，她的故事在三个方面都将存在缺陷。我们会认为她不值得信任，她的说法不真实。*暴力没有发生*。我们会归咎于她，认为是她邀请或鼓励了某些行为。*暴力没有错*。我们觉得这种不当行为不值得去关注。*暴力无关紧要*。总之，我们会感到，如果她与他保持联系，那事情就没那么糟糕。

以韦恩斯坦案为例。控方面临许多挑战，其中包括向陪审团解释为什么韦恩斯坦的受害者在遭到虐待后仍与他保持联系，在某些情况下，还进行了友好甚至亲密的交流。正如一位司法精神病学家在庭审中作证的那样，性侵犯及骚扰的受害者往往与施暴者保持着亲切或亲密的关系。"大多数人认为，'我可以把它抛到脑后，我可以继续我的生活，忘记发生在我身上的事情。我不希望它变得更糟。我不希望这个对我进行性侵犯的人破坏我的人际关系或使我的工作陷入困境。"这位专家告诉陪审团。[24] 除了对影响的恐惧之外，对幸存者来说，维护这种关系可能是一种向她自己和施暴者表明他没有击败她的方式。她通过仿佛无事发生一般向前迈进，试图以此削弱他的权力。

迷思与现实：施暴者

可信度复合体也建立在一系列对施暴者的长期误解之上。正如我们会怀疑指控者与我们心目中的完美受害者不同那样，当被告与我们想象中的施暴者出现差异时，我们同样会持怀疑态度。我们对犯罪者的身份及其行为方式的误解使我们怀疑暴力指控、责备原告，并在"好人"施加暴力时无视其行为。我们的怀疑与长期存在的魔鬼施暴者迷思有关，这是"完美受害者"迷思的必然结果。这一原型以同样的方式引导我们否认、合理化并原谅暴力行径。

这种漫画式的坏人是无情的，会在他途经的路上侵犯所有潜在受害者。这种丑化施暴者的想象带来了真实的后果。[25] 它使我们相信"普通"男性不会进行不端性行为。唯独被视作离经叛道的男人才与寓言中的罪犯形象相符时，其他人就会被默认为无辜。幸存者们自己也经常采用这个框架——一如既往地，无人能免受文化偏见的影响。尼克·约翰逊是专注于性暴力的临床心理学家，她指出，自己的许多客户都在努力将"我们描绘中强奸犯的魔鬼形象"与她们自己对攻击者的看法相结合："如果强奸犯是魔鬼，而我对这个人却有一些积极的感情，甚至可能爱过，可他却对我做了这种事。"依照许多受害者推想的那样,约翰逊说:"我必须想办法理解这一切。"对于幸存者来说,要调和施暴者的优点和他造成的可怕伤害可能会造成巨大的认知失调。这种失调常常会演变为否认、辩解和借口,进而导致沉默。

当指控者选择站出来时,也会出现类似的难题。如果那些评估她可信度的人将被告与典型的恶棍相比较,那么指控就看似不可信了。我们很容易被那些坚持认为被告是"好丈夫""好老板"或"来自良好家庭"的辩护人所影响。如果被告是我们共同尊重的知名人士,那我们就更容易怀疑其指控者。

芭芭拉·鲍曼(Barbara Bowman)提供了一个恰当的例子。她是斯科茨代尔市(Scottsdale)的一名艺术家,也是数十名指控比尔·科斯比施加性暴力的女性之一。鲍曼说,科斯比多次侵犯她时,她才17岁,是一名有抱负的女演员。她首先将其所称的暴力行为告诉了她的经纪人,而后者什么也没做,接着她告诉了一名律师,却被指责"在编故事"。大约三十年后,《华盛顿邮报》(*Washington Post*)写道,鲍曼回忆说:"他们不屑一顾的反应粉碎了我寻求帮助的一切希望;我确信,没人会听我的。"她是"一名来自丹佛,出演麦当劳广告的青少年,而他是比尔·科斯比:完美的美国父亲克利夫·赫克斯特布尔(Cliff Huxtable)[①]以及美国吉露果子冻的代言人"。

[①] 指美国情景喜剧《科斯比一家》中由科斯比饰演的父亲角色,该角色颇受好评,科斯比本人也因此获得了"美国父亲"的称号。——译注

虽然鲍曼多年来从未报警,但她开始公开讲述她的故事。"不过,"她说,"我的控诉似乎没有引起关注。"其他科斯比指控者的控诉也一直在媒体上出现,但同样没得到广泛的重视。正如鲍曼所观察到的那样,公众的强烈抗议发生在 2014 年秋天,"一位名叫汉尼拔·布列斯(Hannibal Buress)的*男性*在喜剧表演中称比尔·科斯比为强奸犯之后"才开始"认真"起来的。[26]

最后,有 60 名女性站出来指控科斯比,而他否认了所有指控。四年后,他因性侵安德烈娅·康斯坦德(Andrea Constand)被判有罪,后者指证说,她的前导师给她下药,当她在沙发上动弹不得的时候,他侵犯了她。[27]

2019 年末,陪审团在对湾区著名芭蕾舞老师性侵案的审判中陷入僵局。该男子被指控强奸当时为其学生的两名青少年;第三名学生也证实了暴力事件的发生,检察官未将其列入正式指控。在这位芭蕾舞老师的辩护中,他否认强奸了这些女孩。他声称,其中一个人撒了谎。而另一个女孩,他说,她和他调情,但当他正要与她发生性关系时却无法勃起。

审判失败后,首席陪审员解释了她怀疑的原因:对于作证的女孩来说,受害者少得令人难以置信。"在二十多年的教学生涯和数百名学生中只有三名所谓的受害者?"她质疑道。这对她来说毫无道理。那种会猥亵女孩的男性,只能是"铁杆恋童癖"。[28]

这种辩护观点更加隐晦,但它基于相似的逻辑,即被告不是那种会做出不端行为的"类型"。人们认为,侵害女性的男性会全方位侵害所有女性。基于这个谬论，那些没有遭遇被告伤害的女性的证词就会被视为无罪的证据。若我们认定只有某种类型的人会骚扰或侵犯女性，那我们也很容易否认一个品格良好的男人越界的可能。这会导致我们彻底驳回指控，从而无须将我们对被告人的看法复杂化。

当然，我们对谁品格"好"的判断本身就可能有偏差。我们倾向于认为那些享有优越社会地位的人拥有积极的品格特征。当被告的支持者证明其品格时，他们强化了这种有缺陷的推定。"好人推理"的诱惑力是巨大的。它使我们倾向于贬低那些指控者，她们站出来反对的是那些我们能为其人品做担保的男性，甚至是那些有*其他女性*为其做担保的男性。

在指控不端行为后，那些未曾遭受涉事者骚扰的女性通常会跟着反驳指控。哥伦比亚广播公司前总裁莱斯·穆恩维斯（Les Moonves）因多起性侵犯和性骚扰指控于2018年辞职，他的一位朋友说，他善良而体面。哥伦比亚广播公司的一位高管表示，她"在职业与个人层面与他的交往经历中从未受到过任何（指控中的）行为暗示"。哥伦比亚广播公司新闻台前主席杰夫·法格（Jeff Fager）被指控性骚扰，他的一位同事表示，根据她的经验，"杰夫支持女性，对女性很得体"。前参议员和喜剧演员阿尔·弗兰肯（Al Franken）在《周六夜现场》（*Saturday Night Live*）节目中的三十多位女同事在一封公开信中写道："我们没有人经历过任何不当行为。"受骚扰指控的美国国家广播公司新闻网前主播汤姆·布罗考（Tom Brokaw）的60多位女同事表示，他"以公平和尊重的态度对待我们每个人"。

记者梅根·加伯（Megan Garber）在为这些被告支持者的证词做编目时写道："这种熟悉度并不能构成辩护。有人说*我了解他*，并且假设了解本身就是一种无罪证明。"但它不是。正如加伯所观察到的，"所谓'*我了解他*'显然忽略了一点：施暴者不会侵害所有人。不仅是因为乏味的实用主义，还因为人就是复杂多变的，而且通常有多面性。"[29]

在我们认识到施暴者的平凡之前，我们将继续驳回无数受他们侵害的女性。"魔鬼施暴者"会扰乱我们的可信度判断，使一系列暴力行为免受质疑。"完美受害者"同样如此。在接下来的三章中，我将探讨可信度复合体设置的这些原型，以及其他陷阱如何使得我们贬损指控者的可信度，并夸大被控方的可信度。当我们识别出这些陷阱时，我们将更有可能削弱它们的影响。首先，我将关注信任领域——我们如何评估有关"它发生了"的声明。

第三章 谁的真相
受害者如何被质疑

阿贾·纽曼（Aja Newman）自称城市女孩。她是一位黑人女性，在纽约长大，是家中七个孩子里最小的，从未离开过家乡。现年30多岁的纽曼是一名学龄儿童的母亲，她说她遭遇性侵犯时毫无防备。

2016年1月，她在拉瓜迪亚机场（LaGuardia Airport）做行李搬运工。一天晚上，整天困扰她的肩膀疼痛开始加剧。当纽曼感到肩膀越来越疼，手也开始出现刺痛时，她决定去东哈莱姆区一家医院的急诊室做个检查——她和她的六个兄弟姐妹都出生在那家医院。

在服用止痛消炎药后，纽曼的肩膀可以活动了，她换上了医院的病服。由于医疗组轮班，纽曼被交给了夜间的主治医生，医生给她开了一剂吗啡，让她入睡。不久，医生走进她的房间，不顾其反对，再次给她注射。后来实验室检测表明，除了处方中的吗啡外，纽曼还被擅自注射了异丙酚，这是一种用于全身麻醉和镇静的强效药物。她的意识开始逐渐模糊。

随后，纽曼记得给她下药的医生快速移动了她的床，并挤进了床和墙之间。"我第一个感觉就是他在摸我的胸部。"她向记者莉萨·米勒（Lisa Miller）描述道。纽曼看不见，也许是因为她的眼睛无法睁开，但她可以听到医生在骚扰她时手淫。"我试着行动。我努力挣扎。要不就是他真的很强壮，不然就是我根本动弹不得。"她解释道。她说医生用床单粗暴地擦了擦她的身体，然后咕哝道："婊子。"[1]

等纽曼清醒过来，她感到脸上有些发黏，她看到双乳之间有精液。她告诉我，精液"证明这事确实发生了"。否则，她可能会认为这一切只是一场噩梦。

现在她要做出抉择。"这就好比，*你要去做一堆莽撞的事吗？你的讲述会和别人的针锋相对。这是一个会有许多人反对你的机构。即使你不对这些人做最坏的预期，你也知道，这个人就在这里工作。在这里，他会得到偏袒。我快速思考，并确定我需要证据。*"她抓起床单和她的病服——这是她觉得令人信服的证据。纽曼回忆说，她"真的很生气，真的很沮丧"。"这种感觉不好，我觉得自己就是垃圾。我感觉自己不像人。我感到非常、非常、非常低落。"

她说她立即告诉医生助理发生了什么事，他劝她别报警。（医生助理不承认他曾劝阻她上报侵犯事件，但他承认没有按照医院规程要求将指控汇报给上级。）当纽曼的身体恢复正常后，她带着一个装着证据的大塑料袋离开了医院,走了半英里到她姐姐家,让她姐姐报警。

不久之后,警员来了,开始"审问"纽曼,用她的话说,"就像我在瞎编一样。"她回忆道。她被要求复述了十多次。"警察不是在说'天哪,你好可怜',更像是在说'伙计,我不想管这些。真恶心,我觉得她疯了'。"[2]

"他们一直在向我提问,还问我是否吸毒。他们一直问我:'你吸食可卡因、海洛因吗?服用阿片类药物吗?'"她告诉警察,除了医院配的药之外,她没有服用任何药物。但他们一直在问同样的问题。"次数多到足以让你知道有人在质疑你的事。"她解释道。

对于纽曼来说,这样的回应并不意外,她自始至终都能预料到人们会怀疑她的故事。这正是她拿走医院床单的原因,后来她把这些物品交给调查她的警察。很快,他们尽管心存疑虑,但还是将纽曼护送到另一家医院进行进一步检查并收集证据。纽曼看着一名法医使用一种特殊的化学物质和紫外线灯在她从医院取出的床单上寻找精液。她曾多次描述医生射精的地方,但仍然没有人对她的身体进行化学检验。当技术人员宣布要将床单送到实验室进行进一步检验时,纽曼产生了一种"预感"——她让技术人员把化学物质喷洒在她的身上。

纽曼回忆起当她的脸和乳房之间的区域因精液的存在而发光时,房间里的医务人员和执法人员集体倒吸一口凉气。就像她对所有人说的那样。

DNA 的检测结果将最终显示与那名医生相匹配——这在几个

月后才会揭晓。在此期间,纽曼持续担心着她的故事会遭到质疑。她知道,证据必须是无可辩驳的;否则,人们会想办法驳回她的陈述。她甚至可以预料到他们会问的问题:"他们在做爱吗?她是妓女吗?她是不是吸毒?"她是对的,她告诉我:"实际上,所有这些指控都出现了。"

纽曼报案的那天晚上,警察在医生位于新泽西的家中与其交谈时,他提供了一个全然不同的叙述。他说:"我觉得很尴尬,因为我在休息室'射精'了,精液有可能从我的手上流到了那个女人的床单上。在我给她治疗时,精液也可能从我的手上转移到她的脸上。"医生还暗示:"她可能误认为我在她脸上射精,因为她服用了吗啡。"[3]

那天晚上他并未被捕。但是媒体对这些指控的报道,引发了公众舆论对医生的支持。一位医生说,他对于被告"被迫拖入泥潭"感觉"非常糟糕"。[4]被告的朋友和同事对这些指控表示强烈怀疑。有人得出结论,这个故事"绝对是臭气熏天"。另一个人甚至提出,最"有可能"的解释是"原告有行为/心理健康问题(想想边缘型人格障碍)",并指出,虽然有这些"问题"的女性可能成为性犯罪的目标,但"有这种情况的人""也有能力创造出一个情景,来毁掉一个人的职业生涯"。[5]甚至不认识这名医生的人也为他辩护,这种情况经常发生——有人评论说,这名男子在医学事业上的成功"让我相信他是无辜的"。[6]

在纽曼的指控公之于众的一周内,又一名女子在得知这些指控后向警方宣称,2015年9月,同一位医生在她接受感冒治疗时在急诊室触摸了她的乳房。这第二位女性是首次报警,但她曾分享过她的遭遇。在一次集体治疗中，她描述了一位只知道名字的金发医生如何抚摸她的乳房。考虑到可信度复合体（尽管没有用此命名），她说她"吓坏了"，因为这个男人是一名医生，而她是一个过去曾遭受过性暴力的年轻的有色人种女性。该团体的社工将这名女子的报告转达给医院，医院既没有记录也没有调查指控。[7]

在社工的报告杳无音信的四个月后，警方有了两份指控在手，于是逮捕了这名医生。2016年3月，又有两名女性出面指控，检察官指控医生戴维·纽曼（David Newman）（与阿贾·纽曼无亲属关系）性侵了阿贾·纽曼及其他三名患者，她们都是贫困的有色人种女性。戴维·纽曼最终认罪并被判处两年监禁。

阿贾·纽曼说，她对施暴者的轻刑感到"非常、非常失望"，她认为这与种族和阶级息息相关——他的和她的。她还意识到，如果没有从留在她眼睛和脸颊上的精液中提取的DNA证据，此案永远不会进入刑事法庭，同时，其他指控也起到了关键作用。

当我问她为什么曾预料到会遭受质疑时，她说，"一般来说，女性处于食物链的底端。""我觉得我们几乎是垫底的，我还认识到，作为女人和少数族裔，我是底层中的底层。我确实认为，没有达到一定的阶级或经济地位是最大的劣势，所以很不幸，这让我成为底层的底层的底层。"但她补充道，"我觉得自己很重要，我想，无论如何我都会发出自己的声音。"

———

当有人提出声明，指出"*它发生了*"的时候，该声明的可信度取决于两个因素：报告者的可信度及其叙述的合理性。为了评估这些因素，正如哲学家卡伦·琼斯（Karen Jones）所写的，我们依赖于我们"对世界如何运作的理解"。[8] 唉，当我们遇上不端性行为的指控时，这种理解却会辜负我们。我们也许不这么认为，但对于要相信什么，我们的判断常常是错误的。

因为我们中的许多人都对不端性行为产生了一系列关键性的误解——包括那些关于完美受害者和魔鬼施暴者的迷思——所以我们倾向于驳回那些千真万确的指控。在大多数情况下，仅有一名指控性侵犯或性骚扰的女性的证词是不够的。即使我们没有完全回绝她的指控，也会陷入一种显而易见的中立状态，不愿意或无法在"他说，她说"的争论中选边站——这意味着，当我们应该相信指控者的时候我们不信，那被告就会获胜。可信度受损通常会转化为对数量不合理的佐证要求——例如，大量的指控者。我们对某些类型的控告者和某些类型的申诉尤为不信任。

说到可信度膨胀，我们则太愿意接受被告虚伪的否认，尤其对那些掌握权力并受人信赖的人——不是因为我们愚蠢或天真，而是因为我们的文化和法律让我们依赖这些人，无条件地相信他们对现实的描述。这些人的权威很少受到质疑。对于这些人来说，他们的权力增加了他们的可信度，膨胀的可信度则会促成更大的权力。可信度复合体保护现有的等级制度，以及这些等级制度所容许的性特权。

我们接着将了解当"*它发生了*"的时候，可信度受损和提升是如何起作用的。首先，让我们来分析所谓"信念"的含义。

信念的确定性存在于一个连续的范围中。它不是一个打开/关闭的开关。相反，它是非二元的、流动的，并且具有临时性。哲学家把这一范围称为"信念度"（degrees of belief），意思是"我们对某些命题真实性的信心高于我们对其他命题真实性的信心"。[9]例如，如果我告诉你，我今天早上看到一条狗在芝加哥的人行道上行走，你就会对我陈述的真实性充满信心。如果我告诉你，我看到一头大象在芝加哥的人行道上行走，你可能仍然相信这是真的，尤其当你没有理由不相信我的话时，但相比我看到一条狗，对于我看到一头大象，你会更加不确定。你对我叙述的合理性评估将影响你对我陈述的评估，你对我的看法也会起作用。如果你知道我是一个大致上值得信赖的人，那你不仅会倾向于相信我所说的话，也会对我的主张更有信心——反之亦然。考虑到所有这些因素，如果只谈论"信念"而不提及它伴随的复杂性，可能会令人相当困惑。在法律体系之外，我们很少承认信念度，或者它们所依赖的确定性的范围。

在法律体系中，不同的标准影响着陪审员在做出裁决之前所需的信心。刑事法庭需要有*排除合理怀疑*的有罪证据。在民事案件中，当有*优势证据*（a *preponderance* of the evidence）[①]支持原告的主张时——换句话说，就是当事情更可能为真时，通常允许作出对原告有利的判决。另一个我们熟悉的法律标准就是*清晰而*

---

① 指如果全案证据显示某一待证事实存在的可能性明显大于其不存在的可能性，使法官有理由相信它是真实存在的，在没有比该优势证据更有力的证据被推翻以前，可以直接作为认定核心事实的依据。——译注

有说服力的证据，它介于优势证据和排除合理怀疑之间。而对于警员是否决定暂时拘留公民（合理怀疑）或执行逮捕（正当理由）的证据标准则较低。正如案例中警员对阿贾·纽曼的回应一样，个人偏见和误解无疑会影响这些标准的应用方式。然而，在每一种情形下，有争议的决定都与关于一组事实是否真实的特定置信水平（level of confidence）①相挂钩。

然而，我们一旦脱离法律和准法律的设定（如校园纪律处分程序），信念的确定性就没有预设的置信水平了。相反，当我们回应朋友、同事和家人的指控时，我们只能靠自己的判断来选择信念的门槛，然后决定一项指控是否越过了这一门槛。我们必须有多大把握才能*相信*控诉者，并给予她相应的支持？没有答案——此时，具体情境也很重要。不过，除非我们承认信念的确定性存在一个连续的范围，否则我们可能会采用一个明显不利于受害者的置信水平。

这些年来，我看到当一名指控者站出来说"我被强奸了——这发生了"或"我被骚扰了——这发生了"时，无论是在舆论法庭，还是在她的核心社交圈面前，她的说法经常被认为缺乏*排除合理怀疑*的证据而被驳回。

在刑事法庭之外，采用"排除合理怀疑"的标准则有些奇怪，因为信念产生的后果远不及刑事定罪的后果那么严重。例如，当

---

① 指特定个体对待特定命题真实性的相信程度。——译注

指控者将暴力行径告知她朋友时，朋友可以提供支持，与施暴者断绝关系，协助寻求专业帮助。在校园或工作场所，相信暴力的发生可能会使人承担更严重的制裁。尽管如此，它们仍不像利害攸关的刑事案件那样严峻，在刑事案件中，对排除合理怀疑的证据要求反映了潜在惩罚的严重性——自由岌岌可危。当没有那么重大的利害关系时，我们坚持这么高的确定性是不恰当的。

这种坚持意味着大多数指控的消亡。实际上，我们默认选择最高的置信标准必然导致日常生活中的指控遭驳回，这种情境在一些重要方面不同于刑事系统。执法人员被授权采用一系列局外人无法使用的调查技术。传票和搜查令可以让人找出有价值的确凿证据，而当指控者在非正式场合站出来时，这些证据可能永远不会浮出水面。

在刑事法庭之外，当我们要求的确定性水平几乎没有任何指控可以超越，并且缺乏收集额外证据的资源时，我们几乎总能找到不去相信的理由。

默认怀疑

我们许多人都高估了原告站出来时说谎或搞错的可能性。正如一位在处理性暴力刑事和民事案件方面拥有数十年经验的律师向我描述的那样，大多数人"一开始就不愿意相信它发生了"。你可能也会采取最初的怀疑态度。多年来，我从善意的朋友和同事那里得知，他们对虚假报道的发生频率有极大的误解。我们默认去怀疑。

虽然执法人员不是仅有的怀疑者，但与其他人相比，他们对虚假强奸报案的态度更受关注。在一项针对近900名警察的调查中，超过半数的人表示，有11%到50%的性侵报案者谎称被殴打，而另外10%受访警察认为虚假报案率介于51%至100%之间。[10] 一项对另一组警察的研究发现，大多数刑警认为40%到80%的性侵报案是假的。[11] 一名中西部警官也有这种不信任的心态，他告诉研究人员："我不知道占比多少，但肯定超过三分之一，可能接近40%或45%……我对它的真实性有*非常严重*的怀疑。"[12]2016年，爱达荷州的一名警长断言："大多数报告的强奸案实际上都是双方自愿的性行为。"[13]

当警察看到他们的同事驳回类似报告时，这种态度会得到强化。正如斯坦福大学的心理学家珍妮弗·埃伯哈特（Jennifer Eberhardt）所解释的那样，证实偏差（confirmation bias）导致人们"寻找并关注证实其信念的信息"。"一旦我们发展出关于事物如何运作的理论，"埃伯哈特说，"这个框架就很难被推翻。"[14]那些名誉扫地的原告会强化一种观念：*不该相信原告*。

这种无形的反馈循环不仅限于警察部门。我们在判断可信度时，都会受到周围人反应的影响。我们观察我们认识的指控者受到何种对待，备受关注的指控者怎样表现，以及当指控者转向包括刑法、校园法庭、公司人力资源在内的正式系统时会发生什么。每当一项指控被认为是虚假的，指控者不可靠的迷思就会被强化，使得下一个指控也更有可能被认为是假的。不相信会招致不相信，各行各业都是如此。

虚假报案的发生率远远低于我们大多数人的假设。那些使用最可靠的研究方法,并超越警察分类的研究发现,虚假报案率在2%到8%之间。[15]最近的一项荟萃分析表明,这一比例约为5%。[16]

除了高估虚假报案的可能性(通常高很多)外,我们还倾向于错误地怀疑一些指控类型。研究表明,最有可能被认为是虚假的报案——涉及熟人和醉酒——最有可能是真实的。[17]这有其原因。正如心理学家金伯利·朗斯威所说:"报假案的人可能会描述符合文化刻板印象中'真正的强奸'的情景。因此,它会牵涉一个带着武器,甚至戴着滑雪面具的陌生人。强奸发生在一条小巷里,强奸犯使用极端暴力,受害者用身体全力抵抗。受害者会有激烈的反应并立即报案。"朗斯威补充说,"这种'真正的强奸'的刻板印象与往往会引起大多数人怀疑的性侵类型完全相反。"[18]最近一项基于学术研究、新闻报道和免罪记录的分析得出结论:关于虚假报案的传统叙述的"每一部分"都是不正确的。[19]

我们在面对一项暴力指控时,传统叙述会扭曲我们的起始立场。我们从一开始就有着过度的怀疑:我们以一种视其虚假的夸大感受来对待指控。然后,我们坚持要求不切实际的证据量来补充原告的说法,从而加剧了这一错误。像阿贾·纽曼这样的幸存者预期到要直面这种集体倾向——这就是她从医院拿走被单的原因。她知道,要达到人们指定的置信水平所需的佐证标准,在最好的情况下是不合理的,在最坏的情况下则是不可能的。

最近，这种对佐证的不合理要求出现在歌剧界。2019年8月，美联社（Associated Press）发表了一篇报道，公开了歌手兼指挥家普拉西多·多明戈（Plácido Domingo）因长期实施不端性行为所遭致的多项指控，他随即否认这些指控。（他后来为自己的不端行为道歉，但随即又撤回了道歉，并再次对女性的指控提出异议。）[20]这篇报道详细描述了8名歌手和1名舞者的指控，她们说多明戈在过去的三十年里骚扰她们，包括在他担任最高管理职位的歌剧公司里。

女中音歌手帕特里夏·伍尔夫（Patricia Wulf）是唯一一位允许在报道中使用她名字的女性。其他人则要求匿名，担心遭到雇主的报复和公众的骚扰。为了证实这些指控，记者与这些女性倾诉过的"许多同事和朋友"做了交谈，并证实了所称的受害者在其叙述中提到的时间和地点与多明戈有交集。报道还提及"其他6名女性"，说"多明戈的性暗示让她们感到不舒服"。[21]

在这些指控公布后的几周内，又有11名女性站出来，报告称自己曾受到多明戈骚扰（他同样否认了）。其中一名指控者安吉拉·特纳·威尔逊（Angela Turner Wilson）允许使用她的真名。其余女性在美联社的第二篇报道中未透露姓名。在被指控的暴力事件发生时，威尔逊和伍尔夫一样，说她担心自己不被相信，因此她从未向管理层提出指控。当威尔逊最终与记者交谈时，她提供了事发期间保存的日记。日记中有一篇关于多明戈的记录，上面写着，他"多次告诉我，他听我唱歌时感到多么愉悦"，但"他一直在和我调情"，还补充说，"请上帝不要让事情变得更糟"。[22]

在这两组指控公布数周后,大都会歌剧院的总经理召集合唱团和管弦乐队开会,解释为什么没有将多明戈停职或把他从即将举办的演出中除名。后来歌剧院发表了一份声明,其中包括经理对歌剧院不作为的解释:尽管有20名原告,"目前没有针对多明戈先生的确凿证据"。[23](不久之后,在一次会议上,管弦乐队和合唱团的成员表达了他们反对歌剧院针对这些指控的回应后,大都会歌剧院宣布,多明戈将立即退出未来所有的演出。)[24]

在有关不端性行为的案件中,对佐证的不合理要求是很常见的。阿拉莱·基亚纳尔奇(Alaleh Kianerci)是加利福尼亚州圣克拉拉(Santa Clara)的一名资深性犯罪检察官,她处理过许多复杂的案件,其中包括斯坦福游泳运动员布罗克·特纳(Brock Turner)的案件,他在2015年因性侵香奈儿·米勒(Chanel Miller)被定罪。[25] 基亚纳尔奇非常熟悉刑事法庭对说服力的高标准。请记住,在每一起案件中,检察官都必须在排除合理怀疑的情况下证明被告有罪,才能为其定罪。基亚纳尔奇强调,实际上,在性犯罪案件中,这一负担更重。当谈及性侵时,"人们认为需要更多证据。这是我们从与陪审员交谈,以及挑选陪审团的经验中获知的"。许多人期望通过DNA定罪,但如果有人辩护说,这并非意味着被告没有与受害者发生*性*关系,而是发生在她*同意*的情况下,这就行不通了。或者人们"希望有视频为证",基亚纳尔奇解释道。"当然,我们都想要这些东西,"她补充道,"但这不是人们的生活。不是所有事情都会被视频捕捉到。不是所有东西都会留下某种科学痕迹。"

用性侵工具包（又称"强奸取证包"）收集的证据有时会有助于满足对佐证的要求。然而，受害者并非总能收集到这类证据，尤其在时过境迁之后。在一起"以同意作为辩护"的案件中，这些证据很少被视作确凿无疑。请想一想阿比·霍诺尔德的性侵检查所显示的一起可怕的暴力强奸带来的大量身体证据——即便如此，在听到被告人说性行为乃双方自愿行为之后，负责调查的警探将阿比遭受的身体伤害解释为"现在的孩子们都喜欢变态玩意儿"。

"他说，她说"，他赢了

在最极端情况下，可信度受损会将指控者的话语归入其次要的类别：*非证据*。对事件中指控者叙述版本的这种处置是毫无道理的。考虑到在法庭上，受害者关于所发生事情的证词*就是*证据——通常，它是所有证据中最有力的。而法庭之外，在生活中，证据就是任何能合理改变某个命题为真的可能性的信息。支持该命题的证据可强可弱；它足以或不足以使人相信。但是，将指控者的话语归类为*低于证据*的东西，那就是歪曲了它，也使得指控必然会被驳回。

当被告讲述的是不同的故事时，贬低原告话语的情形则尤为明显。面对事件的另一种版本，我们诉诸于将争议框定为"他说，她说"的竞赛，在这样的竞赛中，"她"注定要输。我们误以为整个混乱局面是无解的：从表面上看，这是一个无法令行为合理化的僵局。当原告与被告的叙述针锋相对时，似乎没有办法打破这一僵局。因此，我们保持现状，让每个人都像无事发生一样继续生活，同时保护着施暴者免受其行为的任何后果。"他"赢了。

劳伦·图科斯基（Lauren Teukolsky）是洛杉矶的一位律师，在代理低收入工人等提出性骚扰索赔方面拥有丰富经验。她发现，在一些案子中，当女性挺身而出时，"把一位女性的叙述与一位男性的叙述相对比，在通常情况下，人们就是纯粹不相信女性"。图科斯基告诉我："很多时候，公司的人力资源会貌似无奈地说，'好吧，这就是"他说，她说"，因为我们没有任何确凿证据，就当是平局吧……大家都照常工作，不会有任何影响。'"

即使是"他说，她说"这样的术语也让图科斯基感到不适。"我一直被反驳说，'真的没有证据，'"她指出。图科斯基一次又一次地看到，当一项指控被贬至"她说"的地步时——占据"他说，她说"争议的一半——那这项指控注定要失败。

我们还有最后一种方式来默认对指控者所描述事件的怀疑。这就是在法庭外拒绝接受有争议的指控，只需指出被控方"被推定无罪"即可。无罪推定是刑事司法的基本原则；它规定，除非国家掌握的证据达到了必要的门槛，否则不能为被告定罪。但证据可以推翻无罪推定——包括我已提到的，证人席上受害者的陈述。在我们的日常生活中，原告的描述也应该以类似的方式发挥作用：可信的描述应该改变我们的想法。但这需要我们对指控和否认做出*推理*，并抵制可信度复合体设置的诸多陷阱。

问题是我们无法辨别叙述何时可信。我们对于应该相信的事情置若罔闻。我们驳回那些难以置信的指控，而现实却恰恰相反。我们犯下这些错误的部分原因是，即使是我们中的佼佼者，也会吸收一种有关虚假指控的根深蒂固的错误信念。

我们心目中的指控者

谎称遭受性暴力的女性形象在文化中是有渊源的。在《圣经》中，波提乏的妻子在约瑟拒绝其求爱后指控他强奸，这一原型存在于各个时代。2016年，唐纳德·特朗普利用同样的"哭诉强奸的女人"的原型来为自己辩护，以此免受多项性行为不端的指控。"每个站出来损害我竞选活动的女人都撒了谎，"他在一次竞选集会上这样说，他还补充道："如果她们能和像我这样拥有无限资源去回击的人抗衡，那就看看她们能对你们做出些什么。"[26] 2018年，特朗普在谈到对其最高法院提名人布雷特·卡瓦诺的不端性行为指控时，自告奋勇地说："这事就发生在我身上，很多是谎言，老实说，没人知道该相信谁。"特朗普将其描述为"对美国年轻人来说极为可怕的时期"，当你可以"完美地度过一生"时，"有人可能会因为某件事指控你"。[27] 针对卡瓦诺的指控也推动了#他也是（#HimToo）这一话题，在一条推文哀叹"现下激进女权主义者不惜一切代价进行虚假性指控的氛围"之后，该话题得到了迅速传播。[28]

尽管许多人会否定这种世界观，但我们所有人都会受到一种文化的影响——这种文化将不端性行为的指控者视为不可靠的信息来源。在没有意识到这一点的情况下，我们吸收了讲述强奸或骚扰的女性不可信的讯息。这种倾向可能会导致我们误判那些暴力的指控者。我们将指控者普遍视为说谎者时，便会快速断定某项指控不实。

撒谎女性的形象唾手可得，这就使得我们不容易相信她们。其中一种突出形象就是"捞金者"。在法律体系中，我们可以质疑各类原告提诉所要求的经济利益，在民事案件中代理原告的律师则精通这种攻击路线。但不端性行为的指控者比其他人更容易受到此类待遇。"受害者基本上被看成是只想着赚快钱的人。"来自费城的原告律师罗伯特·万斯解释并补充道，人们经常把性骚扰指控视作"抢钱"。

性犯罪检察官还必须应对"捞金者"的刻板印象，辩方可以在刑事法庭上部署这种刻板印象。比尔·科斯比案一审以陪审团审理未果结束，随后又对其性侵指控进行了重审，科斯比的律师在重审期间谈及原告："她想从比尔·科斯比那里得到什么？钱，钱，更多的钱。"[29] 在法律程序之外，原告也以同样的方式被污蔑。一项关于推特用户如何回应针对知名男性的性侵犯指控的研究发现，用户经常选择标签"#捞金者（#golddigger）"来表达他们的反应。[30] 捞金者渴望财富胜于一切；如有必要，她甚至会编造暴力指控，全然不顾她站出来时必须忍受些什么。

另有一些关于说谎者的夸张描述也扭曲了我们有关相信与否的判断。*遭轻蔑拒绝*的女人报复拒绝她的男人；*后悔*的女人对双方同意的性行为感到懊恼；作为*政治工具*，她们愿意被利用以推进党派议程,又或许是出于其自身议程的动机;*寻求关注者渴望着聚光灯*。(一些女性的性别特征被看作是"为了得到异性恋男性的关注而做出某种'行为'",包括双性恋女性在内,这些女性都特别容易被视为寻求关注的骗子。)[31]

撒谎的女人并不是助长质疑的唯一原型。*出错的女人*不是故意去欺骗他人,而是混淆了实际发生的事情。德布拉·卡茨(Debra Katz)是一位具有领导地位的民权律师,数十年来一直代理女性指控的不端性行为案件,包括克莉丝汀·布莱西·福特的案子。当我与卡茨交谈时,她观察到"否认的叙述"已经发生了变化。如今,一种不同类型的指控者越来越多——她没有撒谎,但曲解或记错了发生的事情。无论是她的感知还是记忆都被认为是错误的,她可能是一个"好女人,但她搞错了"。

人们认为女性不值得信任,因为她们被视为缺乏辨别、回忆和理解生活中事实的能力。这种无能与欺骗不同,但结果是一样的。一名被视作是出错或撒谎(或两者兼有,尽管这不合逻辑)的指控者当然无法使人相信。不论她为何会被认为不值得信任,她的指控都将被驳回。

这种情况发生时,我们可能会对未来面对的指控持更加怀疑的态度。回想一下证实偏差,它导致我们去寻找那些能证实我们已有信念的证据,再以进一步巩固这些信念的方式解释这些证据。每当我们认为一个指控者不可信时,它都会强化我们的印象,即她不应该被信任。一旦我们目睹一项指控被驳回,或者我们自己也驳回了一项指控,证实偏差就会扭曲我们对后续所有指控的可信度判断。

当虚假指控得到充分宣传时，这种影响会被放大。³² 杜克大学曲棍球队案 ³³①、《滚石》(Rolling Stone)杂志事件 ³⁴②，这些案件在很大程度上引发了大众的想象力，因为它们与指控者撒谎的根深蒂固的信念，以及激发这些信念的厌女症产生了共鸣。那些涉及"撒谎的指控者"的案件已经代表了一种虚假的现实——一个性侵指控通常不实的黑白颠倒的世界。我们对那些故事经不住推敲的女性的纯粹愤怒抑制了我们辨别更复杂的情况的能力。破碎的故事和我们对它们的反应往往围绕着一个文化上的关注点，即异常的暴力行为。"关于强奸的真相是，它并不特殊，它也不反常，"评论员希亚·托伦蒂诺（Jia Tolentino）在讨论《滚石》杂志所受到的谴责时写道，"而且没办法把它变成一个令人满意的故事。"³⁵ 我们被非同寻常的案件所吸引，因为它们掩盖了性暴力令人难以忍受的平常性。

一些指控者从一开始就被认为不如其他人值得信赖。对于这些指控者来说，信任障碍甚至更高。"我们有吸毒成瘾的无家可归

---

① 2006年，一名非裔脱衣舞女指控杜克大学三名曲棍球员在一次聚会中轮奸了她。最终此案逆转，曲棍球员被证实无罪，美国社会也由此展开反思。——译注

② 2015年，《滚石》杂志将一篇名为《一起校园强奸案》（"A Rape on Campus"）的长篇报道从网站撤下，执行主编和作者为其报道中的失误向公众道歉。——译注

的女性遭遇性侵的案例,"检察官阿拉莱·基亚纳尔奇回忆道,"从一开始,她们就在进行一场艰苦的战斗。"基亚纳尔奇说从事性产业的女性也是如此,她想到一起涉及多名美国亚裔女性在妓院工作时被强奸的案例。基亚纳尔奇强调,最脆弱的受害者也是最难获得信任的。"无论是毒品、酒精、无家可归,还是职业选择,人们就是不愿相信她们。"

信任的另一个障碍是贫穷。在美国国家妇女法律中心(National Women's Law Center)负责教育和工作场所公正事务的副主席埃米莉·马丁(Emily Martin)指出,穷人在讲述自己的故事时更少得到信任。[36] 尤其是低收入的性骚扰受害者,他们面对的是令人生畏的信任障碍。

桑德拉·佩斯奎达(Sandra Pezqueda)的故事很典型。2015年,佩斯奎达被聘为加州一家豪华度假村的洗碗工和厨师助理。她说,在她开始工作后不久,她在劳务中介机构的主管就开始骚扰她。据佩斯奎达说,主管评论过她的美貌,多次找她约会,打电话给她,更改她的日程安排,让她单独和他一起工作,两次试图在储藏室亲吻她,然后在她断然拒绝了一次直接的进一步要求后,就被取消了接下来几周的日程安排。佩斯奎达说,她向另一位主管投诉时,他一直说对此无能为力——她被告知,她的讲述跟他不一样。几个月后,佩斯奎达被解雇了。[37]

工作场所的性骚扰受害者在民事法庭提起诉讼时面临许多同样的挑战。相比刑事法庭,这里的举证责任要轻得多——只需要

"优势证据",或者使原告的主张更具真实性的证据。然而,即使是这个较低的标准,对于性骚扰案的原告来说,往往也太高了。正如在法庭之外,指控者站出来时,听众会默认怀疑一样,在指控者成为原告时,陪审员会贬低其可信度。一如既往,种族很重要,阶级很重要,性别很重要。

一个与可信度相关的非显著特征是外表。在信念领域,社会对美丽的标准以非常特殊的方式不利于女性。无论她是否具有传统的吸引力,女性的外表都会破坏她的可信度——这是法律学者德博拉·罗德（Deborah Rhode）概称为"外表不公正"的一个例证。[38] 经验丰富的华盛顿民权律师阿里·威尔肯菲尔德（Ari Wilkenfeld）告诉我,对于那些在人们看来没有吸引力的女性,很容易被认为不可能成为性骚扰目标。与此同时,人们通常会觉得有魅力的女性会招蜂引蝶,她们说性骚扰行为难以接受时,就会引发怀疑。我们交谈期间,威尔肯菲尔德哀叹这种基于外表的观念,将其视为又一种扭曲的"金发姑娘"场景。当一位女性声称受到性骚扰时,她必须看起来"恰到好处"才能获得认可。否则,她将触发根深蒂固的指控者迷思。

可信度不仅关乎我们对声明来源的信任,也关乎我们认为该声明是否合理,或者是否符合我们的直觉。每当我们决定是否相信它发生了的时候,我们都会依赖自身对世界运作方式的理解。这就是关于陌生人强奸、完美受害者和魔鬼施暴者的迷思发挥作用的地方,这让我们误入歧途。被控方常会讲述一个与我们既有

75 观念相符的故事,不管它是否正确,而大多数指控者提供的叙述却与我们对暴力的误解相左。

一项声明的合理性也取决于我们对指控者的感知,即其是否表现得像我们心目中的受害者——这一受害者形象可能并不符合现实。当指控者的行为与我们想象中的受害者不同时,其指控就显得不真实,于是我们就会反驳她们。我们已经看到,偏离理想受害者脚本的行为能够削弱指控者的可信度。当她不反抗,她的情绪反应不符合我们的期待,或当她与施暴者保持联系时,她的陈述就很容易被忽视。

我们对合理性的推断在另一个重要方面受到了误导。因为我们误解了受害者对创伤的反应,所以当她们对事件的记忆不完整或存在其他缺陷时,我们会轻易对指控者产生怀疑。在一个相当典型的案例中,一名大学生向校方报告了她遭遇的性侵事件,却只能眼睁睁地看着这起案子在后来的听证会上面临溃败。这是因为她陈述中的一个小细节有了变化。八个月前,指控者描述了她在被侵犯前坐着看手机的情景。在听证会上,她再次描述了该情景,但她在房间中的确切位置改变了。"听证官认为这是一个严重的矛盾,足以削弱她的可信度,因此她完全可能捏造了整个事件。"这位女士的律师布伦达·亚当斯(Brenda Adams)告诉我。

人们常有的直觉是,受害者应该记住他们所遭受的虐待细节,但这在大多数情况下与神经科学背道而驰。创伤专家知道,许多受害者无法记起袭击发生前后的详细情况。受害者也可能发现自己难以提供一个时间线清晰的描述。但是,大多数人并不了解这些局限性背后可能的神经学解释,这对信任造成了不公的障碍。"只有线性的故事才会被接受。"亚当斯说。

对于完整叙述的需求其实是一种误区。当我们回想一段经历——无论它是否具有创伤性质——我们对这段经历的记忆编码都是片面的。吉姆·霍珀(Jim Hopper)在哈佛大学医学院精神病学系任教,并在全国范围内就创伤神经生物学担任咨询师,他指出,记忆研究的一个关键理念是区分中心细节和边缘细节。即使在一般情况下,我们也会更关注中心细节,这些细节比其他的更有可能被编码——这是形成记忆的第一步——一旦编码,它们就会被储存。比如,你更容易记住你上次外出就餐时的餐厅,但记不得邻座是谁。那些我们没有注意到或认为不重要的细节可能不会被转化为能够存储的记忆。"中心细节被优先编码和存储,"霍珀解释说,"它们就在那里,这告诉我们,我们所有的经验都是不完整和片段化的记忆——我们只会选择性地记住一部分。即使是中心细节,也会随着时间的流逝而逐渐模糊。这就是人类经验的本质。"

大脑在面临威胁的情况下所受到的压力更大。巴塞尔·范德考克(Bessel van der Kolk)是创伤生理影响方面的顶级专家。他的书《身体从未忘记》(*The Body Keeps the Score*)展示了创伤如何在身体和大脑上留下烙印。其中一项重要发现是,创伤记忆是杂乱无章的。范德考克和他的同事们进行的一项系统研究显示,那些经历了恐怖经历的受害者"对某些细节记忆犹新(例如强奸者的气味,死去的孩子额头上的伤口),但无法回忆起事件的顺序

或其他重要细节（例如第一个来帮忙的人，究竟是救护车还是警车把他们带到医院）。"³⁹

正如吉姆·霍珀所说："在压力和创伤的情境中，大脑往往会将注意力集中在它认为对生存和处理问题至关重要的那部分经验。注意力的聚焦，对中心细节的关注和对边缘细节的忽视或不处理——这些现象会得到强化。"因此，对创伤经历的记忆比其他记忆更为碎片化。

此外，我们处于压力状态时，只有有限的时间来形成记忆。海马体在将信息编码为短期记忆并储存为长期记忆的过程中发挥着关键作用。我们的大脑检测到威胁时，海马体的运作方式会有所不同。在进入"超级编码模式"（superencoding mode）五至二十分钟期间，一些中心细节会被强编码，随后海马体会进入一个"弱编码"（minimal encoding）的阶段，"在这个阶段，细节的编码，尤其是储存——即使是中心细节——都会受到很大限制或完全未被编码"。超级编码的生物学研究告诉我们，如果超级编码模式维持的时间过长，就会对细胞造成永久性损害。因此，我们的身体已经适应将未来生存中最需要的信息烙印在记忆中，同时也保护着我们的海马体。⁴⁰

在布雷特·卡瓦诺的审议听证会上，克莉丝汀·布莱西·福特在参议院司法委员会作证时，被民主党参议员帕特里克·莱希（Patrick Leahy）问及"你对事件最深刻、最强烈的回忆，让你无法忘记的事情"。她作答时，好像又一次成了那个少女，重新经历了她与卡瓦诺和他的朋友在房间里所发生的事情。但因为福特是斯坦福医学院的心理学研究者,她不仅可以描述自己的记忆,还可以利用她的专业知识来解释它。在回忆那晚最强烈的记忆时,福特成功地抓住了大脑在压力下的工作方式。她说:"海马体中无法磨灭的记忆是笑声,那种欢闹的笑声,他俩拿我取乐的笑声。"

引人注目的对话持续进行着:

参议员莱希:你从没忘记那个笑声。你从没忘记他们对你的嘲笑。

克莉丝汀·福特:他们都在笑。

参议员莱希:你是那个被嘲笑的对象吗?

克莉丝汀·福特:你知道,那两个人,两个朋友在大笑时,我就在其中一个人的身下——两个朋友一起玩得很开心。[41]

戴利娅·里斯威克（Dahlia Lithwick）是亲耳听到这一证词的记者之一。在里斯威克的描述中,福特"安静""权威""全然可靠、生动且真实"。她还补充说,福特"用词非常谨慎,即使是对最微小的不精确之处的纠正,效果都像手术般精准"。"每个人都相信她,"里斯威克写道,"每个人。"[42]

当卡瓦诺作证并否认所有事情时,这种共识(如果真的存在的话)就烟消云散了。听证会后不到一周,一项全国性的调查发现,公众对于是相信指控者还是被控方存在严重分歧。接受调查者被问道:"你认为谁说的是高中聚会上的真相？"仅有不到一半的人相信福特,有三分之一的人相信卡瓦诺,还有大约四分之一的人表示"不确定"。[43]

许多不相信福特的人都指出了她故事中的空白。司法委员会的共和党参议员的律师雷切尔·米切尔（Rachel Mitchell）在她的评估中写道，"福特博士对那个争议之夜的关键细节没有记忆"，包括谁邀请她去参加派对，她如何抵达派对，或者派对到底在何时何地举行。然而，"也许最重要的是"，这位律师强调，"她不记得自己是如何从派对回到家的"，这"激起了巨大争议"。[44]

有关创伤记忆的科学研究却表明事情并非如此。心理学家吉姆·霍珀在听证会后不久发表的一篇文章中指出，"边缘细节中的空白和不一致——以及不确定很久以前的侵害所发生的时间和地点——是完全正常的，也是可以预料的"。在压力之下，一旦福特的海马体进入弱编码阶段，其记忆编码和存储就会受到影响。福特证词中的漏洞看起来可能使人生疑，但完全符合创伤反应。正如霍珀所写，福特"逃脱后的解脱感和她担心有人可能会发现她刚遭遇侵犯的恐惧"被视为"极其重要的中心细节"——这些细节将是"在她的海马体进入自我保护模式，对接下来发生的任何事情丧失永久储存能力之前最后的记忆"。

记忆缺失是一种常见的创伤副产品，这意味着，当我们因为指控者的描述中存在的不完美而对她产生怀疑时，我们犯了错误。[45]这个错误很容易得到解释。虽然创伤专家认识到了分离记忆的起源，但我们大多数人并不是创伤专家。霍珀最后总结道："对记忆工作方式的无知，是性侵犯最容易成为逍遥法外的暴力犯罪的主要原因。"[46]正因为我们不了解其中的缘由，那么当指控者的描述缺少细节，或不符合时间顺序，或其中包含的事实似乎不及被遗忘的事实重要时，我们就会产生怀疑。不完整的故事就无缘由地成为不被信任的理由。

创伤对记忆的影响不仅延伸到编码和存储，还包括检索。在一个舒适的环境，即倾听者似乎愿意信任指控者的环境中，我们更容易获得创伤记忆。当指控者面对明显的怀疑或判断时，她的创伤记忆就不太可能浮现出来。霍珀解释说："如果你感受到压力，就会损害你检索大脑所存信息的能力。"即使指控者*能够*检索到这些信息，她也可能没有足够的安全感与一个不愿给予信任的倾听者分享。

对创伤的误解有助于解释警察为何倾向于对强奸指控持过度怀疑的态度。雷切尔·洛弗尔（Rachel Lovell）是一位社会学家，她的研究重点是执法部门对性暴力的反应。洛弗尔告诉我，许多警察"因为不理解受害者的反应，因而对性侵案件进行了更严密的审查"。她补充说，"他们认为这是欺骗，但实际上，这是一种创伤。"在一项由国家司法研究所资助的未经检测的强奸取证包研究中，洛弗尔和她的同事们研读了数千份未被追究的案件的警方报告。[47] 在一份报告中，警官写道："受害者在笑。她明显在骗人，但她又好像很痛苦。"洛弗尔说，警官的这种困惑是普遍存在的。"对于了解创伤神经生物学的人来说，所有这些都属于典型的受害者行为。"但是，如果警察对指控者陈述的评估框架并未反映创伤的影响，他们可能会轻易得出指控者在撒谎的结论。

我从心理学家丽贝卡·坎贝尔（Rebecca Campbell）那里听到了类似的解释，她是美国执法部门性暴力应对领域的顶尖专家之一。坎贝尔是由国家司法研究所资助的另一项强奸取证包研究项目的主要成员——这一项目在底特律进行。研究发现，警察轻率处理指控的主要原因在于，指控者的反应偏离了他们的预设观念。[48]"他们期待的是典型的混乱场面，"坎贝尔告诉我，"他们期待看到哭泣，期待看到明显的痛苦迹象……如果受害者没有表现出他们觉得应有的反应，通常就会被推断为不可信。"（又一次，人们所感知的情绪过度与情绪缺失同样可以用来攻击受害者[49]。）

如坎贝尔所强调的，科学无法确认指控者是否在说真话。但是，科学确实表明，警察——就像我们所有人一样——应该慎重决定是否要根据举止来判断指控者撒谎与否。"科学告诉我们，人们对创伤的反应是多样的，"坎贝尔说，"警察不能评估哪种反应是对的，哪种是错的。而要说，哦，这就是她们的反应。"坎贝尔指出，与只关注受害者的反应相比，了解科学的警察才能"真正地做调查"。

在大多数情况下，我们永远无法展开充分调查。相反，警察无形中依赖着有关受害者行为的迷思，并以此来证明对指控的驳回是合理的，而这些指控原本可以通过努力得到证实。当不端性行为的指控者挺身而出，调查却过早终止，从而没能收集到更多证据。这是一个反复出现的模式。在大大小小的警察部门中，警察们过快地认定一个案件毫无价值，导致强奸指控被驳回的比例过高。[50]

警察得以结束调查的方式之一是将投诉定性为"缺乏依据"，这意味着它会被认为是空穴来风或胡编乱造。许多执法机构严重依赖这种无依据的分类来"清理"未实施逮捕的性侵犯报案。高"清理"数被用于衡量警察解决罪案的效率,却可能掩盖逮捕率较低的问题。[51] 来看几个例证。2017 年,匹兹堡市有超过 30% 的强奸案被认定为缺乏依据。[52] 在弗吉尼亚州的威廉王子县(Prince William County),这个数字在 2016 年接近 40%。[53] 在对更早时期的分析中,也发现了类似的高比例:在 2009 年到 2014 年间,巴尔的摩县(Baltimore County)的强奸报案中有 34% 被认为缺乏依据,亚利桑那州斯科茨代尔(Scottsdale)的比例是 46%,加利福尼亚州的奥克斯纳德(Oxnard)有超过一半的比例被认为缺乏依据。[54] 这些数字与虚假性侵案的实际发生率形成了鲜明对比——再次提醒,研究人员估计该比例约为 5%。[55]

"为了公众"(ProPublica)①对 64 个执法机构的调查发现,其中有 54 个机构在不到三分之一的案件中实施逮捕。有 14 个警察部门报告的数字是个位数——包括芝加哥、西雅图、圣迭戈、凤凰城、波特兰、图森、纳什维尔和萨克拉门托。(盐湖城的比例最低,只有 3% 的案件实施了逮捕。)[56] 近期一项对全国执法机构的研究发现,"无论在哪个司法管辖区,性暴力很少以逮捕告终"。[57]

早期阶段的可信度受损预示着指控最终会被驳回。当警官迅速地质疑指控者时,他们忽视了可能的证据——例如短信、语音

---

① 美国一家非营利性新闻机构,致力于深度新闻调查报道,揭示权力滥用和社会不公的问题。——译注

邮件、照片、社交媒体帖子、法医报告、目击事件前后的证人，以及在极少数情况下出现的目击者等。尽管时间久远的指控更难以证实，但许多同样的调查技术可以搜集到相关证据。然而，警察倾向于尽快结束他们的调查，驳回那些原本可能通过努力得到证据支撑的指控。如果警官暂且能抑制他们不信任、责备和忽视那些指控者的倾向，那么"他说，她说"的争论或许就能避免。

丽贝卡·坎贝尔强调，对指控者的不信任破坏了整个调查。坎贝尔解释说："一项又一项研究表明，当受害者向警方报案，在通常情况下，警方不太相信她们，认为她们是不可信的，而且也没有对案件进行有质量的调查。"在坎贝尔的执法培训中，她明确表示，她并非主张每一起性侵案都实施逮捕。相反，她告诉警官："关键是设法推进调查。就这么简单。案件事实自会水落石出。"正如她对我所说，"问题在于警察不做调查。"

2011年，拉腊·麦克劳德（Lara McLeod）因谎报强奸而被捕——这一指控后来被撤销。从一开始，首次会见麦克劳德的警探似乎就怀疑她的指控，他问她为什么没有试图逃离袭击者（那人有枪），为什么没有放下她的手臂以阻止他脱下她的衬衫。这种不信任的态度导致了调查的松懈，并最终使她的指控落空。

警察们本可以试着去获取7-11便利店的安保录像，麦克劳德说被告男子曾在事发前带她去那里，当时他俩在那儿争论她是否会和他发生性关系。警察们本可以查阅麦克劳德在事发后的医疗记录。他们还可以查看数据库，看看这个男人是否曾被指控过强奸或其他犯罪行为。但是，调查警官没有采取这些措施。对警方内部文件和录音的后续审查凸显出"警察如何从头至尾彻底搞砸了他们的调查，他们对性侵犯的观念影响到他们追踪案件的方式"。尽管对麦克劳德的虚报指控最终被撤销，但在此过程中，她花费了 5 万美元的律师费用来为自己辩护。她指控的那个男人甚至从未被逮捕。[58]

被搁置的强奸取证包是执法机构未能追踪调查线索的缩影。全国各地有十几万个未经检测的取证包[59]，这引发了全国范围内的草根行动，主张通过立法强制检测并分配必要的资源来"结束积压"。强奸取证包需要进行侵入性的身体检查——一名受过培训的护士收集并保存留在受害者身体上的证据，这些证据可能包括头发、纤维、精液、唾液、皮肤细胞和血液。在丽贝卡·坎贝尔对底特律警察局的研究中，她了解到警察为什么不检测这些取证包。她和同事们发现，搁置证据是因为警察很早就决定不追究这些报案。甚至在追踪可用的线索之前，指控就被驳回了。坎贝尔和她的同事们得出结论："从许多方面来看，未经检测的取证包是对这些案件处置情况的一种现实征兆——在象征意义上，案件被搁置了；在字面意义上，取证包被搁置了。"[60]

质疑的好处

在可信度复合体导致了对受害者过度怀疑的同时，质疑也给那些否认指控的男性带来了不应有的好处。在男性声称无辜时，他们大多数自然就被认为是有能力且可靠的——他们被视为值得信任的人。同时，他们对事情的描述通常符合我们对世界运作方式的印象，无论这种印象有多么漏洞百出——他们的故事因而是可信的。那些被指控性行为不端的人往往会得到*过分*的信任。

约翰·克卢恩（John Clune）是科罗拉多州博尔德（Boulder）的一位律师，他已经先后作为检察官和民权律师致力于追查性行为不端的案件超过二十年。克卢恩的客户包括几位针对知名男性的女性指控者，以及更多其案件从未上过新闻的女性。克卢恩强调，在他的经验中，相比女性指控者，大多数被指控的男性被视为"更有逻辑性和理性的人类"。身处领导地位或令人尊敬的男性尤其受到信任。

比如，好莱坞大亨哈维·韦恩斯坦首次引起执法官员注意是在2015年，当时模特安布拉·巴蒂拉纳·古铁雷斯（Ambra Battilana Gutierrez）走进纽约的一个警察局报案，称他刚刚摸了她的胸部，还试图把手伸进她的裙子里。[61] 古铁雷斯立即报案的决定是个例外。"我来自另一个国家——我是意大利人——这让我不了解他的权力，"她后来解释道，"另外，我真的不喜欢被触碰，有人以这种方式侵犯我的空间，这对我来说太过分了。此外，我仅仅是相信这个系统。"[62]

第二天，警探安排古铁雷斯带上窃听器，她录下了与韦恩斯坦的一次对话，其中包含了一项重要的供认。当韦恩斯坦被问及他为什么前一天在办公室里摸她的胸部时，他回答说，"哦，拜托，我很抱歉，"他又补充道，"我已经习惯了，"还有，"我不会再这样做了。"[63]

两周后，检察官宣布他们已了结这起针对韦恩斯坦的案件。"在分析了与双方的多次谈话等所有可用证据之后，刑事指控无法成立。"曼哈顿地区检察官办公室的一名发言人说。[64]据古铁雷斯称，检察官"像审问犯人一样审问我，提的都是这样的问题：'你曾经做过妓女吗？'或者'你曾经收过礼物吗？'或者'你曾经要求过出演某个电影角色吗？'"。古铁雷斯还记得来势汹汹的媒体报道，包括有报刊"称我是个骗子，还把我的比基尼照片放在头版"。[65]

辩护团队声称，韦恩斯坦触摸古铁雷斯的胸部是为了确定它们是否"真实"，这对她作为内衣模特的未来起着决定性作用。古铁雷斯指称，韦恩斯坦不仅在录音中承认自己摸了她的胸部，她还描述了他把手伸进她的裙子并要求亲吻她。但韦恩斯坦坚称，他只是出于职业原因摸了她的胸部，*事实证明，这些否认比指控更重要*。检察官们得出结论，他们无法证实韦恩斯坦触摸古铁雷斯的行为是出于性满足的目的，而这是纽约禁止强制性触摸的相关法律所要求的。一位曾为检察官的辩护律师后来对《纽约时报》表示："韦恩斯坦声称出于'专业需要'得亲自检查她的胸部，因而其犯罪意图无法得到证明，这荒唐得让人笑掉大牙。"然而，韦恩斯坦对事件的说法仍然占据上风。[66]

前运动教练和美国国家体操队医生拉里·纳萨尔是另一个在向执法部门陈述情况后因质疑而受益的被告。当纳萨尔首次被问及一名前病人的性暴力指控时，他说服调查人员他只是在进行合法的医疗活动,于是调查被终止。在纳萨尔首次引起警方注意后,又有许多十几岁的女孩被他骚扰。十四年后,超过 150 名女性将在这位前医生的刑事法庭判刑听证会上详述她们的受虐经历。[67]

这些情况大多甚至全部都是可以避免的:回到 2004 年,密歇根州默里迪恩镇(Meridian Township)的一名高中运动员布里安娜·兰德尔(Brianne Randall)和她母亲预约去见纳萨尔,他当时就是一位知名的骨科医生和运动教练。他们要治疗兰德尔的脊柱侧凸。第一次就诊时,母亲在场,纳萨尔进行了一系列常规检查。而第二次就诊时,没有母亲在场,检查就完全不同了。

纳萨尔的检查从按摩兰德尔的脊柱开始。随后,他把她的内裤拉到一边,开始"沿着她的外阴部按压"。接着,他试图用手指插入她的阴道(因为她正在使用卫生棉条,所以没能成功)。他持续按摩她的阴部约二十分钟,又在她趴着的时候,把手伸到她的罩衣下,"四处摩擦"并"挤压"她的胸部。纳萨尔告诉兰德尔,他希望每周见一次面,每次一小时,然后要兰德尔给他一个拥抱。在整个检查过程中,他都没有戴手套。

兰德尔感到"害怕"和"不舒服",她立即告诉母亲纳萨尔做了什么,这让她"害怕"。第二天,兰德尔和她的母亲走进警察局报案。

警方在与兰德尔谈话约一周后,又与纳萨尔进行了交谈。这次谈话的记录很简短。纳萨尔声称他在为缓解兰德尔的腰部疼痛做治疗,这需要他"触摸"并"触诊"她外阴附近的区域。他将这种技术描述为骶结节韧带松解术,并告诉调查警探:"这种技术在医学期刊上发表过，而且指导该技术的培训磁带已对全美的医生开放。"纳萨尔向警探提供了一份附带报告的 26 页 PPT 演示文稿。

谈话记录中没有任何迹象表明纳萨尔曾被质疑过是否抚摸兰德尔的乳房或试图用手指插入她的阴道。他也没有被问及为什么在检查期间没有戴手套。这一缺失只在后来与兰德尔母亲的谈话中提到，她说自己"对纳萨尔博士不戴乳胶手套的事实感到不安"——结果警探回应道："我无法左右医生戴不戴手套，或者在治疗过程中是否有其他人在场，不过，我会把她的忧虑转达给纳萨尔博士。"报告最后指出，警官告知兰德尔的母亲，由于"纳萨尔博士向我提供的事实"，此案即将了结。

那份 PPT 演示文稿中根本没有提到触摸或触诊阴道，更不用说插入阴道了。它没有提到摩擦病人的乳房，或需要用裸手。但警察并没有追究这些差异（如果他们能辨别的话）。他们也没有寻求该领域其他医生的意见。相反，纳萨尔的牵强之词被当作事实接受了。

十五年后，那位警探——他已升为警长——在被问及这一决定时，他只是简单地说："纳萨尔解释说这种治疗手段是合法的，所以不是犯罪。"[68] 这位警探选择不再跟进此案，是因为他相信了这个谎言——在他的职业生涯中，这是他唯一一次没有将调查转交给检察官就结束案件。[69]

如果默里迪恩镇警察局只是一个例外，纳萨尔不会被允许虐待其病人几十年。在这些年里，女孩和女人们不断站出来——她们向父母、教练、医生、心理学家和美国体操协会报告。[70] 每一次，不管纳萨尔的医学辩护有多荒谬，指控都被认为是更不可信的。以下是密歇根州立大学（Michigan State University）（纳萨尔在那里工作了很多年）如何回应一名24岁的前啦啦队员在2014年的正式投诉。这位女性回忆说，她因为髋部疼痛去看纳萨尔时，他按摩了她的乳房，并在其反抗中触摸了她的阴道。学校调查人员得出结论，医生的行为"在医学上是妥当的"。[71]

抬升男性被告的可信度，同时贬损指控者的可信度，没人能免受这一文化力量的影响——连受害者都不行。

这真的是暴力吗？自我怀疑的惯例

我们已经看到，指控者预料到*其他*人会否定她们的说法。但这种可信度受损不仅是可预期的——它也被内化了。起初，许多指控者会怀疑其经历的真实性，责备自己，或淡化事件。当其中任何一种情况发生时，正式提出投诉就是浪费时间。从受害者的角度看，任何官方的回应都可能会映射她自己的观点，有时则更糟糕，它会反映出程度更甚的可信度贬损。对那些浸染于一种不信任、责备并忽视受害者的文化中的人来说，沉默可能是唯一的选择，她们会随之怀疑、责备和忽视自己。在最隐蔽的情况下，可信度复合体会使受害者把自己的立场和利益置于施暴者之下。我称这种自我贬损可信度的倾向为*内化的可信度受损*。

让我们看看这种自我贬损是如何影响信任的。在确定事情的真实性方面，幸存者常常质疑自己是否遭受暴力。这可以理解为是由一种集体性的煤气灯效应①造成的结果。哲学家凯特·艾布拉姆森（Kate Abramson）在解释何谓煤气灯效应以及它如何伤害受害者方面处于研究的前沿。她在展示出一篇相关主题的论文初稿时，得到了热烈的反响。艾布拉姆森记得，"房间里几乎所有的女性都说：'哦，天哪，我懂。'"。

煤气灯效应是一种操控情绪的方式，它使受害者感觉自己已脱离现实。艾布拉姆森写道，操控者"（有意无意地）试图在某个人身上诱导出一种感觉，即她的反应、感知、记忆和／或信念不仅是错误的，而且毫无根据"。[72]正如我们交谈中艾布拉姆森所说明的，要实现这一点有许多种方式。"其中之一，就是直截了当地说：'不，他没错，是你的举动太疯狂。'还有一种方式是说：'这有什么大不了的。你干吗对这种事大惊小怪？'"

煤气灯效应也可以是一种集体行为。"那些并未直接施行操控的人，他们围绕在被操控的女性周围，通过选择支持某一方对现实的解释，从而以不同的方式进行操控。"艾布拉姆森说。即使是那些"就是不想和原告对话"的人也可以有效地支持被告，证明她遭受的暴力并没有发生，是她咎由自取，或者暴力行为并没那么糟糕。不知不觉中，那些围绕着受害者的人强化了施暴者的否认。

---

① 这个词来源于1938年的话剧《煤气灯》，剧中描绘了一个试图让他的妻子相信自己已经失去理智的男人。这个男人的手段之一就是调暗整个屋子的煤气灯，同时坚称黑暗源于他妻子的想象。

不端性行为的受害者也被训练去接纳施暴者对事实的看法和解释。如艾布拉姆森所观察到的，社会化的女孩和女人们会认为，和男性相比，她们更可能犯错。这种"自我怀疑的惯例"表现为"性别顺从"，幸存者身处其中，她们不相信自己的经历，并给予男性过度的信任。那是骚扰，还是工作场所的闲聊？那是强奸，还是误解而已？那真的是暴力吗？

———

玛丽萨·赫希施泰特（Marissa Hoechstetter）与她的丈夫和处于学龄的双胞胎女儿住在马萨诸塞州西部。她从事高校筹款工作，并在社区做志愿者。在搬到新英格兰之前，她住在纽约，女儿也出生在那里。

2010年，赫希施泰特怀孕之后见了几位医生，最后选择了罗伯特·哈登（Robert Hadden），他在妇产科工作了几十年。哈登看起来是一个不错的选择。他不仅是一位好友的叔叔，而且在纽约长老会医院（NewYork-Presbyterian Hospital）工作，在赫希施泰特口中，这家医院是"著名的、备受推崇的"。她在整个怀孕期见的都是这位医生。

在我们谈到这些会面时，赫希施泰特回忆起一些只有事后才能发现的"危险信号"。哈登似乎没有明显的理由询问她的性生活和性高潮；他进行了格外长时间的乳房检查和极为频繁的宫颈涂片检查。有一次赫希施泰特意识到，"我发觉他没戴手套。"但是，她补充说，被医生性侵的想法"离可能发生的现实太远了……你告诉自己,一定是弄错了"。

在女儿出生一年后,赫希施泰特回到哈登那里做了一次随访。这将是她的最后一次拜访。"他侵犯我和舔我的那次是我最后一次去那里。"她告诉我。赫希施泰特记得她感觉到医生的胡须在她的阴道上,她"毫无疑问、非常清楚地"知道自己被侵犯了。"我僵住了。他离开了房间,我再也没有回过那间办公室。"

然而,她一直感到疑惑并自我怀疑。"老实说,你会认为是自己出了问题。"她说,"我知道发生了一些事情,但我一直在思索。我始终在脑海里翻来覆去地想,比如'你一定搞错了。什么都没发生。但是它确实发生了。可又没发生'。"她解释说,"你的大脑就是无法和解。"

多年来,赫希施泰特没有把事情告诉任何人。她持续怀疑着她的痛苦是否要紧。"我告诉自己那不是暴力。我在生理上没有受到伤害。我没有被一个陌生人强暴。"像大多数在职妈妈一样,她也很忙,很累,专注于她年幼的孩子和她的工作,觉得自己没有多余的精力来彻底处理她的那次经历。

2015年,赫希施泰特发现哈登由于性侵六名女性遭起诉。后来,更多女性公开提出类似的指控——这些前患者包括伊夫林·扬(Evelyn Yang)[73],她是一位前市场执行,嫁给了政治家安德鲁·扬(Andrew Yang),有两个孩子。(这些女性中许多已对医院提起了诉讼,声称医院纵容医生的虐待行为。)[74] 赫希施泰特描述了自己发现"鲍勃医生"是一个连环侵犯者的经历。这很可怕,也让人崩溃,但同时是一个"验证的时刻"。她回忆起自己的感受,"你没疯,这不是一个怪异的记忆。它绝对发生了"。

对于许多受害者来说,这种认识可能很难获得。回想一下心理学家金伯利·朗斯威所解释的,我们通常会怀疑性暴力事件的发生。朗斯威说,要接受所发生的事情,需要我们重新思考"性别和性,以及我们过去的经历"。而怀疑,甚至自我怀疑,似乎是更好的选择。

深植于法律中的质疑

在法律上,对性侵指控者的不信任得到了正式体现。在美国历史上的大部分时期,刑法对此类案件的怀疑态度代表了官方的准则。在且仅在性侵案中,原告要面临几个过于沉重的要求。虽然其中大部分规则已被废除,但它们仍以新面貌继续存在,反映并强化了排斥女性指控者的文化倾向。

在性侵案的法律难题中,首先是仅凭受害者的证词无法证实犯罪。一位证人讲述了遭遇强奸的经历,但如果得不到进一步证实,这一指控将永远不可能提交给陪审团进行审议(描述自己遭抢劫的证人则不然)。这一众所周知的特殊的证实要求,是专为保护男性免受典型的女性撒谎者诬告所设计的。

1886年,当纽约首次实行证实要求时,为的是保护被告不受法院所谓的"不真实、不诚实或恶劣的"指控者诬告。[75]这种做法很快被其他州采纳,包括乔治亚州,其最高法院宣称,如果没有证实要求,"每个男人都有可能因为一个堕落女人的证词被起诉并定罪,而其证词却没有任何真实性可言"。[76]我们的法律通过支持"每个男人"反对其指控者,强化了女性撒谎者的普遍刻板印象。

"及时起诉"的法规同样暴露出法律对强奸指控者的不信任。该法规仅允许处理事件发生后立即报告的指控。就像在性侵案中需要特别证实一样,该要求是基于对强奸指控预设的不信任。1900年,犹他州最高法院明确将推迟报告等同于谎言:"一位女性被如此侮辱和伤害,她的自然本能会驱使其在第一时间向某位亲戚或朋友透露所发生的事情,那个人自然是最关心其福祉的;而没有这样的披露,则会让她作为证人的可信度受损。"[77]从法律的角度看,那些没有在"第一时间"报告的女性不应被相信。

另一个刑法不信任性侵指控者的例子,是所谓的警示性指令。在审判中,法官会明确警告陪审团要对申诉人的证词持加倍怀疑的态度。这些指令意在确保,在每一起性侵案中,陪审团对指控者提供的事件版本保持怀疑。按照一份来自加利福尼亚州的典型警告的说法,由于强奸指控"是一种易于提出的指控,一旦提出,即使被控方是无辜的,也很难进行辩护……法律要求你们要对(起诉书)中提及的女性证词持谨慎态度"。[78]为了特别保护无辜男性免受虚假的强奸指控,法官要求陪审团在审议原告证词时要特别警惕。这种额外的谨慎是在所有刑事起诉中要求"排除一切合理怀疑的证明"的高标准基础上增加的。

1962年,质疑受害者的官方立场被正式写入《模范刑法典》(Model Penal Code)中,对于各州希望改革刑事法规的立法者来说,这是一部具有影响力的指南。该法典有关性侵的部分包含了对控诉者不利的全部三项规则：证实要求、"及时报警"的严厉法规，以及对陪审团的警示性指令。该法典将这些法规描述为针对女性虚假强奸指控的必要保障。为了支撑特殊的证实要求，法典指出了"捍卫自己免于虚假性侵指控的困难"，同时强调"证实要求是试图将（针锋相对的）争论的解决方向倾向于被告的尝试"。[79]为了合理化"及时报警"的严厉法规——受害者必须在性侵事件发生后的三个月内向当局报案——该法典提到了"怀恨在心"的指控者，以及"诽谤的危险或原告的精神疾病"。[80]

1980年，这种对"及时报警"法规的辩护得到了更新，不过规则本身没有改变。新的解释基于"担心意外怀孕或关系恶化导致的怨恨，可能会将自愿进行性行为的人变成怀恨在心的控诉者"，并表明，及时报警规则是要限制"通过提出性侵刑事指控的威胁来敲诈他人的机会"。[81]最后，为了合理化在性侵案件中告诉陪审团"特别警惕受害者证词"的指示，法典引用的是"证人的情绪干扰以及判断私下性活动真相的难度"。[82]

1962年《模范刑法典》中有关性侵的部分一直未被触动，直到2012年，美国法律学会（American Law Institute）启动了修订流程。① 然而今天，刑法仍将对强奸指控者的强烈怀疑纳入其中，以示众人。十几个州实行"及时报警"的法规或证实要求，而少数几个州和联邦法院允许在强奸案中向陪审团提出警示性指令。[83]对性侵指控者的怀疑，尽管在形式上已经减少，但仍深植在刑法中。

---

① 修订仍在进行中，我是参与者之一。

和刑法一样，性骚扰法也推动了一种观点，即当原告推迟报案时，她们是不可信的，它深化了这样一种迷思：在女性受到侵犯或骚扰时，她们会立即揭露这一事实。在此，对受害者的法律要求也与大多数人遭遇暴力及其后续的经历脱节。法律加深了一种广泛存在的误解，即经过等待才报告不端行为的女性不可信。

大多数发生在职场的性骚扰案件，更侧重于雇主的法律责任而不是骚扰者本人的，因为在禁止职场歧视的《民权法案》第七章①（或许多类似的州民权法）下，不能单独起诉主管和同事。根据第七章，员工有不到一年的时间——只有300或180天，具体取决于发起诉讼的地点——向平等就业机会委员会提出索赔；否则，索赔就将超过时限。[84]但对于大多数遭受性骚扰的员工来说，他们的时间期限甚至比其他职场原告的更短。

在20世纪90年代的两起案件中，最高法院裁定，当一名员工遭遇不友好的工作环境时，她必须"合理"地应对骚扰；否则，雇主可以利用她"不合理"的反应来攻击她。[85]通过构建这一防线，法院将焦点转向原告，她未能及时起诉可能会导致其案件的失败结局。事实上，正如法律学者德博拉·布雷克（Deborah Brake）和乔安娜·格罗斯曼（Joanna Grossman）解释的，这种防线"间

---

① 《民权法案》第七章规定：雇主、劳工组织及就业机构不得因种族、肤色、宗教信仰、性别和国籍而对求职者或者雇员实行差别对待。——译注

接对受骚扰的员工施加了及时起诉的要求"。"没能及时起诉通常是对案件原告的致命打击，"他们补充说，"因为法院相对不愿意接受某些理由，反而倾向于认为这种不及时总是'不合理的'。"[86]下级法院认为延迟一周也是不合理的，而在另一起案件中，十七天同样不合理。[87]

坚持主张及时起诉并不符合性暴力的实际情况。性骚扰的受害者很少在骚扰开始时就挺身而出。华盛顿特区的民权律师阿里·威尔肯菲尔德曾与数百名性骚扰案的指控者合作，他描述了"一个人处理其遭遇通常需要经历的过程"。威尔肯菲尔德指出，"报告的时间限制过于短暂"。

费城的民权律师罗伯特·万斯强调，低收入工人尤其会因为及时起诉规则而处于不利地位。万斯说，这些工人"往往不会在被'最后一根稻草'压垮之前投诉，因为从经济上讲，她们需要这份工作"。他的许多客户都有"账单要付，家人要养"，在最终突破极限之前，她们忍受了长时间的虐待。当这些女性最终站出来时，她们被要求自我解释，她们延迟的报告可能会使她们失去获得帮助的机会。

洛杉矶的劳动法相关从业人员劳伦·图科斯基告诉我："经常有女人或男人来找我，说：'看，这么可怕的事情发生了。我一直因为太害怕而没站出来，但现在我正在接受治疗，感觉好多了。我觉得我有力量站出来了。'接着我必须对他们说：'你知道，你太晚了。一年前你会赢得一个很好的索赔结果，但你等太久了。'"图科斯基也注意到她的客户所面临的质疑——"如果性骚扰的受害者不立即站出来,他们肯定是在撒谎"。追诉法律索赔的短暂时间窗口巩固了这一理解,虽然它并不准确。如果按惯常的智慧,"真正的受害者"会毫不犹豫地去投诉,那么达不到该理想状态的原告就不可能值得信任。

审前披露(pretrial discovery)①加深了不应相信非完美受害者(所有受害者)的印象。双方都依赖披露程序来收集可能与审判相关的证据。在性骚扰案件中,法律允许被告考察与某位女性信誉相关的各种事情,给予被告探究原告过去的广泛自由。阿里·威尔肯菲尔德说,披露程序通常被用来"挖掘女性的心理健康、性和家庭历史",以便推进被俗称为"疯狂和淫荡"的辩护策略。[88]你也许记得,公开起诉克拉伦斯·托马斯性骚扰的律师安妮塔·希尔当时被广泛描述成"有点疯狂,有点浪荡"。法庭外的信念塑造了法庭内的信念,反之亦然。

在一起典型的案件中,如果不能说服原告结束此案,那么被告就会发掘出旨在破坏原告信誉的大量证据。杰出的民权律师约瑟夫·塞勒斯(Joseph Sellers)描述了他是如何为其客户准备披露程序的。塞勒斯告诉女性,"做好准备,你私生活的方方面面会被彻底检视"——精神史、堕胎、第一次性经历、过去遭遇的性暴力。社交媒体记录也在审视范围内。许多法官和仲裁员不愿限制此种侵扰的范围。原告的过去被挖掘出来以供审查,从中找出

---

① 案件审理前,当事人依法了解对方所掌握的证据及其他材料以便为审判做准备的程序。——译注

的任何东西都可能危害到她们。也许这就是为什么第二个站出来对抗那位也虐待了阿贾·纽曼的医生的女性担心,她过去遭受的性暴力会被用来攻击她。

对于被指控的男性来说,应对披露程序的方式非常不同,他们常常要防止以前的骚扰证据被暴露。大多数情况下,原告无法获取涉及被告的任何秘密和解与保密协议。性骚扰案中的披露程序再次塑造了一个不平衡的世界。其中,原告从一开始就被视为怀疑对象,她们生活的各个方面都可能被用来质疑她们的信誉。而被指控的男性则与他们的不当行为区隔开来,始终保持着可信度。

我已概述可信度复合体如何影响我们对事情的看法。但信念则更加复杂,它还包含我们回应指控者声明的第二个方面:施暴者应对其行为负责。我们通常不会以这种更宽广的方式思考可信度——但我们得这么做。相信施暴者——而非原告——应对其行为负责,这是我们的可信度判断中重要却常被忽略的组成部分。我们只有将暴力行为的责任归咎*于施暴者*,才不会否认指控。就像不信任一样,责任转嫁也保护着一个世界,在其中,不端性行为的合理化是理所应当的。

第四章　责任转嫁
受害者如何被挑剔

2005 年，吉利恩·科尔西（Jillian Corsie）从加利福尼亚州北部前往亚利桑那大学（University of Arizona）读书，在那之前，她很少离开家乡。她在数学课上遇到了大学的第一个朋友。和科尔西一样，这位年轻人也很难弄懂这门课，他俩在课外学习的过程中增进了关系。开学第一个月，科尔西的这位朋友强奸了她。我们谈到这个话题时，她没有详述。她说："我们一块儿去参加聚会，然后回到我的宿舍订了比萨，他就侵犯了我。大致就是这样。"

在科尔西心中，这无疑是一次性侵——她清楚地知道"这件事发生时是什么情况"。她记得自己告诉强奸者，她有男朋友，她"没兴趣"，但他还是强迫她发生了性关系。随后她立刻告诉了她的室友自己刚才被强奸了，并提到可能会向宿舍管理员报告这次侵犯。科尔西记得她的室友们说，"不，不，别那么做"，但关于这次谈话的其他内容,她就记不清了。

科尔西回到自己的房间,给家乡的男朋友打电话,告诉他刚刚发生的事。她记得他问她是否被打或被绑起来,她理解他问这个问题的意图——如果她真的不愿和这个男人发生性关系,她本该做更多反抗。许多年过去后,科尔西和她当时的男友谈起这段对话,他承认自己并不相信她。"我想这可能是因为他对强奸的理解与我的经历不符;所以,他认为这不是强奸,我只是后悔和别人上了床。"她解释道。她很难详细记住被强奸后的事情——"那是一个疯狂的时期",她说道。

她记得在接下来的两周里,她大部分时间都躺在床上,从高中最好的朋友那里得到了全天候的抚慰。当科尔西的父母看到她的电话记录时,打电话来质问她,想知道她为什么要花几个小时和老朋友聊天,而不是投入大学生活。

科尔西最后"不假思索地说出了发生的事"。我问她为什么没有早点告诉父母,她的回答很明确:"你不会想让父母知道你的任何性生活,"她说,"尤其是像这样的事情。这是整件事中最糟糕的部分。我告诉我妈妈:'我希望我可以遮住你们所有人的眼睛,这样你们就不必知道这一切。但我做不到。'"

当科尔西的母亲听到女儿被强奸的事情时,她开始哭泣并把电话交给科尔西的爸爸,他立刻打电话给他女儿所在地的警察局。不久之后,科尔西与两名男警察见了面。"我记得我不得不使用像阴茎和阴道这样非常详细的词汇,这无论如何都是一种羞辱,尤其是在这种情况下。"她说。她记得在详述"事情的细枝末节"时,她一直盯着墙上的日历看。

他们问了一些如今在她看来的"常见问题"——"'你穿什么衣服？''你喝了多少？'"接着，警察离开房间打电话。随后他们回来告诉科尔西，根据亚利桑那州的法律，他们认为发生在她身上的事是两厢情愿。他们还告诉她："'美貌与酒精不宜混搭。'就这样。"

前路茫茫。科尔西开始怀疑："我释放了错误的信号？是我在引诱他吗？这是我的错吗？"她谨慎地补充道，"我在理性上知道这不是我的错。"但她的袒露全然没有得到回应——无论是从警方那里，还是从她男友和许多朋友那里。这种集体的忽视扭曲了她对侵害的理解。没人说强奸她的人有错。相反，科尔西被当作是有问题的一方。她"感到所有人都不信任她，不管他们表面上怎样表示"。

"我有点崩溃了。"她描述道。她开始大量饮酒，她说，"我让自己处于非常危险的境地。"科尔西补充道，"我觉得我这么做的部分原因是，我希望发生在我身上的事能够被相信，并被看作是一件坏事。"

她努力返回数学课堂，她不得不每周三次在那里见到那个强奸者。她尽己所能，从教室前排的常规座位搬到了后排。

在某种程度上，她知道她描述的是一种深刻的侵犯，然而似乎没人认为她受到了冤屈。"这就是真正会让你在未来感到困扰的事情。"她解释说。

科尔西告诉我，她有时会后悔报案——她清楚地认识到，事后的经历甚至比事件本身更糟糕。"如果我能在被侵犯后自己解决，那会比必须经历报告过程中的一切，而后又彻底归咎于我要好得多。"

科尔西大学毕业后，走上成为一名纪录片制作人的道路，还获得了奖项。她说侵害对自己的影响"被搁置了"，"基本上过去了"。然而，她"时常"思考施加于她的伤害——不是来自强奸者，而是来自一个辜负了她的系统。

十多年后，她回到亚利桑那大学，与那位告诫她"美貌与酒精不宜混搭"的警察见了面。在过去一年中，他们在科尔西的主动联系下进行了多次邮件和电话交流，科尔西发现，这位警察对自己处理这个案子的方式感到后悔。现在，科尔西将他形容为"善良和助人的"——是一个"好人"。然而，在他们于图森（Tucson）会面的几个月后，她第一次看到警方的报告，感到非常愤怒。报告中写道："性侵并未发生。"其结尾是，"我给了她一些如何防止这种情况再次发生的建议"。

2016年，科尔西制作了一部有关她经历的纪录短片，名为《二次侵害》（*Second Assault*）。"这部电影讲的是我对抗这个令我失望的系统的过程，这也是在对抗我们生活于其中的文化——以及它是如何支持所谓二次侵害的。这种侵害不仅仅发生在你报案时，也发生在你的朋友、男友，以及你周围的人不信任你的时候。"她在接受记者采访时如是说。[1]

科尔西曾站出来宣告：她遭受了不公。但除了极少数例外，她没能说服她所求助的那些人。"没有人相信你时，你该何去何从？

你被困在挥之不去的想法中。"

只有在她开始公开讲述自己的故事之后，这种情况才有所改变。一旦人们开始相信强奸确实发生了，科尔西并没犯错，她就开始被治愈了。现在回想起来，她明白，人们之所以责怪她，是因为他们不想去指责强奸她的人。她周围的所有人都可以通过评判她来避免追究他的责任。

———

可信度复合体的主要功能是否认被告的过错，同时制造受害者的过错。法律和文化共同推动了一种观点，即女性招致了性骚扰，除非她们全力证明情况并非如此。一名女性，仅仅因其*存在*，就可以激活这些指责冲动。当我们让指控者为她们所受到的暴力承担责任时，哪怕只是一部分，我们就在为施暴者开脱。这维持着人们熟悉的结构——无论是不是等级制的——在其中，所有人都深受影响，尤其是那些最有权势的成员。

你应该记得，暴力指控涉及三项主张。挺身而出的指控者不仅声称不端行为确实发生了，她还坚称这是错的。这第二项主张驱使她曝光此事，而报案行为中隐含着一份声明，即暴力是一种侵害——这种侵害应由施暴者承担责任。

一项可信的不端性行为的指控会促使我们归罪于肇事者。但实际情况恰恰相反：当我们拒绝指控者的归责主张时，她的指控将不了了之。她会受到质疑，就像我们拒绝她指控中"这发生了"的部分时一样。尽管可信度受损的机制不尽相同，但最终结果是一样的。

当我们将"某种程度的责任"归咎于指控者,而被告承担"不完全责任"时,我们就帮被告摆脱了责任。[2] 我们可以借由认定指控者自己招来了不端行为,从而驳回其报告。这种责任转嫁的倾向是有据可查的。参与研究的受试者在面对所描述的强奸情境时,一致认为受害者有过错。一项又一项研究表明,性侵受害者"经常因其在强奸中的角色而受到责怪和贬低,甚至到了为侵害承担责任的地步"。[3] 无论我们是直接否认不端行为的发生,还是暗中为其辩解,我们都站在了被告一边。

转嫁责任的冲动根植于一种我们熟悉的原型,即我们先前所见的完美受害者,以及围绕着它的迷思。事实上,研究者们一致发现,人们对强奸迷思的接受程度越高,就会在更大程度上责怪受害者。[4] 但文化上对受害者形象的理想化,只是我们让女性为其受到的暴力负责的部分原因。我们还有转嫁责任的心理动机。

"公正世界"(just world)理论揭示了我们指责受害者的方式。这一理论起源于20世纪60年代中期,并已得到大量实证研究支持。该理论称,我们渴望稳定,这种稳定来自相信人们善有善报、恶有恶报。对于生活在一个公正有序的世界里的渴望激励着我们通过对事件的解释来确认现实的确如此。心理学家梅尔文·勒纳(Melvin Lerner)和戴尔·米勒(Dale Miller)在一篇开创性的论文中指出:"如果别人会遭遇不公,那么一个人就必须承认,自己也可能遭遇不公。"我们与其承认这种可能性,不如认定犯罪行为的受害者是咎由自取,因为她"性格'糟糕'",或因为她做出了受到所谓"粗心或愚蠢"谴责的不良行为。[5]

我们有种偏见，认为好人、守规矩的人就不会受苦，这导致我们去怪罪那些站出来称自己受到伤害的指控者。当 2020 年初问到哈维·韦恩斯坦的一名律师唐娜·罗通诺（Donna Rotunno）是否曾遭受性侵时，她的回答颇发人深省。罗通诺说："我没有……因为我永远不会让自己身处那种境地。"她继续说，"从大学时代开始，我从不过度饮酒，不跟我不熟的人回家。我从不让自己待在（put myself）任何易受伤害的环境中。"[①][6] 罗通诺很可能出于策略上的原因说了这些——这次采访是在韦恩斯坦审判期间进行的。但她很可能也在表达她的真实信仰。对于那些自认为能够避免强奸的人来说，这个世界是一个更安全的地方。在这个更安全、更公正的世界中，任何被强奸的人都必须在某种程度上承担责任。既然她有过错，那对她实施侵害的人就得以免责。

当指控威胁到我们的安全感时，指责受害者的诱惑可能是压倒性的。研究表明，当我们认同一个强奸指控者时，我们可能会"疏远"她，以"减少因自己也可能成为强奸受害者而产生的认知失调"。[7] 我们与受害者保持距离，想办法切断与她们之间的情感联系，以求安慰，因为这个人和我们太像了。我们保护心理健康的一种方式是关注指控者的何种行为招致了暴力。如果她与我们不同，我们就会感到安全。

---

① 在采访播出后，许多性侵幸存者在推特上使用 #我待的地方（#WhereIPutMyself）的标签作为回应。[8]

对于我们所有人而言,当受害者需要对她们的遭遇负责时,这个世界似乎就不那么令人恐惧了。

"我错在哪儿……?":自我责备和羞愧

受害者应为自己所遭受的暴力承担责任,这一观念在我们的文化中如此深入人心,以至于许多幸存者都内化了这种观念。记得吉利恩·科尔西被强奸后问自己的那些问题吗?"我释放了错误的信号吗?是我在引诱他吗?这是我的错吗?"尽管科尔西"理性上知道"她没有错,但她仍不禁这样想。十多年后回想起来,她强调说,在被强奸时,她"刚满18岁"——自那之后,她变了很多。

多年来,我与大多数指控者交谈时,她们常常很难完全将责任归咎于施暴者。这是哲学家凯特·艾布拉姆森探讨的"自我怀疑的惯例"的体现。*我做了什么诱惑到了他?我还能做些什么来阻止它?* 对于如科尔西这样的许多幸存者而言,自我责备与他人强加的责备是密不可分的。

外界和内在的责任转嫁都在为施暴者免责,他们在过错事件上的可信度得到了极大的提升。我与一位女士交谈时,她准确地描述了这种相互作用。她当时16岁,第一次在派对上喝醉了。她自称是个"戏剧迷",却发现自己被一群橄榄球校队队员锁在卧室里,他们强迫她为他们口交。"我求他们不要夺走我的童贞,他们并不理会,"她告诉我,"但我周一去学校时突然就成了远近闻名的'口交女王'。"她的好友们让她冷静,并坚持要她以后"规矩点"。

这位女士现在已经30多岁了,她解释说:"我从一开始就感到羞耻和自责,这就是为什么我在年轻时没有意识到这是一种侵犯行为。当她看到克莉丝汀·布莱西·福特在布雷特·卡瓦诺的最高法院审议听证会上作证时,她才恍然大悟。几十年后,这位女士第一次明白,橄榄球运动员对她遭受的性侵犯负有责任,而她无须为此担责。

"坦白讲,我还是会怪自己没有尖叫或者反抗。因为首先是我选择去那里的。"切西·普劳特(Chessy Prout)写道,她在新罕布什尔州的圣保罗学校(St. Paul's School)被一名同学性侵,导致他被判了几项轻罪。"我太过于信任别人,也太天真了,"普劳特说,"我觉得这都是我的错。我花了好几年才接受一个现在看来显而易见的事实:强奸不是对判断失误的惩罚。"[9]

研究证实,许多女性认为是她们自己,而不是对她们施暴的人,对自己遭受的性侵负有责任,甚至认为自己活该受到性侵。[10] 专门从事性侵受害者治疗的心理学家尼克·约翰逊在她的实践中"总是"见到这种情况。约翰逊说,当受害者站出来时,她们经常被问到的第一个问题"依然"是"你喝了多少酒?"或"你和他回家了吗?"。在这些暴露自己的脆弱时刻,有人告诉受害者:"是你做了一些事情,才让自己陷入这种境地。"难怪受害者会反复思考,她们本可以采取哪些不同的行动——这种反应非常清晰地映射了旁人是如何分配责任的。

约翰逊补充说，自我责备可能也具有保护功能。受害者想要"找出她们做了什么导致这种事情发生"，以"防止它再次发生"。相比承认是施暴者掌控了一切，或我们信任的人背叛了那份信任，这种思维倾向会让人感觉好受些。在调查记者凯蒂·贝克（Katie J. M. Baker）关于蒙大拿州米苏拉（Missoula）性侵事件的报道中，她描述了一名大学生的言论："我们宁愿责备自己，也不愿相信我们的'朋友'会对我们做出这样的事情。"[11]

从治疗的角度看，这种应对机制有其不利之处。研究表明，自我责备会推迟康复。[12]在约翰逊的实践中，她试图帮助受害者"维持这层保护，但同时也将责任转嫁到应负责的一方"。从法律角度看，对责任的内化也是有害的：自我责备可能会在诉讼中伤害到受害者。正如一位经验丰富的律师所说，当一位指控者选择索赔，却因为没有阻止暴力而自责时，随之而来的就是"遭受那种论调带来的重击"。

责备和羞愧往往相伴而行。唐娜·弗赖塔斯是回忆录《同意》（Consent）的作者，她详述了她的研究生导师多年来的骚扰，以及他如何改变了她的人生轨迹。在遭受虐待期间及结束之后，弗赖塔斯不仅为了帮骚扰者开脱而自我质疑，还因为招致骚扰者对她的这种恶意关注而自我责备。在理性的层面上，弗赖塔斯知道责任不在她。即便如此，像许多归责于己的受害者一样，弗赖塔斯说她继续"通过深究自我"来"寻找发生这种事情的原因"。她思考了许多受害者都会问自己的问题："我错在哪儿；我的成长过程有哪些失败之处；我性格上有什么不足；我的自我理解、我的心智有什么缺陷；我做了什么事情导致这个男人特意盯上我？是什么让他对*我*产生了兴趣？*我*身上有什么毛病让我能长期忍受这样明显的厌恶感？"[13]

没有哪位女性能免受这种导致责任错位的审视，但某些女性受害尤深。

"坏"的受害者

即便在今天，我们仍期望女性能够预防所有可能遭遇的性侵犯——我们对此毫不妥协。女性必须避免成为过于诱人的目标。这种理念来源于长期以来对"好女孩"的文化刻板印象[14]，女性永远不能超越这一角色。在我们的预期中，男性的侵犯和骚扰欲望是理所当然的。好女孩永远不会喝到醉醺醺的地步。好女孩在衣着或举止上不会过于性感。未能转移男性欲望的女性是其所受侵犯的同谋——本质上，她不是受害者。

女性被性侵前饮酒尤其容易受到指责。但人们认为喝醉的强奸者比清醒时更无须承担责任——如一组研究者所说："酒也许赦免了施暴者"——而受害者恰恰相反，当她们醉酒时，人们*更容易*将强奸的责任*归咎于*她们。[15]

南希·霍格斯黑德-马卡尔从奥运游泳选手转型成为民权律师，她告诉我，在其实践中，她看到了对饮酒的受害者的严厉指责。"人们几乎都认为，她饮酒好像是对他的失职，"霍格斯黑德-马卡尔说，"她没有能够像清醒时那样回避他。"

许多在醉酒状态下被侵犯的女性都内化了这种观点。[16]有一位21岁女性的故事很典型,她喝醉醒来后发现被表姐的男朋友强奸了。这名女子觉得"这是她自己的错,因为她在表姐家里喝晕过去了"。她选择不把事情告诉任何人。

记者瓦妮莎·格里戈里亚季斯(Vanessa Grigoriadis)花了多年时间调查全国各地大学校园里的性行为和性侵犯。在她的书《模糊界线》(*Blurred Lines*)中,她写道:"被侵犯的女孩会深受他人怀疑之苦,分析那个晚上的每一个细节,然后会因为她的单肩裙露出了皮肤或决定喝第五杯伏特加而责备自己。"17

女性有责任预防侵害,这也意味着她们的衣着或举止不可以被视作"性感"。人们常认为,是那些性感的受害者诱惑了对她施暴的人——就好像是她们"自找的"。这种信念对于法律学者邓肯·肯尼迪(Duncan Kennedy)所描述的"性关系的观念"(ideology of sexual relations)至关重要。肯尼迪写道:"在这种叙述中,一个女人穿着挑逗性的衣服并遭受性侵",而施暴者"因为*她*的所作所为而得到开脱或原谅"。这位"性感"的女性通过其行为或外貌,示意她对性或调情有兴趣,于是得到了她应得的。18 罗丝·麦高恩在她的自传中写道,人们多次告诉她,男人"就是控制不住自己",因为她的美貌"让他们这么做"。①19

在女性的生命早期,让男人远离自己的文化义务就已强加给

---

① 性侵幸存者们在全国大学校园举办了装置艺术展览,旨在"重新定义经常用来质疑她们的四个字:'你穿什么?'"。20

她们。正如佩姬·奥伦斯坦（Peggy Orenstein）在《女孩与性》（*Girls & Sex*）一书中的阐释，少女们会被提醒不要穿挑逗性的服装，要遵守着装规定，禁止穿着过于暴露。在一所高中的欢迎大会上，学生们被告知："这里不适合穿短裤、吊带衫或露脐装。正如一位参加过大会的学生告诉奥伦斯坦的那样，校方认为女生的着装与性骚扰之间存在"联系"——"好比说，如果你在着装方式上不'尊重自己'，你就会被骚扰，那是你自己的错，因为你穿了吊带衫"。奥伦斯坦写道："男孩在藐视权威时就会违反着装规范：'嬉皮士'藐视体制，'恶霸'穿沙基裤。而对女孩来说，问题在于性。端庄的约束被认为是保护和抑制年轻女性性欲的一种方式；而她们，也连带地被施加了控制年轻男性性欲的责任。"[21]

黑人女孩甚至比白人女孩更需要隐藏自己的身体，以免遭受暴力。在《推出》（*Pushout*）一书中，莫妮克·莫里斯（Monique Morris）记录了强加在黑人女孩身上的双重标准，她们的存在本身就被性化了。莫里斯写道："一个又一个黑人女孩发觉自己被禁止穿着其他女孩能穿且不会受到斥责的衣服。"她补充说，与她交谈过的女孩们"指出对黑人女性身体的普遍性化是问题的一部分"。一名学生描述了学校里的成年人是如何告诉她的："你是黑人。你不能穿那些衣服，因为你的体重和体形不同，这样会露出更多的皮肤……但他们默认其他种族的女孩可以穿，因为那与性无关。"

黑人女孩们被普遍性化，这导致了持续的骚扰。莫里斯观察到，"不管一个黑人女孩做了什么，不管她的年龄、体形如何，男人总是会从性的角度看待她"。因为黑人女孩被施加了免遭虐待这一不可能完成的任务,所以许多人会为自己遭遇的侵犯受到指责。[22]

研究显示,在黑人女孩长大后,她们也会经历相同的情况:黑人妇女经常因为她们的服装而受到与种族有关的、性化的评论骚扰。与白人妇女相比,她们的着装"标准更高"。[23]

黑人妇女在遭受性骚扰时被指责的风险也更大。根据心理学家卡罗琳·韦斯特(Carolyn West)作为研究生的个人经历,及其在该领域的工作,她表示,人们经常认为是黑人性骚扰受害者们自己招来了暴力。她解释说,由于人们对黑人妇女根深蒂固的看法是"天生好色,总是在寻求性接触",她们成了易受指责的目标。

黑人妇女长期以来受到的一系列刻板印象中包括了耶洗别(Jezebel)[①]的形象,这一形象起源于奴隶制时代,目的是"将所有黑人妇女归为性欲强烈的女人"。人们认为耶洗别"性欲过剩"——这为"通常由黑人女奴报告的、来自白人男子的广泛性侵"提供了借口。[24]时至今日,当黑人指控者站出来时,她们尤其可能会为自己遭受的暴力负责。心理学家罗克珊·多诺万(Roxanne Donovan)和米歇尔·威廉斯(Michelle Williams)写道:"如果黑人妇女被视为天生的荡妇,那么不管情况如何,她们在被强奸时都要承担更高

---

① 在希伯来圣经《列王纪》的记载中,古以色列国王亚哈的妻子耶洗别是一位邪恶凶残的娼妇,她引诱人行奸淫,借助权力使人们随从她信奉的巴力教,并且杀戮成性。耶洗别的名字在历史上有时被用来贬斥'不受控'的女性,尤其在美国奴隶制时代,奴隶主曾利用这一形象,污名化黑人女性,以强化种族与性别压迫。——译注

的受指责的风险。"[25] 许多黑人幸存者意识到这一点，预见到这一点，并采取相应行动。心理学家发现，对于"被指责和强化耶洗别刻板印象的恐惧"使黑人妇女不敢袒露自己遭受过的暴力。[26]

对于黑人幸存者来说，耶洗别的形象也会导致她们内心的自责。瓦妮莎·格里戈里亚季斯采访了卫斯理大学（Wesleyan）的一名高年级学生卡梅尼费（Karmenife），她说自己在大一时遭到侵犯，但多年来都不认为这是强奸。卡梅尼费解释说："你知道，有色人种女性，特别是黑人和拉美裔妇女，经常被归类为不可能遭强奸的人群，因为我们被过度性化了。人们认为，我们总是有需求。所以当你作为一个有色人种女性遇到这种事情时，你脑子里就会冒出所有这些制度化、压迫性的垃圾观念，告诉你：'哦，因为你的身体、你的身材在招引这件事。这就是事实。'"[27] 卡梅尼费后来创作了一系列在学校兄弟会及其周边拍摄的摄影作品，其中也包括她被侵犯的地点。她将这一系列照片命名为"夺回"，并表示这有助于她的治愈。"我需要夺回这些曾经对我、我的社区和我生活中的一切都拥有巨大权力的空间，然后把这种权力彻底转换为我自己的力量。"[28] 她解释说。

———

强奸和骚扰与权力、性别以及性有关——这些都充满了文化意味。在父权制社会中，女性的性欲是一种特殊的威胁，这就是为什么在历史上，女性性欲被视为"可以被窃取、被出卖、被购买、被交换或被他人交易"[29] 的原因——总的来说，就是被男性以这样或那样方式控制着。随着时间的推移，这种控制方式已经缓和。更多女性将自己的性欲视为快乐和力量的来源。然而，直到今天，所有类型的女性仍然受到社会学家所称的"性双重标准"（sexual double standard）的评判，这种标准使她们受到指责，并伴随着内疚与羞耻。

113　　葆拉·英格兰（Paula England）是一名几十年来一直研究性和性别规范的社会学家。英格兰是性双重标准研究领域的领军人物，她表示这种标准仍然不利于女性。英格兰说："在文化领域，一项耻于女性性欲的证据是，有许多用来描述性活跃女性的贬义词。"而针对男性的则没有这么多。英格兰在纽约大学教授本科生时，她会请学生列出用于描述性活跃女性的词，他们很快就会想到"荡妇""妓女""浪货"等等。相比之下，当她询问用于描述性活跃男性的词时，学生们通常会提到"花花公子"。英格兰对我说："然后我会说，如果我们比较'妓女'和'花花公子'，哪个更具贬义呢？"通过研究大量来自大学生的数据，英格兰和她的同事也发现了双重标准的实证证据。他们的结论是："证据显示，女性因为随意性行为面临不尊重的风险要比男性大得多。"[30]

其他对于性双重标准的研究揭示了其如同手风琴一样的特性。事实证明，女性不必真正参与性行为就会因其性欲受到惩罚。一群由伊丽莎白·阿姆斯特朗（Elizabeth Armstrong）领导的社会学家在被他们称为"中西部大学"（Midwestern）的校园内花了一个学年研究"荡妇羞辱"（slut shaming）。这些社会学家写道，在男孩和男人中，"因假定的性行为而诋毁女性的做法"是很常见的，但也存在于女性——该项研究的对象中。社会学家补充说,"荡妇羞辱"规范的更多是公共领域的性别表现,而非私人性行为。

在针对大学女生的研究中,荡妇羞辱强化了阶级差异。无论被贴上"荡妇"标签的行为是否明显与性相关,情况都是如此。例如,人们经常将"令人向往的、有品位的外表"与"不受欢迎的、低俗的外表"对比。女性会因不合适的衣着或妆容受到评判,也会仅仅因为"不恰当地引人注目"而受到评判。无论她们具体怎么做,凡偏离了传统和阶级观念上可接受的女性气质,女人们都会被贴上"荡妇"的标签。[31]

无论校园内外,诋毁指控者的主要方式之一就是称她为"荡妇",这不一定意味着她在发生的事情上撒了谎,而是她活该遭到袭击或骚扰。因为女性性欲常被污名化,我们在文化上往往容易认为不端性行为的受害者是因为她们的穿着、外貌或生活方式而"咎由自取"。

埃丽卡·金斯曼(Erica Kinsman)曾是佛罗里达州立大学的学生,她对橄榄球运动员杰米斯·温斯顿(Jameis Winston)的强奸指控在纪录片《狩猎场》(*The Hunting Ground*)中被特别提及。温斯顿称那次性行为是自愿的,检察官决定不提起指控。[32] 影片描述了金斯曼在2016年与温斯顿达成民事诉讼和解后回忆说:"所有人都在称赞他……而叫我荡妇、妓女。"[33]

此种待遇不仅限于文化领域。我们也可以在法律中发现它,其中包含诸多转嫁责任的形式——比如将错误归咎于那些反抗不足的女性。还记得埃德娜·内瑟里吗?1906年,她眼看着威斯康星州最高法院因为她没能充分制止强奸者而撤销了对他的定罪。一百多年后，许多女性被法律保护拒之门外，就是因为她们的行为没有达到某种预期——她们喝得太多，行为过于挑逗，穿得"太性感"……出于种种原因，她们被视为不值得同情的受害者——最终，她们根本不被当成受害者。

法律上的责任转嫁

夏洛特（Charlotte）只能回忆起那晚的零星片段。这名35岁的女性是两个孩子的母亲，她和她的阿姨一起参加了明尼苏达州的一场婚礼。她记得自己喝了一瓶啤酒和三杯葡萄酒，记得跳舞时突然失去协调性，记得遇到了婚礼摄影师，记得和他一起躺在草地上，还有一名保安帮她站起来。她记得走路时感到很吃力。那晚后来的事就都记不清了。第二天，夏洛特在汽车旅馆的房间里醒来，身体疼痛，然后去了医院，那里的性侵检验员发现她的身体有性侵留下的伤痕。

婚礼摄影师被警方传唤，他承认自己用手指侵犯了夏洛特，而且她在他停好的车里为他口交。他称这一切都是经过同意的。但根据夏洛特的陈述、保安的观察，以及婚礼场所的视频资料，摄影师被逮捕并被指控犯有性侵罪。在审判中，他被判犯有最严重的罪行——性侵"精神残疾"或"无法自理"的人。

在上诉时，定罪被推翻。在2014年上诉法庭的判决中，法院认为没有充分证据表明夏洛特的损伤达到法律所要求的程度。（但较轻的非自愿性接触罪名得到了确认。）法院表示，夏洛特是"自理能力受损",但不至于"无法自理"。夏洛特的状况也不满足精神残疾的定义。

尽管受酒精或毒品的影响可以满足法律制定的标准,但有一个重要前提。只有当酒精或毒品是"未经个人同意而给予"时,受害者无法自理的状况才会被承认。由于夏洛特是自己选择了喝酒,所产生的损伤因此被认定是她自己的过错,这意味着摄影师不会因为利用了喝酒这一点而被追究责任。

回顾法院裁决,2020 年,明尼苏达州的一位检察官解释了法律是如何对付醉酒受害者的。检察官说:"我们现在必须拒绝处理这堆案件,因为我们找不到真正失去意识的人。"他还补充说,"这几乎让起诉不可能成功"——在法律视角下,一名女性对其饮酒行为负有责任,同理,对于所遭受到的袭击也是如此。[34]

这种对自愿醉酒女性的责难并非新鲜事。1962 年的《模范刑法典》——对全国各地立法者有着极大影响的指导性文件——禁止与*非自愿*醉酒的女性发生性关系。但起草者明确反对这样一种观点:男性不能与一个因自愿醉酒而无法"控制或评估自己行为"的女性发生性关系。如果醉酒是她的过错,那么任何非自愿的性行为也是她的过错。该规则通过参照"浪漫和诱惑的社会背景"得到了合理化,其中酒精和毒品是"求爱仪式的常见要素"。当"放松变成醉酒和麻木"、男人强迫女人发生性关系时,双方都应该承担责任。正如法典的起草者所坚持的,"在这种两情相悦的行为过程中,把全部责任归咎于男性是不现实和不公平的"。[35]

如今,这种对自愿醉酒受害者的特殊处置在法律中依然普遍存在。超过一半的州在自愿和非自愿醉酒之间做出了区别。在这些州，如果施暴者在受害者不知情的情况下给予了毒品，那么他可以被追究责任。否则，非自愿的性侵犯就由醉酒受害者承担责任。[36]

这就是发生在奥德丽（Audrey）身上的事，她是北卡罗来纳州的一名女性。2005年的跨年夜，她和三个朋友一同庆祝。在城里的几家酒吧和餐厅通宵吃喝后，她最后回到了朋友金西（Kinsey）的公寓，但她醉到不知自己身在何方。她在床上睡着了。接着，就如后来陪审团所了解的，金西强奸了她。奥德丽醒来后便迅速离开了他的公寓，走到大楼的大堂，因为醉得厉害倒在了地板上。警察来了，他们把奥德丽带到医院，正如法院后来所描述的，在那里，她因"过量饮酒和性交"可能引发的伤害接受了评估。

金西被指控犯有二级强奸罪，根据该罪名的法律定义，这涉及与一名"无法自理"或"精神残疾"的受害者发生性关系。但同其他许多州一样，在北卡罗来纳州的法律下，只有非自愿醉酒的受害者才能被认定为无法自理。陪审团没有被告知这一点——法官犯错了。因此，金西的定罪被推翻。上诉法院解释说，性侵法的保护对象并不涵盖"一个因自己的行为而自愿醉到接近无意识或无法自理的程度"的人。

如果金西——甚至奥德丽以外的其他任何人——对奥德丽的醉酒负有责任，他才可能被判强奸罪。奥德丽喝酒的决定意味着金西不能被定罪。*即使她*"在很大程度上无法评估她自己的行为性质，也无法抵抗阴道性交"，她仍不被认为是强奸受害者。[37]

这种法律责任的转嫁与对醉酒指控者普遍存在的偏见相呼应。研究一再证明，人们认为醉酒的女性比清醒的女性对自己的受害经历应承担"更多责任"。[38] 在一项研究中，模拟陪审团成员阅读了一份关于一级强奸案（"一级"意味着涉及相当严重的身体暴力）的摘要，案件涉及在音乐会上相遇的一名男子和一名女子。根据给参与者的指定情境，受害者当晚要么喝了四瓶汽水，要么喝了四瓶啤酒。在某些情境中，她自己购买了饮料，而在其他情境中，男人为她购买了饮料。一份模拟审判摘要包含了控方案情、辩护情况和法官指示——唯一变化的事实是指控者喝了多少酒以及谁购买了饮料。接着要求参与者对女性的可信度进行评分。

跟预测的一样，模拟陪审团成员无论男女都认为醉酒的女性比清醒的女性更缺乏可信度。该研究还强调，如果女性自己购买了酒精，她的可信度更是急剧下降。研究人员发现，当人们认定被害人对自己醉酒负有责任时，"陪审团就会认为她得承担更多的性侵责任"，因而陪审团不太可能判定被告男性有罪。由于强奸案中其余的"证据"都是恒定的，模拟审判的结果显示，被害人受损的可信度与责任归属有关，而不仅仅与可靠性有关。这项研究表明，当女性做出被认为是"冒险"的行为——如饮酒时，她们更可能被视作应受责备的行为者，而不太可能被看成是受害者。[39] 因为指控者让自己身处险境，所以她在行为上难辞其咎——众人就是这么想问题的。与此同时，施暴者却得到豁免。她成为千夫所指的对象，而他全然无罪。

太性感，法律不适用

梅利莎·纳尔逊（Melissa Nelson）在 20 岁时被雇用为詹姆斯·奈特（James Knight）的牙科助手。她在他位于艾奥瓦州道奇堡（Fort Dodge）的办公室工作了十多年，直到 2010 年，他解雇了她。

问题始于一年半前。奈特多次对着纳尔逊发牢骚，说她的衣服太紧、太暴露，"让人分心"。奈特偶尔会要求纳尔逊在衣服外面穿一件实验室外套，他认为有必要这样做，他说，原因在于"我觉得看到她穿着凸显身体曲线的衣服对我来说不是好事"。但据纳尔逊说，她的衣服并不紧身，也完全符合工作场所的穿着规定。

纳尔逊把奈特视为朋友和"父亲般的人物"。她和奈特都是家长，两人有时会用短信互相跟进关于各自孩子的情况以及日常琐事。纳尔逊的信息并没有调情的意味。然而，奈特通过会面及短信途径，开始了一场单方面的带有性暗示的交流。法庭后来对他们的互动做了如下总结：

奈特医生承认，他曾对纳尔逊说，如果她看到他的裤子鼓起来，就会知道她的衣服太暴露了。还有一次，奈特医生给纳尔逊发短信，说她那天穿的衬衫太紧了。奈特回复说，她认为他这样说不公平。奈特医生回复说，纳尔逊不穿紧身裤也是件好事，因为那样的话，他就能来去自如了。奈特医生还回忆道，在纳尔逊称她性生活不频繁之后，他回应她："这就像车库里有一辆兰博基尼却从不开一样。"纳尔逊回忆，有一次奈特医生给她发短信，问她性高潮的频率如何。纳尔逊没有回复。

2010年初的一天,奈特把纳尔逊叫到他办公室。他安排了他教会的一名牧师"旁听"这次谈话,在牧师在场的情况下,奈特告诉纳尔逊,她被解雇了。显然,奈特的妻子认为纳尔逊对他们的婚姻构成了"重大威胁"。奈特为纳尔逊读了一份准备好的声明,说"他们之间的关系已经对他的家庭造成了伤害"。

纳尔逊的丈夫听说她被解雇后,给奈特打了个电话。奈特安排他俩在同一个牧师的见证下会面。那个晚上,奈特强调说纳尔逊没做错任何事,她是"他见过的最好的牙科助手"。但他说,他担心自己对她太过依恋,害怕如果不解雇她,他会"试图与她发生婚外情"。

纳尔逊起诉了奈特。与联邦法律一样,该州的反歧视法律也禁止雇主因员工的性别做出不利于对方的雇用决定。奈特的辩护尽管有些勉强,但很直接。纳尔逊不是因为她是女性而被解雇的——这样做是非法的——而是因为她构成了一种诱惑。作为回应,纳尔逊指出性骚扰是法律所禁止的。虽然她的诉讼不包含骚扰,但她强调,奈特"因为害怕自己会去骚扰她而解雇她以逃避法律责任"是不合适的。

艾奥瓦州最高法院持不同意见。虽然奈特可能"对纳尔逊不太友好",但他并没有非法歧视她。从法院的角度看,奈特的行为可以视作为了防止自己性骚扰纳尔逊的一种必要手段。法院于2013年表示,"尽管解雇的原因不公平",但在纳尔逊经受不友好的工作环境之*前*解雇她,"显然性骚扰的氛围就不会出现了"。尽管按照奈特自己的说法,纳尔逊没有做错任何事,她却因为自己对他的性吸引付出代价。然而,法律站在了奈特一方。[40]

女性常被认为有责任控制男性的性冲动。不端行为成了受害者而不是施暴者的错。法律学者林恩·亨德森（Lynne Henderson）称这是法律中一个"男性无辜,女性有罪的潜在'规则'"。这一规则认为,男性"有权实践他们的性激情,这些激情被视作是难以控制的,有时甚至根本无法控制"。就女性而言,如果她们"不希望进行性交"或被性骚扰,她们就应该"避免刺激"男性。如果男人的欲望找到了一个发泄口,人们继而会认为,这是那个驱使他"失控"的女人的错。即使女性几乎什么都没*做*,她们也可能因为遭虐待而受指责,因为仅是她们的存在本身便足以被视作诱惑。[41] 受害者因为坐进一辆车、戴着耳机跑步、在沙发上睡着、微笑、参与偶然的对话、无法找到阻止职场中过度接触的办法等等,而被认为有错。

性骚扰法案进一步强化了这种女性咎由自取的文化定式。关于"不受欢迎"（unwelcomeness）的一个重要案例是 1986 年美国最高法院裁定的美瑞特储蓄银行诉文森案（*Meritor Savings Bank v. Vinson*）。[42] 这个故事开始于十多年前,当时 19 岁的梅切尔·文森（Mechelle Vinson）在华盛顿特区的一家小银行做出纳培训生。文森是黑人,她在贫穷、暴力的环境中长大。她以前的工作经验仅限于健身俱乐部、杂货店和鞋店的临时工作,这使得稳定的银行工作对她来说更具吸引力。

文森在银行工作几个月后,她的经理悉尼·泰勒（Sidney

Taylor）要求她和他发生性关系。[43] 她后来回忆说，她拒绝时，泰勒就会威胁她。她描述道："我说，'我不想和你上床。'他说，'就像我雇用你一样，我也能解雇你。就像我成就你一样，我也能摧毁你。如果你不按我说的做，我会让你死。'……这就是事情的开始。"[44]

在接下来的两年半时间里，泰勒对文森进行了"反复的性侮辱"，包括"四五十次"的被迫性交。[45] 她说，有几次，他对她的强奸过于暴力，以致得寻求医疗救助。文森还描述了泰勒如何抚摸她，向她裸露自己，还有他如何闯入她的浴室，她怎样一次又一次地要求他停止。

她之所以没有选择正式投诉，是因为她不能冒失去工作的风险。"这个男人会解雇我，"她回忆起自己当时的想法，"我的天，我需要这份工作。"[46] 当骚扰和侵犯的压力迫使文森请病假时，她被解雇了。在她会见一名婚姻律师，讨论与丈夫的离婚事宜时，她刚好讲述到自己在工作中的遭遇，对方向她推荐了一名就业歧视律师。后来，她起诉了银行和泰勒——所有人都彻底否认了这些指控。[47]

这个案件在某位法官面前进行了审判，法官允许被告拿出证据，证明文森穿着"低胸连衣裙""低胸上衣"和"极紧的裤子"。法官还允许一名同事作证，说文森"充满性幻想"并且"经常谈论性"。[48] 法官听取了文森和几名同事的证词，他们目睹她多次受到侵犯，而且她们自己也经历了类似的不端行为。审判结束时，法官的判决是支持被告。法官总结说，文森和泰勒之间的任何"亲密或

性关系"都是"原告自愿的,与她继续受雇与否无关"。简而言之,文森"既不是性骚扰的受害者,也不是性别歧视的受害者"。⁴⁹

为什么在文森声称泰勒的性骚扰和暴力伤害到她时,她毫无可信度?那是因为在审判中,被采纳的有关她着装和性幻想的证据触及了关于黑人女性放荡的长期观念。她的律师在对裁决的上诉书中写道:"很多时候,正是像文森这样的黑人女性成了这种不公刻板印象的特定受害者,她们被认为是卑鄙下流的女性,也成了潜在犯罪者的目标。"⁵⁰

文森被描述为一个活该遭到侵犯的女人,因为"这是她自找的,我们知道她是自找的,因为她是一个诱惑者、一个勾引者、一个淫荡的女人",她的辩护律师曾对此提出异议。正如法律学者塔尼娅·埃尔南德斯(Tanya Hernández)强调的,"对非洲裔美国女性的刻板印象很可能影响了这一结果"。⁵¹

文森的案件最终被提到了最高法院,此案提出了这样一个问题:职场性骚扰是否违反了联邦反歧视法?在这个对受害者来说具有里程碑意义的胜诉中,法院首次裁定当性骚扰造成"不友好的工作环境"时,它构成了非法歧视。法院写道:"任何性骚扰指控的关键在于所谓的性行为是'不受欢迎的'。"法院指示说,"正确的调查"应是文森是否"*通过她的行为表示其所称的性行为是不受欢迎的*"。

然而,建立"不受欢迎的检验"削弱了文森的胜利。现在,焦点将集中在她以及未来所有指控者身上。重要的是文森如何向泰勒表明他的性暗示是不受欢迎的。为了这个目的,法院赞成对受害者的行为和外表做深入调查。文森的"挑逗性的言语或着装"被认为"明显相关"于她是否觉得性骚扰是不受欢迎的。这一法律框架——最高法院将其交给受理文森起诉的下级法院——直到今天仍然有效。[52]

这一框架对某些女性的不利影响比其他女性更大。无论黑人女性穿什么,她们更容易被认为衣服"不适合"职场——例如,一名黑人员工在穿着棕色裤子和宽松衬衫时被告知她穿得"太性感"。[53] 塔尼娅·埃尔南德斯总结说:"单单因为穿这件衣服的是一名黑人女性或有色人种女性,就可能使这件衣服被认为过于性感和冒犯。"这种文化偏见因性骚扰法得到强化,该法案明确将法院通常所称的"挑逗性的言语或着装"与指控者欢迎进一步行为的看法联系起来。无论她是什么种族,法院"反复以一种鼓励刻板思维的方式来应用'不受欢迎'的法律要求',去考虑原告是如何'自找的'"。[54]

约瑟夫·塞勒斯是华盛顿特区的一名律师,他于最高法院重审梅切尔·文森的案件后,以及1991年(距文森提诉已有13年)双方最终达成和解之前担任文森的代理律师。该诉讼的最后阶段受到了法院新宣布的不受欢迎的标准影响,塞勒斯立即意识到这将对文森和未来无数受害者造成不公的负担。塞勒斯告诉我,有一起特殊事件体现了这种负担。他回忆说,文森描述了在午休期间被泰勒"召唤"到附近的汽车旅馆,并被要求脱掉衣服。她已经告诉老板自己不想和他发生性关系。但泰勒的话大意是:"看,我在这个行业里。如果你不配合我,我保证你在华盛顿地区再也找不到这个行业的工作。"

文森是一个年轻的"单身母亲,非常害怕让泰勒失望或生气",泰勒对她的谋生能力有极大的控制权。但在那个汽车旅馆的房间里,"没人锁门,没人拿枪指着她的头",塞勒斯说,这一点可能被用来对付他的委托人,当天,她与泰勒发生了关系。"问题在于她是否已经表明该行为是不受欢迎的——这被视为她的责任。"如果文森在这方面做得还不够,那么责任就在她身上。

自接手文森的案件以来,塞勒斯已代理性别歧视受害者多年。他认为不受欢迎的检验不适用于工作场所,因为工作场所有各种各样的权力失衡。"根据我的经验,当一个能对女性的未来产生影响的掌权者发出暗示时,很少有人会直接说:'请不要这样做。这让我不舒服。'相反,她们会找借口。'嗯,对不起,我今晚很忙。我明晚也很忙。'"

塞勒斯指出,问题在于,如果案件能进行到这一步,陪审团需要判断受害者的行为是否"足够明确表达了不欢迎"。这种询问容易导向责任的转嫁。特别是当骚扰者和被骚扰者之间存在等级关系时,指控方可能并不处于有利地位,以便充分行动,从而被视为受害者而非推动者。正如塞勒斯所言,在许多情境中,法院不受欢迎的标准"在行动上是不切实际的"。当受害者特别弱势时,他们不太可能满足法律加诸她们的重负。如果在工作场所没有权力,女性会发现,直接面对施暴者提出其行为不受欢迎是困难的,这使她成为不端行为的主要目标。塞勒斯解释说:"这就是骚扰的本质。人们通常会对他们认为的弱势女性这样做,否则,他们不会这样做。"

———

法律经常用指控者的性欲来达到这一目的：她，而非他，将为发生在她身上的事情负责。在民事案件中，审前披露规则允许深入审查原告的生活，而指控者在为审判做准备时，也许会被广泛地询问有关她们性生活的问题，这些信息的获取可能被允许，也可能不被允许。

在2013年联邦法院提诉的一个典型案例中，一名声称被她35岁的主管骚扰和强奸的青少年餐厅员工起诉了这家连锁餐厅，要求对其受到的伤害进行索赔。被告想要询问这名年轻女性性史的大量细节。尽管有反对意见，法院还是批准了被告的请求，并命令指控者执行如下操作：

> 列出所有你曾有过的约会或性关系（含自愿和非自愿），包括每段关系的日期，以及每一位曾与你约会或发生性关系的对象的姓名、出生日期和当前的联系信息（包括地址和电话号码），并请描述所有肉体关系的性质。请说明你在16岁之前，是否为了开始或继续约会或发生性关系而联系过任何18岁以上的人。如有，请列出每一位与你有过此类联系的对象的姓名、出生日期和当前的联系信息（包括地址和电话号码），以及每次联系的日期。说明你是否曾怀孕，如果是，请注明怀孕日期。请说明您是否曾经感染过任何性传播疾病，如果是，请注明日期和疾病名称。[55]

在刑事方面，强奸指控者在作证时可能就其性史受到盘问。

这种攻击在强奸案审判中屡屡可见。直到20世纪70年代，旨在保护受害者免受这种攻击的"强奸受害者保护"（rape shield）法案的新规出台后，这种情况才有所改善。但这种保护并不是绝对的。女性可能会受到一种例外的惩罚，在某些州，这一例外情形允许呈堂证据显示过往的自愿性行为——如果法官认为这些行为超出其可接受的女性性行为的观念。即使有强奸受害者保护法案，原告在审判中也会被问及过去的性工作、群体性行为、公开场合的性行为、非一夫一妻制的性行为、频繁的性行为、青少年性行为和由女性发起的性行为。[56]

法学学者米歇尔·亚历山德森（Michelle J. Anderson）写道，对性史证据的采纳"加大了人们对被强奸女性的责备，同时减轻了他们对被告的指责"。即便到今天，那些"走出了传统女性性保守边界"的受害者也不太可能因我们的质疑而受益，或者得到法律的保护。[57]当她们的性史被用来攻击她们时，指控者很容易被描绘成不值得同情的受害者——至少在某种程度上，她们遭受的暴力是她们应得的。

指控者挺身而出，却将自己置于性别歧视的显微镜下——她们往往会被驳回。我采访的一名律师描述了他当时处理的一起案件中典型的"重责受害者"的辩护方式。辩护方通过贬低指控者的性行为和所谓的判断失误，依靠"受害者有足够多的'不端行为'"让陪审团反对她，即使他们也相信，所指控的行为确实发生了。换句话说，这种辩护策略的核心是指责（*他没有责任*），而非不信任（*这件事没发生*）。这种策略之所以有效，是因为它触动了一些普遍观念：女性应对其受到的暴力负责，且人们一般不愿让男人为其不端行为负责。吉利恩·科尔西被警告说，"美貌与酒精不宜混搭"——这不是因为警官不相信她的说法，而是因为他认为她个人应该为此负责。

———

法律对受害者行为的过分关注增加了性骚扰投诉以低成本解决、被撤销或驳回的可能。一位名叫克里斯特尔（Crystal）的女性的故事体现了这种现象：看似有说服力的责任案件是如何不了了之的。克里斯特尔的几位同事看到一位男性同事"掐、亲、戳和抱"女性员工，其中包括克里斯特尔。他们还听到骚扰者"向克里斯特尔和其他女性提出明确的性要求并使用粗俗言论"。克里斯特尔在"后背被狠狠拍了一巴掌"后至少向她的雇主投诉过一次，但没有用。尽管这给克里斯特尔带来了财务压力——她是一个没有收到抚养费的单亲妈妈——但她最终还是辞职了。她决定采取法律行动，因为她说，"必须有人站出来，他们不能这样对待别人"。

正如她的律师事后回忆所说："这不是通常的'他说，她说'案例；在骚扰者的证言中，他并没有否认发表性言论或进行身体接触。"但承认这件事还不够。克里斯特尔的事实陈述真实性并无争议，雇主的辩护是：这些不端行为是受欢迎的。为了推进这一辩护，"雇主将探照灯对准了克里斯特尔的行为"，无论它们与工作场所的暴力有多么不相关。审前披露的范围很广。克里斯特尔的两个孩子来自两位不同的父亲,其中一位从未与她结过婚。她在网上遇到了现在的男友,他很快就跟她和她年幼的孩子搬到一起住。她与同事讨论私人生活,并在未经请求的情况下,提供两性关系上的建议。她在工作场合中发放情人节卡片。被提及的问题还有"克里斯特尔下班后和同事外出——把孩子留在家里——有多频繁,她喝了多少酒,以及在那种环境下她是否对黄色笑话和性言论做出了同样的反应"。

她的律师回忆说,克里斯特尔因这种对待而感到受伤和羞辱。"当我告诉她,我不知道法官或陪审团是否明白,在工作结束后一边喝酒一边谈论私人生活或笑着听带有性暗示的笑话,并不意味着邀请同事在工作中做出粗俗举动或勾肩搭背时,她变得焦虑和愤怒,"克里斯特尔的律师写道,"我直观地知道,她的紧身牛仔裤、低领口和漂染的头发对她百害无一利。"所有这些都对克里斯特尔和她继续追诉的意愿产生了实质性影响。她的律师回忆说,"克里斯特尔已经准备好面对失业、财务不确定性、诉讼,甚至是对她必须讲述的故事的盘问。但她不愿意被人们攻击、含沙射影以及贴上错误标签;因此,她接受了和解……她以一种痛苦的愤怒情绪结束了这起案件,因为她的前雇主把她的正当举报变成了一个在工作场所找麻烦的浪荡女人的故事。"[58]

当性骚扰受害者在审前披露后继续进行诉讼时,审判中的常见辩护是她欢迎这种暴力。一项判例法分析得出结论:"结果是对原告是什么类型的人进行探究,以及这种类型的人是否会希望以被告选择的方式被求欢、触摸或说话。"多年来,为了证明原告不是真正的受害者，法院准许了这样的证据：原告在她的儿童时期被猥亵、在青少年时期被侵害、她的婚姻颇为波折、她抚养了一个有严重问题的女儿、她允许公布自己的裸照、她在 T 恤下未穿胸罩、她讲粗话。尽管"她不断要求"骚扰者不要触摸她，并"试图避开他的拥抱"，但"她的要求毫无紧迫感、缺乏真诚或软弱无力"。[59]

如果没有反驳证据，人们会假定是女性邀请了所有向她们发起的性进攻。我们的文化和法律要求原告推翻其欢迎骚扰的推定。当原告无法承担起这一重负时，我们就责怪她们。与此同时，骚扰她的人被视为又一个不幸的女性性欲受害者。他逍遥法外。并且，正如我们即将看到的，她落入了*关照落差*（care gap）之中。

第五章　关照落差
受害者如何被无视

瓦妮莎·泰森（Vanessa Tyson）致力于让这个世界变得更美好，这一出发点非常重要。她不仅仅将自己定义为性暴力的幸存者。"挺身而出的困难之一在于，我不想因为这件事出名，"她说，"这事确实发生在我身上，无疑对我产生了影响。但这不构成我的全部，也从未如此。"

泰森在加利福尼亚州克莱尔蒙特（Claremont）一所名为斯克利普斯（Scripps）的知名女子学院教授政治学。2004年夏天，民主党全国大会来到波士顿，当时27岁的她正在附近的哈佛大学攻读研究生课程，她志愿做物流协调员，确保活动顺利进行。在那里，她遇到了同来参加大会的竞选工作人员贾斯廷·费尔法克斯（Justin Fairfax）。两人很快发现，在费尔法克斯就读哥伦比亚大学法学院期间，他们有一位共同的密友。泰森回忆说，她和费尔法克斯"笑谈这个世界有多小,尤其对于在精英机构里的非洲裔美国人而言"。大会第三天,费尔法克斯请泰森陪他到附近的酒店房间取文件,她没有理由犹豫。长时间待在会议酒店之后,她要享受几分钟的新鲜空气和阳光。

在两人到达费尔法克斯的房间后,泰森站在了门口,而他则在找文件。接着,他走了过来并吻了她——这是她回忆中"并非不受欢迎的"行为——她也回应了他的吻。在我们的谈话中,她坚称,事情应该到此为止,她又补充道,因为她"全身穿着西装,根本无意脱下衣服或进行任何性行为"。但是,"一开始是相互同意的接吻很快演变成一场性侵犯",她在 2019 年 2 月向公众发布的一份声明中写道。泰森描述了费尔法克斯如何拉着她走向床,把他的手放在她的脖子后面,然后用力地将她的头推向他的生殖器。"我彻底震惊并感到恐惧,"她回忆说,"我试图转开头,但由于他的手正按住我的脖子,而且他比我要强壮得多,我做不到。在我哭泣并作呕时,费尔法克斯强迫我为他口交。"[1]

事后,她只想回到让她感到安全的酒店。"我震惊了,"她说,"我觉得我无法用言语来形容。我是说,也许这是运气……大多数我曾约会过的男性都尊重身体界限。没有人曾用那样的方式对我用过蛮力。我一直努力试着抬起头,但我做不到。"

在接下来的大会中,她设法回避费尔法克斯,也没有告诉任何人发生了什么。她感到受辱和羞耻。她不仅是波士顿强奸危机中心(Boston rape crisis center)的志愿者,其任务是为性侵幸存者赋权,而且,如她所强调的,她是一名"以才智为傲的哈佛研究生"。她觉得自己本该足够聪明，不至于"落入陷阱"。她说，"我花了很长时间认识到，'信任'不应该带来强迫口交这样的惩罚。"

泰森沉默了十多年。2017年10月，当她得知费尔法克斯正在竞选弗吉尼亚州的副州长时，她开始悄悄告诉朋友们她和他的那次遭遇。后来，在2019年2月，她公开提出指控，但这是在她被大学授予终身教职后。我问泰森，在她获得终身教职与决定公开指控费尔法克斯之间是否有关联，她明确表示："我有了安全感。"她解释说，"要知道，我是在困窘中长大的。我的单亲母亲把我抚养成人，但她没从我父亲那里得到一分钱……我母亲从未上过大学。在我的成长过程中，我明白我没有任何可依靠的东西。"在泰森看来，终身教职是一份"终身工作"，这一"特权地位"让她终于能够公开她遭受的暴力。

费尔法克斯否认了这些指控，并声称他与泰森的性行为是双方同意的。"她在任何时候都没有向我表达过对我们互动的不适或担忧。"费尔法克斯坚称。[2]

在泰森公开自己的故事后不久，第二名指控者站出来称费尔法克斯在他们还是杜克大学本科生时强奸了她（泰森并不认识这第二名指控者）。费尔法克斯同样否认了她的指控。

他还将自己比作私刑的受害者，泰森认为这种类比是"可耻、不负责任和带有操纵性的。"她在哥伦比亚广播公司的《今晨》(This Morning) 节目中对盖尔·金（Gayle King）说："从来就不存在两名黑人女性对黑人男性实施私刑。人们只需要查阅历史就会知道，实际上，黑人女性一直都是反对私刑运动的倡导者。你知道的,黑人女性正是在试图保护黑人男性时被处以私刑的。"①3

在我们的对话中,泰森只哭了一次:那是当她谈到她的指控成为全国新闻后那几个月的生活时。"我不知道发生了什么,我非常害怕。"她说。她担心自己和亲人的安全——不是害怕费尔法克斯本人,而是害怕那些站在他那边并威胁她的人。尽管泰森和第二名指控者都呼吁弗吉尼亚州议会举行公开听证会,让每位女性都能作证,但听证会并未举行,尽管有一些民主党人呼吁费尔法克斯辞职,但他仍然保住了工作。现状得以维持,这是典型状况。

回想起来,泰森觉得人们对其指控的态度并非不相信,而是不重视。"我注意到有关性暴力的一个问题是,很多人愿意对此视而不见。"4 她说。她理解为什么幸存者会问自己,站出来"有什么好处",因为往往没有。5

然而,即便泰森知道费尔法克斯永远不会面对公开的听证会,而且他将继续在任——知道那个她口中性侵了她的男人根本不会承担任何后果,泰森还是决定上报。她回到作为终身教授的特权使她能够站出来这一点,并提到许多因缺乏经济安全感而无法面对潜在反击的幸存者。尽管整个经历让她感到筋疲力尽,她仍然相信站出来是"正确的事情"。

她说,有权者相互包庇,而性侵受害者成了"牺牲品"。对我

---

① 费尔法克斯后来以哥伦比亚广播公司播出金对泰森和第二名指控者的采访为由,起诉该公司诽谤和故意造成精神痛苦。联邦地区法院驳回了这一诉讼,费尔法克斯宣布将于 2020 年 9 月竞选弗吉尼亚州州长,并已提起上诉。6

们所有人来说，关心幸存者和她们的需求会危害稳定——它破坏了我们的生活和社会结构。为了维护现状，我们必须忽视暴力指控，无论它多么可信。我们忽视了遭受痛苦的女性，以及她们的个人价值和尊严。

———

135　　在关照领域中，可信度受损和可信度提升共同保护了掌权者。在这里，"关照"（care）指的是担忧，即重视他人的困境——这对我们而言是*重要*的。结果发现，我们对关照的分配是不均匀且可预见的：施暴者面临为其不端行为负责而产生的痛苦，远比其受害者的痛苦更重要。对幸存者的重视不足和对施暴者的过度重视之间的不平衡反映了我所说的*关照落差*。

关照落差不仅反映出结构性的不平等，同时又隐秘地强化了它们。这一落差实际上包含着许多不对称性，这些不对称性与包括性别、种族、阶级等在内的等级制度相伴。换句话说，一个人的痛苦是否会受到重视与特权和地位有关——我们倾向于较少关心某些受害者，而更关心某些施暴者。正如作家丽贝卡·特雷斯特（Rebecca Traister）所指出的："这是*真正*荒唐的部分：正是权力本身，让我们得以识别一些人，并且向他们付出同情和共情。"[7]

由于关照沿权力轴线分配，处于边缘地位的指控者最易被忽视。当我与美国国家妇女法律中心的负责人法蒂玛·戈斯·格雷夫斯（Fatima Goss Graves）交谈时，她说她观察到，"当 #MeToo 走向病毒式传播，数百万人都在说'我也是'时，我不觉得这是偶然，那些名人引发了全国性的关注"。像女演员阿什莉·贾德（Ashley Judd）这样的指控者与她的同类人——主要是具有相当社会资本的白人女性——能够快速发起一场运动，因为正如格雷夫斯所说，"我们习惯于更加关心那些有权力和影响力的人"。

对于男性而言，权力和影响力提供了一层缓冲，以抵挡不端行为的指控。那些职业和社会的主导者得以免受追责带来的动荡，并维持他们的地位。这是长期以来赋予备受敬重的男性精英的特权。支持并认可这些男性的文化对于保护他们发挥着强大的作用。正如希亚·托伦蒂诺在《纽约客》中所写的："女性的职业和心理已被男性剥削摧残数个世纪，但很显然，让剥削她们的男人们对其所作所为负责，乃是一种耻辱。"[8]

通常，当我们评估可信度时，我们的关注会从指控者转向被她们指控的男性。哲学家凯特·曼内（Kate Manne）提出，这种信任的分配"起到了*巩固群体主导成员现有社会地位的作用*，并保护他们免于社会阶层的*下滑*，如：以指控、诋毁、定罪、纠正、贬低"或其他方式对他们进行追责。曼内注意到，站在男性一边反对指控他们的女性的"倾向"，就"如同只公平对待受指控的男性，却忽略提出指控的女性所遭遇的不公"。[9]这种表面上的中立掩饰了对男性掌权者及其一系列权益的系统性保护。

我们轻易驳回暴力指控的文化倾向，与事不关己的人性冲动是一致的。这种维持现状的一般偏好在行为经济学领域被称为"现状偏见"（status quo bias）。心理学家丹尼尔·卡内曼（Daniel

136

Kahneman)因其将认知心理学的洞见与经济学相结合的努力而获诺贝尔奖,他解释说,我们有强烈动机来维护当前事态。卡内曼写道,这种偏见也被称为"损失规避"(loss aversion),它是一种"强大的保守力量,倾向于对现状进行最微小的改变"。正如卡内曼等人所指出的,该领域的研究虽然主要集中在财务决策上,但它显然具有更广泛的意义。研究告诉我们,我们更倾向于做出稳妥而非颠覆性的决策。[10]

"所有施暴者要求的就是旁观者束手坐视,"精神科医生朱迪丝·刘易斯·赫尔曼(Judith Lewis Herman)说,"他迎合了我们普遍存在的非礼勿视、非礼勿听、非礼勿言的愿望。相反,受害者要求旁观者与她共同承担痛苦。"[11] 一个可信的性侵或骚扰指控具有极大的不安定性。赫尔曼观察到,通过公开控诉,"受害者要求行动、参与并记住"。[12] 如果我们重新定义她的遭遇,认为它不值得去追究后果,那就可以避免我们做相反的事情——关照——所带来的不安。

我们有选择性地感受他人痛苦的倾向会加剧关照落差。"共情是带有偏见的。"心理学家保罗·布卢姆(Paul Bloom)写道,他警告说,不要过度依赖共情性决策。尽管共情通常被视为一种全然的善,但它"以和偏见相当一致的方式扭曲着我们的道德判断"。[13]

当一名指控者站出来时,人们相信她的叙述,还是被告的否认,取决于谁的痛苦更重要。尽管每个人的共情倾向各不相同,但总体而言,我们的文化更偏向于强者的痛苦。这种倾向可能导致我们从一开始就给予不公平的关照——即使我们只是从一个较小的偏见出发,可信度的复杂性通常还是会引导我们走向同样轻率的结局。我们的关照是沿着权力轴线分配的,这加剧了受害者和施暴者之间的落差。

"你开不起玩笑吗?":笑声作为漠视

性侵和骚扰常常被包装成幽默,这确保某项指控不会引发我们的关注。当暴力变成一个笑话时,我们便无须关心,更无须采取行动。看似无害的娱乐实际上是进一步的侵犯。

让我们来看加利福尼亚州南部一家酒店的清洁工利蒂西娅·瓦列霍(Leticia Vallejo)的案例。在她后来针对酒店的诉讼中称,她在清扫大堂洗手间时受到了性骚扰,从酒店吧台离开来用洗手间的男人们对她闲言碎语。她说,她曾多次向管理层投诉,并要求设置标志,以便人们在她工作时回避,但她的要求被拒绝了。2017年夏天,瓦列霍正在清扫洗手间时,一个看起来醉醺醺的男人摸了她的胸部,用勃起的生殖器摩擦她,并提出用50美元购买一次性行为。她立刻逃开了。

当瓦列霍把她的经历告诉主管时,她回忆说他的反应是笑。"他应该给你100美元。"主管评论道。瓦列霍说,酒店管理层从未调查她的投诉。据她观察,"我们的工作毫无保护,需要有人听到我们的声音"。[14]

洛杉矶律师劳伦·图科斯基专门处理就业歧视案件(也代理瓦列霍对连锁酒店提起的诉讼),她告诉我,无论施暴者是顾客、同事还是主管,她都看到了对"在工作场所持续而不恰当的性行为"的"高度宽容"。如果图科斯基的委托人向人力资源部门或主管投诉,反应通常是:"哦,拜托,你开不起玩笑吗?"或者"你放轻松就行。这是你的问题,你不懂幽默"。当骚扰被描述成工作场所无伤大雅的闲聊,甚至是应该表示感谢的恭维时,女性的侵害投诉就会被驳回。

人们尤其容易轻视对边缘、弱势工人的暴力,将其当作无伤大雅的娱乐。叙泽特·赖特(Suzette Wright)是一名黑人女性,就像最终起诉福特汽车芝加哥工厂的 30 名女员工中的许多人一样,她说自己忍受了持续的性骚扰。在无视男同事的反复要求和粗俗评论后,一名被赖特视为师傅的男人向她提出用 5 美元换一次口交,随后她终于向她的工会代表投诉。这名官员站在男人一边,这不是因为他不相信赖特的指控,而是因为他认为骚扰没什么害处。

赖特后来描述了她因忍受骚扰而遭致的贬低——这使她感到自己"变得更渺小",直到她变得"像个空壳一样"。工会代表重新解释了赖特的痛苦;即便她真的有这种感觉,那也是不重要的、荒唐的。赖特说,那位官员告诉她:"叙泽特,你是个漂亮的女人——把它当作是一种赞美吧。"当芝加哥工厂另一名女员工向工会代表报告其经理将他的下体压在她身上时,她得到了类似的回应:*你应该感到荣幸*。[15] 2000 年,福特公司同意为这些女性支付 900 万美元的赔偿,但否认有任何过错。

在各行各业,当受害者站出来时,他们发现自己遭受的暴力常常被嘲笑和轻视。詹娜·里斯(Jenna Ries)是一位 30 多岁的密歇根女人，她起诉麦当劳公司在其连锁店中助长"性骚扰文化"。里斯指控说，一位餐厅经理经常抓她的外阴、乳房和臀部，还有一次强行将他的生殖器插入她的手中。里斯说她经常哭着从公司回家；她感到身体不适，很焦虑，而且害怕上班，同时也担心失去工作，这会影响她付租金和账单。其他报告了类似骚扰的女性也说，她们的总经理对她们持续遭受的暴力无动于衷。她们说他反而坚持认为被指控的男子"只是在开玩笑"，而她们"太夸张了"。这些女性的困境被完全忽视。黑白颠倒——所有这些都被看作是打趣。里斯指控说："不时有员工报告称，轮班经理在摄像头监控范围内打了一个女人的臀部，总经理经常在查看录像带后和那位轮班经理一起大笑。"[16] 这不是不相信；这是不尊重。他们毫不在乎。

在《男孩与性》(Boys & Sex)一书中，佩姬·奥伦斯坦回顾了几起被广泛报道的事件，其中幽默被当作轻视性侵犯的手段。例如，来自俄亥俄州斯托本维尔（Steubenville）的一名高中男孩在视频中开玩笑说，他的朋友们在一次聚会上强奸了一名神志不清的女孩。"她被强奸了。"这个男孩说着大笑起来。当有人指出强奸并不是一件有趣的事时，他回答说："强奸并不有趣——它*滑稽*。"奥伦斯坦观察到，那些认为侵犯"滑稽"的人可以不理会这种行径——"他们不必认真对待，他们不必回应：那没问题"。这也有助于解释为什么施暴者有时描述他们的侵犯行为是"有趣的"。正如奥伦斯坦所解释的，"为了把一种道德上应受到谴责的行为视为一个玩笑，行为的施加者必须认为它无伤大雅；他们必须避免与受害者产生共鸣,并无视痛苦"。[17]

在施暴者及其周围的人中,从暴力行为里寻找幽默感是常见行为。这样做的目的在于:对受害者痛苦的漠不关心有利于施暴者逃避责任。这也进一步削弱了他们所伤害的人的力量。不过,在这种互动过程中处于最不利地位的人可能也就成了牺牲品。

关照落差的内化

无人能够完全摆脱那些让强势男性免责的文化力量——甚至连幸存者也不能。当受害者内化了这种关照落差时,纠正对她的侵害似乎没有维护施暴者免受惩罚来得重要。多年来,我与指控者的对话中反复出现这种情况,她们更关注揭露信息会怎样伤害施暴者,而不是*她们*被侵犯或骚扰所受到的伤害。一个习惯性地将受害者的价值视作低于施暴者的文化,就是一种压制暴力控诉的文化。

从孩提时代开始,女孩就要以自我牺牲为代价,她们学会将自我价值与照顾他人关联起来。女孩们"从小就被训练把男人的需要和欲望置于自己之上"。[18]这种训练培养了法律学者罗宾·韦斯特(Robin West)所称的"付出型自我"——一个通过向他人提供关心来定义自己的个体。[19]

女孩们长大后很可能会在亲密关系中,甚至在职场环境里,作为"工作妻子"承担远超她们本应承担的情感劳动。[20]对许多女人和女孩来说,照顾他人优先于她们自己的"兴趣、抱负、计划和独立性"。这种自我关注的缺乏——没能给自己应得的"尊重",就像韦斯特所描述的——是"有害且伤人的"。

女性"过度地接受付出型自我"并非偶然出现,而是处于附属地位的一个核心特点。[21] 哲学家凯特·曼内写道,"父权意识形态启动了一长串机制"来确保女性遵循无私关心的伦理观。这串机制包括有关女性"倾向和偏好"的不同叙述,还包括"赞美各种形式的照顾工作,称其为个人获益、社会需要、具有道德价值、'酷'、'自然'或健康(只要是女性在执行)"。这些"执行机制"就是曼内所称的"厌女症的实质功能"。[22]

付出型自我为施暴者的持续成功和福利助了一臂之力,同时也放大了追究责任的严重性。研究显示,在性别因素显著的情况下,女性更易将他人的需要视为至高无上。[23] 就如哲学家凯特·艾布拉姆森告诉我的,在典型的性行为不端的案例中,性别因素是*相当*显著的,这使得指控者更容易接受"更同情"男人所作所为的信息。

对施暴者的"过度关心"意味着,即便是最小的后果,也会被认为是他难以承受的巨大代价。许多女性不愿意站出来,因为她们不想"毁了一个男人的生活"。专门为性侵幸存者做治疗的心理学家尼克·约翰逊经常见到这种情况。她记得有一名特别的客户,其强奸者所属的男性团体与受害者所属的女性团体有密切联系。两个组织的成员联合起来阻止受害者向大学报告。他们给了她一个熟悉的警告——这"可能真的会毁了他的生活"。

劳丽·彭妮（Laurie Penny）是一名写作者，她曾写过有关如何在涉及性侵、身体和情感虐待的关系中幸存的主题。"我曾是那个努力让自己不要把男人的痛苦放在首位的人，"她说，"我知道摆脱那种心态有多么困难。"她回忆起施暴者是如何用"威胁和示弱"的组合拳来说服她和其他受害者的，"他既强大到不可逾越，又脆弱到承受不起被追责的后果"。彭妮指出，女性容易受到这种逻辑的影响，"因为我们大多数人从小就被教导，当男人不高兴时，坏事就会发生"。她补充说，"男人，即使是正派且没有性别歧视的男人，也是在这样的观念下长大的——男人的痛苦更为重要。"[24]

当幸存者优先考虑的是避免被控方承受任何痛苦时，往往会淡化自己遭受侵犯的经历。心理学家和社会工作者经常观察到受害者深信她们不如被控方重要。"很多经历过性侵的人会说，这不是什么大不了的事"或者"还有比这更糟糕的情况"，约翰逊说。许多人决定不报案，因为她们认为性侵没有严重到去引发事态升级。

正如陌生人强奸范式扭曲了回应者评价受害者可信度的方式，它也扭曲了受害者评估自身经历的方式。受害者经常将自己遭受的暴力与陌生人强奸的原型进行比较；相比之下，她们自己受到的侵犯可能看起来并没有那么糟糕。对于一些幸存者来说，她们认为所受到的侵害"不算是强奸"，因为施暴者使用了手指或物体侵入，而不是用他的阴茎，或者根本没有外伤。对于另一些人来说，重要的是，她们认识侵犯者，他们是朋友或亲密伴侣。一名幸存者在她试图结束与约会对象的关系时,对方强行侵犯了她,她这样解释:"我甚至没有想到这会被认为是性侵犯。"她说,"我以为这是一场'家庭暴力纠纷'。"

即使是遭受异常暴力的性侵受害者也可能轻视自己所受的侵害。明尼苏达大学的学生阿比·霍诺尔德被一个她刚刚认识的男人强奸,受到了严重的内外伤害。当霍诺尔德回想起她决定报警的原因时,她解释说:"嗯,他强奸了我*两*次。如果他只强奸了我一次,我可能不会报警。"许多幸存者最初对自己所受侵犯的反应,是一种对漠视不端性行为及其受害者的文化的响应。

当然,事实能够证明,忽视自己的暴力经历是不可能的。约翰逊说她的客户想知道,如果没有发生什么可怕的事,她们又为何会经历情感困扰。随着时间的推移,最初轻视自己性侵遭遇的人可能会明白这件事很重要,就如同她们自己也很重要一样。但除非这样的情况发生,幸存者不会觉得自己有权报告发生的事情。

据称,几十年前的一个晚上,唐纳德·特朗普于波道夫·古德曼(Bergdorf Goodman)百货的更衣室强奸了记者琼·卡罗尔(E. Jean Carroll),她记得自己多次拒绝了朋友报警的建议。在卡罗尔的记忆中,她的朋友反复说:"'琼,我不觉得这很好笑',因为——这是最奇怪的事——我控制不住想笑。"[25]

在职场中,淡化自己遭受性侵的动机尤为强烈。许多受害者把没有受到身体攻击当作忽略其所遭受的不端行为的理由。其他人则把自己受到的暴力淡化为有趣或无害的事,并接受将不端性行为视为趣事的文化倾向。如同一项有关幽默与骚扰的研究参与者所解释的，最好不要"把任何事情视作人身攻击"，因为"如果你这么做，你会一直哭哭啼啼"。当这名女性被要求描述她的工作环境，包括对她身体的粗俗玩笑和其他基于性别的侮辱时，她开始哭泣。[26]

研究显示，即使讨厌的性骚扰冒犯了受害者，即使她们的工作或心理健康因此受到损害，她们仍然可能不觉得有权利拥有一个没有暴力的工作环境。[27]对于许多女性来说，性骚扰仍然是为了生存而无法抱怨的事情。当骚扰普遍存在，它扩大了人们能够接受的行为界限——包括受害者。除非一名员工明白发生在她身上的事是值得重视的，否则她不会举报这种不端行为。但这种理解很难达到，因为幸存者——就像其他人一样——深植于忽略或轻视伤害女性的文化之中。当一些员工把忽略受害者利益的文化指示内化，她们就会对自己遭受的暴力保持沉默。

某些种族群体的有色人种女性因其性吸引力而被广泛性化，她们不太可能认为她们受到的骚扰值得投诉。例如，对拉丁裔女性的刻板印象"不仅影响了她们的性骚扰经历"，而且削弱了她们举报的优势。与其说出来，许多拉丁裔女性更倾向于接受看似不可避免的事情。[28]喜剧演员安娜·阿卡纳（Anna Akana）提出，种族刻板印象同样导致美国亚裔女性普遍受到骚扰，她们几乎已经预料到了这一点。阿卡纳说："当你习惯于被高度性化时，你甚至不会再把它当作一起侵犯性的事件。"[29]当骚扰常规化，它就成了一种存在特征。

可信度复合体最深远的影响,是使受害者认为她们遭受的性侵犯不值得纠正。在各种工作场所中,女性通常通过避开骚扰者、无视或淡化事件来处理性骚扰。[30]

医疗行业是一个绝佳例证,在这里,骚扰率很高,而正在接受医生培训的女性"学会将自己遭受的暴力和凌辱视为'常规',甚至认为这是进入一个具有声望和要求苛刻的职业所必经的过程"。在一项研究中,研究者们与实习医生讨论了她们在职场受凌辱的经历。一名外科实习医生站在洗手池旁,举着刚洗净的双手,处于"有点不设防"的姿势,麻醉科主治医生就"拍了拍"她的屁股。她回忆说:"第一次时,我以为他也许只是想摸我一下,也*可能是我太敏感*,但后来一次又一次发生这种事,我真的觉得很不舒服,我不知道我应该怎么办,我应该说什么?"她担心,如果她说出来,"他们会说,'哇,她可真是个令人讨厌的女人,她就是太紧张、太敏感。'"

另一名实习医生回忆起一位麻醉科主治医生在复苏室评论她手术服里面的衬衫——他问:"你衬衫里面穿了什么性感的玩意儿?"当她表示这种话不妥的时候,他补充道,"哦,得了吧,我是在赞美你……放松点。"这名实习医生在接受研究访谈时,她再次怀疑自己对那名医生评论的反应,询问研究者自己是否"太敏感",并询问这类评论是否会困扰研究者。这名实习医生承认,"天哪,这真的让我很不舒服,"接着又说,"我不知道我是不是错了。"[31]

许多性侵受害者吸收了一个文化指示,就是要淡化她们遭受侵害的严重性。在《同意》一书中，唐娜·弗赖塔斯描述了她被研究生院教授跟踪两年多的经历，那位教授——违背她的意愿——用信件塞满了她的信箱，每天给她打电话，出现在她的公寓外，并让自己成为她家庭的一分子。在此期间，弗赖塔斯怀疑，并仍在怀疑，她是否对教授的行为反应过度。"我是不是夸大其词了？是不是根本就没有恶意？"她写道。她发现，"你开始怀疑你对一切的判断"。"我把他往最好的方向去想，觉得一切不安的感觉都是我自己的错，那只是我想象出来的事，我制造了那种植入我内心……并且再没有离开过我的不安。"[32]

法律上的关照落差：性骚扰

当工作场所的性骚扰受害者提起诉讼时，她们的指控经常被以严重程度不足为由被驳回。很多女性输掉了官司——不是因为人们不相信她们的说法，而是从法律的角度来说，她们所遭受的侵犯无足轻重。性骚扰法对要采取法律行动的情况设置了极高的标准，忽视了对受害者造成的实际伤害。这些受害者陷入法律的关照落差，我们使骚扰她们的人和她们的雇主免于承担责任。

造成这种情况的一个原因是，有关私人伤害的法律，也就是侵权法，向来忽视性骚扰。[33]直到20世纪80年代，一项新的法律主张建立起来，即承认性骚扰是性别歧视后，大多数在工作中遭受骚扰的女性才获得了法律救济。直到那时，法律还未能考虑到包括工作场所内外的性别不平等在内的社会背景。这些局限性激发了女性主义法学家凯瑟琳·麦金农提出性骚扰的主张。麦金农与其他活动家和律师一道，说服法院将性骚扰置于具体情境中。她于 1979 年宣称："那些表达并强化男女社会不平等的实践就是性别歧视的明确案例。"[34] 不到十年后，最高法院就公开认可了这一大胆的观点。

在美瑞特储蓄银行诉文森案中——此案由梅切尔·文森提起，她指控其银行经理骚扰她——法院裁定性骚扰违反了《民权法案》第七章，该法律禁止工作场所的性别歧视。但是，受害者的胜利是有限的。根据 1986 年法院的说法，只有当骚扰达到"严重或普遍"的程度时，才可提起法律诉讼。[35] 仅仅因为员工体验到她所处的敌对或侮辱性的环境还不够。相反，法律中假设的"理性人"也必须这样认为。[36] 这一法律标准让法官和陪审团以他们的视角来决定骚扰者的行为是否严重到要纳入考虑。如果没有，从法律的角度来看，这种暴力就无关紧要了。

美瑞特储蓄银行诉文森案发生三十年后，一项分析发现"有一起又一起的案例，联邦法院裁定其行为不足以被视为歧视"。通过引导普遍存在的减轻性骚扰不良影响的冲动，"严重或普遍"的要求经常使受害者的诉讼落空。当"女性声称她们的老板或同事多次触摸她们的胸部或臀部，主管经常要求员工与其约会或进行性服务，或者，员工成为令人厌恶的性暗示和手势的长期受害者"时，案件却被驳回。[37] 除非像 2002 年所阐明的法律标准那样，它使工作"对于女性来说如同地狱"，否则，法律并不关心性骚扰的不良影响。[38] 尽管"对于女性来说如同地狱"的检验标准已被正式否定，但在实践中，它仍准确描述了受害者必须经历怎样的折磨才能获得法律保护。当陈旧的法律定义与根深蒂固的文化认知相一致时，它们将继续维持其影响力。

无论骚扰行为有多恶劣，法院都倾向于忽视不涉及身体攻击的骚扰。一名女性表示，她忍受着这样一种工作环境：首席执行官评论一名女员工的臀部大小，询问一名女员工的阴毛，谈到一名女员工的"吻痕"，指出他喜欢"深肤色的女人"，告诉一名女员工她得换个新发型，因为她看起来"像男人"，引用《圣经》经文声称男性优于女性，并告诉控诉者他可以"把她从她丈夫那里带走"，用钱来换。2018年，联邦法院裁定这些女性的指控"根本没有达到足以支撑对性别不友好工作环境进行索赔的那种严重或普遍程度"。[39]

法院引用了早期的案例判决支持这一结论，即受害者的指控"远不足以"达到可提起诉讼的性骚扰程度。正如法院所描述的，在那个案例中，有女性作证说，主管告诉她，"我兴奋了"，在触摸她的肩膀并对她微笑的同时，用他的臀部摩擦她的臀部，盯着她的裤裆发出嗅闻声，并在十一个月里不断尾随和盯视她。[40]法学家桑德拉·斯佩里诺（Sandra F. Sperino）和苏娅·托马斯（Suja A. Thomas）观察到，以不够严重或普遍为由驳回指控可能有"多米诺骨牌效应，导致了后续案件的驳回"。"当一名法官认为具有大量骚扰证据的案例不够严重或普遍，以至于在法规之下，不能称其为骚扰时，那其他法官也就会相信，他们必须驳回之后具有类似或更少骚扰证据的案例。"[41]

在整个法律体系中，言语暴力被轻视。雇主无须对法院所容忍的"不雅言论、孤立事件、戏弄，以及其他在工作场所内并不罕见（很不幸）的不愉快行为"承担责任。[42] 这种对言语骚扰的容忍实际上为一系列的暴力行为开了绿灯。例如，有位主管在数月的时间里多次评论受害者"屁股很可爱"，要求她穿裙子，好让他站在楼梯下往她裙子里看，还询问过她的月经周期。[43] 有位老板经常在受害者面前摸或抓他的裆部，盯着她的胸部，说她闻起来很香，并评论说她应该"穿低胸上衣和短裙"。[44] 有位主管多次询问受害者最近是否"得到了满足"，说她看起来"年轻又漂亮"，并向她提出了性要求。[45] 在以上案例中，这些指控在受害者有机会去证明它们之前，就被认为无须关注。

即便骚扰行为具有身体攻击性，它仍然经常达不到法律标准。有位受害者是一名停车设施的收费员，她描述了在为期十八个月的工作中多次遭受经理在身体和言语上的暴力行为。根据该名女性的说法，他曾触摸过她的胸部并向她提出性要求。另一次，他"做了几次性暗示"并提出愿意付钱让她和他约会。第三次，他给她买饮料，让她随他去一家酒店"好好玩"。最后一次，他"拍"了她的胸部和臀部。这位女性说，在此期间，经理会不断提到她较低的社会经济地位。然而，她的指控没有达到法律标准。法院写道，尽管经理"被指控的那种行为是令人厌恶且极为不当的"，但受害者"最多只是展示了偶发和孤立的骚扰事件"。[46]

法院列举了一连串同样被驳回的案例——全部因为法官认为骚扰不够严重，或不够普遍，因而不予考虑。一名主管在两年内"实施了十起骚扰行动"，这"不至于频繁到"形成不友好的工作环境。一名主管"摸员工的肩膀、抓员工的臀部,以及冒犯性的触摸都没有严重到形成"不友好的工作环境。一名主管"四次令人厌恶地接触下属的手臂、手指和臀部,外加反复对下属讲黄色笑话",都没有严重到形成不友好的工作环境。一名主管"反复提出约会,未经她的同意就亲吻并触摸她的脸",没有严重到形成不友好的工作环境。事情一再发生,而这些指控在法律下都不构成性骚扰。[47]

一名主管揉搓受害者的肩膀和后背,叫她"宝宝",告诉她应该和他上床[48];一位经理用"性暗示的话语"和猥亵的眼神对受害者狂轰滥炸,还往她家打电话说想她,并且"不恰当地"摸她的乳房[49];一名主管一再触摸受害者的膝盖,用手抚摸她的大腿根部,亲吻她直到她把他推开,还从树丛里"突袭"她,"好像要抓她"[50]。这些都不属于可诉的骚扰行为。

性骚扰受害者被降格、被物化、被贬低、被羞辱、被折磨、被轻视、被非人化——而她们的痛苦仍无关紧要。一名女性说,她多次被男员工评论胸部,要求舔掉她身上的鲜奶油和酒,鼓动约会,不必要地摸她肩膀、手臂和臀部。[51]另一名女性讲述了上司对她的持续虐待,上司告诉她,她在那里上班仅仅是"因为我们办公室需要一条裙子",还要求她和他在酒店房间过夜,要她帮他"吹箫",当着她的面拉开他裤子的拉链,并称女性是"婊子""母狗"和"荡妇"。[52]一名女性描述了她的主管对她进行的骚扰,包括找她出去约会、询问她的私生活、称她"愚蠢的金发女郎"、一次次抚摸她的肩膀、在她的工位摆放"我爱你"的标牌、还几次试图亲吻她。[53] 法律不承认这些女性是受害者。

联邦民权法并不是唯一延续这种忽视的法律。州侵权法旨在纠正导致损害的民事侵权行为。但它也狭隘地定义了暴力所带来的伤害，而这一方式与暴力的现实情况并不匹配。这种脱节现象是活动人士和学者呼吁重新将性骚扰定义为性别歧视的主要原因之一。然而，许多工作场所的性骚扰受害者无法求助于联邦民权法。《民权法案》第七章禁止基于性别和其他受保护特征的雇用歧视，而该条款仅适用于公司达到一定规模的雇主——私营企业要拥有15名以上的员工——而且工人也要符合"员工"的狭隘定义。此外，由于在第七章（或许多类似的州民权法）下，主管和同事不能被单独起诉，因此寻求从骚扰者那里获得赔偿的受害者必须提出侵权索赔，这带来了一系列不同的障碍。[54]

原告为了证明是被告"故意造成情感伤害"，就必须证明冒犯性行为是"极端和令人发指的"。[55] 这一标准忽略了那些不仅错误且有害，同时也被正常化了的行为。那些在工作场所被长期容许的行为可能在法官看来并不会显得极端或令人发指，他们经常认为一些性骚扰行为没有达到标准——即便它满足"严重或普遍"的联邦法律定义。当法院因未能满足"令人发指"的标准而驳回起诉时，不是因为他们怀疑指控，而是认为这太微不足道了。[56]

一名超市员工说她受到"性要求、污言秽语、黄色笑话、身体抓扯，以及发送性暗示图片"等骚扰。她的诉讼被驳回，因为证据无法"证实所必需的令人发指的行为"。[57] 在另一起被认为不够令人发指而被驳回的案件中，原告在反抗公司总裁的骚扰行为后被解雇，据说该行为包括"抱她并拒绝放开她，不顾她的反抗，用他的胳膊肘反复摩擦她的胸部，以及说带有性暗示的笑话和要求"。[58] 有一家法院发现，尽管一位名为瓦莱丽（Valerie）的航空公司维修工指控说自己已遭受数月的骚扰，但她仍未能满足"令人发指"这一标准。有人反复趁她不在时把色情图片放在她的桌子上，还在公共场所张贴针对她的色情、贬损言论。在另一个场合，这名女性被写在办公室的出勤板上，上面注明一名同事是"因为没有得到瓦莱丽的口交而生病"。法院承认"行为不文明"，但仍然得出结论认为"投诉中描述的行为没有达到所需的令人发指的程度"。[59]

某些女性在法律中尤其不被重视——特别是那些过往的性遭遇（无论是自愿还是非自愿）被视为污点的女性。法律对"有缺陷者"逻辑的推崇显著扩大了性骚扰诉讼中审前披露的范围。

法院允许对受害者的性史进行调查，以证明施暴者并未导致她的精神或情感受伤。（侵权诉讼中的原告必须证明她因被告的行为而受到损害。）例如，有一名被告在审判前要求对原告进行询问，问她关于其声称在监狱中遭性侵后几年里的自愿性关系。法院允许这一做法，并认为这次询问与这名女子是否真的经历了"严重的心理和情感困扰，并在遭到她所谓的攻击后进行自愿性行为时遇到困难"有关。[60] 为了同样的目的，法院也经常允许提交原告先前遭受性暴力的证据——显示被告骚扰或袭击受害者时，她已经受过伤。即使她遭到骚扰，"有缺陷者"的逻辑认为，受害者的骚扰并不值得关注。人们用一个女人的历史来玷污她,仿佛她已放弃一切要求关照的权利。

当法律允许使用一个女人的性史来削弱损害赔偿的主张时,问题不是暴力是否发生,而是它是否重要。一些法院认为,与第三方(非施暴者)先前的自愿性行为使施暴者令人厌恶的行为显得不那么有冒犯性。[61] 基于这一理论,法院已经接受了大量证据——受害者与同事的婚外恋证据,受害者父亲对其进行性侵犯的证据,显示受害者的"诸多性关系导致其对羞愧、内疚和缺乏自尊等表达出关注"的证据,等等。[62]

第一批作为团体提起性骚扰诉讼的,是一群在明尼苏达州一处煤矿工作的女性。当案件进入到法庭时,矿工们的证词生动而有力。一名女性回忆起一个同事对她的跟踪和几起暴力事件,包括用刀割开她的裤子。她描述了由于持续骚扰而经历的焦虑、羞辱和压力。

在交叉审问中,辩护律师被允许大范围询问这名女子的过去。重点不是否认骚扰,而是暗示她并未因此受伤。这名女子被迫回忆起将近五十年里发生的事情。在她六岁时,一个叔叔对她实施了性暴力。后来在她结婚时,她的丈夫对她和她的儿子进行了身体虐待。当她背过身时,她的儿子爬上炉子烫伤了。在她试图离开她的丈夫并带着儿子去她母亲的家时,她的母亲将他们拒之门外。当她向警方举报她的丈夫时,他朝自己的头部开枪自杀。她再次结婚后,她的第二任丈夫甚至比第一任虐待得更狠。他性侵了她的一个女儿。提问持续不断，就为深入探究这名女子的悲惨生活，而所有这一切都是为了证明她在工作中遭受的骚扰无足轻重。当她作完证词时，她觉得自己"在证人席上被强奸了"。[63]

"对伤害的衡量直接体现了一种深植于文化的价值观。"[64]法律学者玛莎·查马拉斯（Martha Chamallas）和珍妮弗·维里金斯（Jennifer Wriggins）写道。多位代表性骚扰受害者的律师向我提到，由于伤害赔偿天然的主观性，其估值经常被偏见所扭曲。因为贫穷的女性和有色人种女性往往被贬低，所以她们的痛苦也相应贬值。那些因为经济原因无法寻求心理治疗的人看似并未受到伤害；那些尽其所能忍受虐待的人似乎没有受到影响；那些哪怕只是因为依赖于这份薪水而回归工作的人，看起来也都没有遭受损失。这些工作者得到的补偿多半最少。这些受害者最不受到重视。

法律在衡量性骚扰伤害方面对经济赔偿的限制性使用，进一步贬低了受害者。研究（和常识）告诉我们，工作场所的暴力可能导致生产力下降，限制了晋升和转职的机会。但这些成本可能处于隐性的状态，即便被揭露出来，也不容易量化。那些非经济性和非物质性的损失往往完全从法律的视野中消失。骚扰可能强化了受害者在工作场所的低下地位。它可以将她性化、孤立和疏远。它可以"污名化和非人化"她和其他与她同一身份的工作者。正如玛莎·查马拉斯所指出的，传统法律对伤害的理解不太容易捕捉这些性骚扰带来的"特殊伤害"，也不容易用美元来衡量。[65]

即使陪审团倾向于关照这些伤害，法律也为非经济损失的赔偿金额设定了上限。根据联邦法律，自1991年以来，员工可获得的性骚扰赔偿上限并未提高。（根据雇主的公司规模，范围限定在5万至30万美元之间。）[66] 许多州也为非经济损失（包括痛苦和折磨）设定了上限。[67] 在这套"价值等级体系"中，性骚扰受害者通常所受的伤害恰恰是最难获得补偿的。[68]

赔偿上限还起到了"筛选"的作用，限制了"原告律师愿意接手的案件的数量和种类"。[69] 这使得经济损失较小的员工处于不利地位——那些工资水平低的人，也最容易受到骚扰。当法律优先考虑市场损失时，边缘化受害者的痛苦便会被低估。

2011年，纽约一家法院降低了一位在连锁三明治店工作时遭受性骚扰的年轻女子获得的赔偿。当时，这位名叫卡罗兰·亨宁格（Carolan Henninge）的女子还是一名高中生。这家店的老板，也是她的上司，让亨宁格遭受了"碰触性"的互动、充满性暗示的语言，并"不断迫使"她去他的公寓。她最终这么做时，这个男人强奸了她。

亨宁格没有上报此事就返回了工作岗位，因为她感到害怕，而且她需要这份工作。当施暴者再次命令她去他的公寓而遭她拒绝时，他"对她破口大骂，给她发了一系列愤怒且具侮辱性的短信，并告诉她，他认为拒绝就意味着她得辞职"。

在上诉过程中，法院认为对于"精神痛苦和侮辱"的惩罚性而言，赔偿50万美元过高。法院写道，该行为"包括强行与一名高中生发生性关系等——这无疑应受到谴责"。但亨宁格遭受的痛苦显然不足以获得这笔赔偿,而赔偿的金额是由行政法法官决定的。法院承认,亨宁格感受到"侵犯"和恐惧;她"在作证时哭着说,在有关事件发生一年多之后,她仍然难以相信他人"。据亨宁格的母亲说,亨宁格在三明治店工作时,显得"苦恼和烦躁,远离朋友和家人,对以前喜欢的活动也失去了兴趣"。亨宁格"寻求过传染性疾病的医学检查以及心理咨询"。然而,法院并不认为这种损害达到了值得赔偿50万美元的程度。亨宁格"只做了两次心理咨询,显然不需要进一步医疗或心理治疗,而且在几个月内就能回另一个雇主那里工作",在将这名年轻女子的损害赔偿减至5万美元之前,法官如此说道。[70]

法律的关照落差:强奸

长期以来,强奸法一直拒绝为最脆弱的受害者们提供保护。法律的缺失是不对等关照的一种延伸和动力。在黑人女性还是奴隶时,她们遭受的强奸——无论是被白人主人还是黑人男子强奸——都是合法的。据此,密西西比州最高法院于1859年驳回对一名男性奴隶的指控时,明确表示强奸黑人少女不是犯罪。法院写道:"主人和奴隶不可受同一制度或法律的管辖;他们的地位、权利和义务截然不同。"其他州的法院也得出同样的结论,驳回了非白人受害者的起诉。

变革是缓慢而不彻底的。1860年,密西西比州立法机构将黑人男子强奸12岁以下黑人女孩的行为定性为刑事犯罪,但仍允许白人男子强奸黑人妇女和黑人女孩。南北战争后,强奸法终于种族中立了。但是，刑事司法系统仍然对黑人女性及其诉求抱有顽固的敌意。[71] 一位法官在 1974 年说道："对于黑人社区，你真的必须重新定义强奸一词。你永远不会了解他们。"[72] 法律没有触及对黑人幸存者的伤害。

通过定义何为非法，我们指明了最要紧的伤害。尽管经过一个多世纪的改革，但当强奸法将某些类型的伤害置于法律界限之外时，它仍然站在施暴者一边。法律忽视不符合狭隘定义的性侵犯行为，将受害者排除在外，以难以言喻的方式对他们造成了伤害。罗宾·韦斯特写道："强奸或性暴力是一种极大的伤害。但更令人受伤的是，你明确地知道，*你必须承受这些伤害*：一个人无*权*为这些伤害寻求补偿；面对这些伤害的发生，一个人没有任何*权利*。"[73] 得知自己的伤害不足以得到法律承认的受害者们面对的是一个毁灭性的事实：她们轻如鸿毛。

珍妮·蒂森（Jenny Teeson）是一名酒店销售人员，与丈夫结婚十多年后，她发现丈夫两年前在她不知情的情况下录制的一组视频。其中一段视频显示她正在穿衣服。在另一段视频中，蒂森和她的丈夫正在做爱。尽管这些视频让人心烦意乱，但蒂森还发现了其他东西。她发现视频后不久提交的一份刑事控诉书显示，她的丈夫在蒂森睡觉时用一个物体强行插入了她的身体，当时她身边还有他们四岁大的儿子。事发前几小时，这对夫妇的跨年派对刚结束，正迎来 2015 年。在看到她一动不动的身体被侵犯后，她怀疑自己此前是否被下了药。

蒂森向警方报了案。她完全有理由相信这是一起显而易见的案件。由于侵犯过程被拍摄下来，一般人对可信度的顾虑似乎也就不存在了。但是，蒂森的丈夫并没有因强奸罪被起诉。相反，他仅获两项轻罪指控——一项是五级刑事性行为罪（指在没有加重处罚因素的情况下，未经同意进行具有性意图的触摸），另一项是干涉隐私罪（基于未经同意的录像）。根据与检察官达成的协议条款，性犯罪被撤销；对于侵犯隐私的指控，被告认罪了，被判处45天监禁。

蒂森了解到，刑事法规束缚了检方的手脚。根据明尼苏达州的法律（其他州也有类似的法律），由于事发时她已与侵害者结婚，因此发生在她身上的事情不构成强奸罪。尽管罪行是有目共睹的，但蒂森的丈夫受到了法律的保护，该法律赋予了令他为所欲为的性许可。①74

在我们的历史上，法律允许丈夫对妇女实施性侵犯。根据普通法中"有夫之妇的法律地位"（coverture）原则，婚后的女性成为丈夫的财产，她在法律上不复存在。1765年，一位颇有影响力的作家解释说："丈夫和妻子在法律上是一个人，也就是说，在婚姻存续期间，女性的存在或合法存在被中止了。"75 历史学家埃丝特勒·弗里德曼解释说，从我们国家诞生之初，丈夫就有权控制妻子的财产、收入和人身。76 由于丈夫拥有妻子的政治、经济和

---

① 蒂森随后努力说服了立法者废除明尼苏达州的豁免规定，但这一改变来得太晚，仍无法改变她的案件结果。

法律身份，他也对妻子的身体拥有权利。他有权殴打妻子。他可以限制她的身体活动。他还可以与她发生性关系。这种制度一直持续到 19 世纪末。

通过缔结婚姻，一名妇女的丈夫在法律上不可能强奸她，而她就以这样的方式"放弃了自己"。除了"有夫之妇的法律地位"，法律还纳入了妻子永久同意的概念。从本质上讲，由于婚姻，女性负有与丈夫发生性关系的契约义务。在 19 世纪，评论家和法官经常将妻子的同意称为"不可撤销的"。根据定义，因为妻子同意与丈夫发生一切性行为，所以丈夫不可能强奸她。强奸法规定，"男性"不得对"除妻子以外的任何女性"实施强奸。丈夫的这种完全豁免权被称为婚内强奸豁免权。[77]

到了 20 世纪 60 年代，婚外性行为变得更为普遍。作为回应，规则被修改了——不是为了给予女性更多权利，而是为了扩大男性特权，使男性无论结婚与否，都有权如同丈夫一般行事。法律将婚内强奸的豁免权运用于同居者和所谓的自愿社会伴侣，从而扩大了对性暴力的豁免。各州立法机构的蓝图——1962 年《模范刑法典》——为强奸提供了部分辩护理由，即受害人"在犯罪场合下是行为人的自愿社会伴侣"，而且她"曾允许他有性自由"。[78]妻子不再是唯一被视为能够合法进行性侵的女性。即使是在婚姻之外，在约会和亲密关系中，男性如今也有了掩护。法律学者米歇尔·亚历山德森写道："性关系中对持续同意的不恰当推断影响了亲密伴侣的强奸行为，且无关双方的婚姻状况如何。"[79]

20 世纪 70 年代中期，反对者开始废除那些允许亲密者和熟人实施性侵犯的条款。虽说婚内强奸的免责规定有所松动,但它仍以不同的面目存在。尽管现在丈夫强奸妻子在所有州都是违法的,但大多数州如今仍在想方设法区别对待婚内强奸。例如,有10个州在受害者作为"未经同意的配偶"起诉不端性行为时设置了特殊障碍。三分之一的州规定,如果受害者缺乏同意性行为的能力——特别是在她失去知觉时——配偶可以免责。[80]

当豁免权适用时,女方的强奸指控必须被驳回——即使人们相信她。法律以无视伤害的方式,贬低了站出来讲述经历的受害者。就所有实际结果而言,她的价值主张被拒绝了。正如罗宾·韦斯特所解释的,"既然国家没有也不会做出回应,文化方面做得更少,那它一定是真的无关紧要。它'什么都不是'。既然它无足轻重,那么感到受到*伤害*的我,必定也是无足轻重的"。[81]

———

在我们历史上的大部分时期里,如果没有身体暴力,未经同意的性行为就不算作犯罪。在经过几十年的改革和可观的进步之后,美国大部分地区的法律依然如此。在将近一半的州,未经同意的插入行为并不违法,除非它是通过身体暴力或迫在眉睫的威胁来完成的。[82] 什么程度的暴力才符合性侵的法律定义?标准通常很高。凯瑟琳·麦金农写道:"通常需要过度的、不切实际的暴力,通常使用的武器不包括阴茎,这一标准似乎更多考虑的是两个男人之间的殊死搏斗,而不是被迫进行的性互动。"[83]

我们知道,涉及武器和严重身体伤害的案件是罕见的例外。[84]

临床心理学家戴维·利萨克（David Lisak）发现，强奸犯通常使用"手段"而非"无端的"暴力，也就是说，他们"只使用必要的暴力来恐吓和胁迫受害者就范"。[85] 在典型的非陌生人强奸案中，强迫发生性关系并不需要太多的暴力。语言胁迫并"按住"对方可能就足够了。但这些手段在法律上很少达到足够暴力的标准。[86]

暴力作为必要条件的结果是将大多数性侵行为置于法律的关注范围之外。请看1992年的一起案例，该案例在全国各地的刑法课程上讲授。在法庭意见书中的匿名受害人作证说，她与强奸她的人罗伯特·伯科威茨（Robert Berkowitz）是通过共同的朋友认识的。两人都是大学二年级学生，当时她去伯科威茨的寝室找他的室友。伯科威茨多次示好，都被受害人拒绝。在她拒绝了他的上床请求之后，她坐在地板上，他走了过来。

正如受害人向法庭描述的那样，伯科威茨用身体将她"往后推"，"跨坐在"她身上，并开始亲吻她。受害人说要去见她的男朋友，但伯科威茨没有理会她的抗议，而是抚摸她衬衫和胸罩下的乳房。受害人说"不"。伯科威茨"解开裤子"，并"将身体上移"，试图将阴茎放进受害人的嘴里，而受害人则继续说"不"。她动弹不得，因为他的身体压在她身上。过了一会儿，伯科威茨起身锁上了门。受害人仍然在说"不"和"让我走"。伯科威茨将她放在床上，再次跨坐在她身上，同时脱掉了她的裤子和内裤。在她反复说"不"的时候，他把阴茎插了进去。大约三十秒后，他拔出了阴茎，并在她的肚子上射了精。受害者立即向警方报案。

在审判中，伯科威茨承认他与受害人发生了性关系，并坚称她是自愿的。考虑到"他说，她说"案件通常的结局，陪审团驳回了他的说法，相信受害者的陈述，并判定伯科威茨犯有强奸罪，这一点非常了不起。但这一判决并未成立。对伯科威茨的上诉做出裁决的法院认为，并不存在强奸法所要求的"暴力强制"。法院写道："除了上诉人在性交前和性交过程中压在受害人身上这一事实之外，没有任何证据表明，受害人有意愿却无法从上诉人的床上离开，并走出房间，且不会对自己造成任何伤害或危险。"法院坚持认为，受害人的"口头反抗"——她不断使用"不"字表示不愿意发生性关系——并未达到暴力强制的标准。即使全部采信受害人的证词，伯科威茨的强奸罪名也不成立。[87]

时至今日，人们仍然很少起诉没有使用过度暴力的性侵行为。在极少数情况下，如果检察官提起诉讼并说服陪审团排除合理怀疑，这些指控仍有可能被法院驳回。在一起类似案件中，一名男子"将阴茎"放入受害人的口中，同时"用手按住她的后脑勺"，而"她试图阻止这一行为，却没有成功"。上诉法院以缺乏暴力为由推翻了原判。[88]在另一起案件中，一名男子进入一名熟人的家中，当时她正在睡觉，旁边还有她的两个孩子。该女子醒来时发现男子的手指进入了她的身体。对他的定罪被推翻，理由也是缺乏暴力。[89]受害人处于醉酒、恐惧、信任或惊吓的状态时，通常会出现同样的结果。[90]

林恩·赫克特·沙弗朗（Lynn Hecht Schafran）是法律动力

（Legal Momentum）[①]国家司法教育项目的律师和法律主管,她写道:"由于法律一直将'伤害'理解为断臂或刀伤",强奸受害者遭受的心理伤害就会被"忽视或贬低"。[91]总而言之,在美国近一半地区,暴力要求反映了关于哪种伤害更重要的特定判断。在这些州,未经同意的性行为所造成的伤害被抛在一边。

"一切都倾向于他"

我们抬高施暴者重要性的倾向加剧了关照落差。当我们对被告的关注以及他一旦被追究所受到的伤害超出我们对受害者的关心时,我们就不会采取行动。

毫不意外,有权势的男人从这种过度的文化关怀中受益最多。正如丽贝卡·特雷斯特所言:"先滥用权力,再通过把自己塑造成受害者来保护自己的权力,无疑,这样的意图由来已久,但它已成为'后奥巴马时代'的一个特殊标志。颠倒脆弱性,使其——非逻辑性地、非历史性地,但往往令人信服地——应用于非脆弱群体,这种现象无处不在且效果显著。"[92]

不端性行为是颠倒受害者和施暴者的完美案例。在最极端的情况下,被指控的男子有时会诉诸私刑的类比来描述他们的遭遇。记得弗吉尼亚州副州长贾斯廷·费尔法克斯在瓦妮莎·泰森和第二名女性公开对他提出性侵指控时,他正是这样回应的。特雷斯

[①] 一个倡导女性权益的非营利组织,其愿景是促进教育、工作场所和法院的公平,以确保女性在经济和人身方面的安全。——译注

特写道：策略性地利用种族主义暴力的历史"做挡箭牌"，歪曲了"极为真实的历史，即性侵白人女性的指控（大多是幻想或编造的）曾被用来合理化对黑人男性的折磨和杀戮"。这种安排对于掌权的白人男性最为有利，同样，当有权势的男性重构暴力指控并将其喻为私刑时，他们也将继续从中获益。[93]

另一种常见策略是使用猎巫修辞。历史学家米歇尔·布罗克（Michelle Brock）解释说，在整个16、17世纪，猎巫"针对的是边缘化和相对无权的人"。那些因虚构的罪行而被处死的大多是女性——事实上，猎巫"即使并非完全由性别决定，也与性别密切相关"。如今，当有权势的男性被指控行为不端时，他们就会被描绘成猎巫行动的受害者，这一历史现实被颠覆了。布罗克认为，"如果说有什么不同的话"，这些人"就像那些当权者，推动迫害"弱势女性。[94]权力曾使猎杀女巫成为可能，而今又使性侵成为可能，与此同时，他们也在逃避责任。

处于特权地位的男性在文化上具有超乎寻常的重要性，其不端行为的潜在影响也是如此。运动员、政治家、名人、大亨、地位崇高的专业人士，这些人都受到特殊保护。对于那些已经身居高位，以及那些公认有权享有"光明未来"的人来说，名声、财富和显赫地位都让他们得以逍遥法外。人们认为，破坏这些人的生活代价太高。

1920年，心理学家爱德华·桑代克（Edward Thorndike）发现了后来被称为"光环效应"的东西——一种认知偏差，它会放大我们对他人的积极印象。在桑代克的研究中，参与者——男性军官——被迅速地与令人钦佩的特质关联在一起，而实际上这些特质与其并无关联。类似的还有，智力与正直相关，积极性与正义感相关，等等。例如，参与者并不是独立地评价一名成功者是否等同于一个忠诚的人，而是表现出一种倾向，即"在总体上把这个人看成好人或坏人，并根据这种总体感觉来评判这些品质"。一种积极的品质会使一个人在其他方面也被赋予积极品质。桑代克总结说："光环的恒定误差之大令人吃惊。"[95]

受不端性行为指控的知名人士经常从光环效应中受益。约翰·克卢恩曾担任博尔德市性犯罪方面的检察官，后转为民权律师，他曾为多名女性代理其对权贵男性暴力行为的指控，被告包括知名运动员。"不管发生了什么，"克卢恩告诉我，"如果他们在周日传出五次达阵①，或者在篮球比赛中得了50分"，那么许多人似乎就不太关心指控者所承受的痛苦。一种常见的反应，是把被告视为"一个伟大的人，因为他会运动"。而"伟大"的人很少会因为实施性暴力而承担后果。

当克莉丝汀·布莱西·福特在布雷特·卡瓦诺的审议听证会上就其涉嫌性侵作证时，一种普遍的反应是漠不关心。在参议院内外，即便承认福特的陈述是准确的，许多人也认为这不应该改变卡瓦诺去往最高法院的道路。参加过听证会的法律评论员戴利娅·里斯威克写道：福特既被告知她是可信的，"也被告知这并不

---

① 橄榄球比赛中的一种得分方式，即"触地得分"。——译注

重要"。她可能是"世界上最可靠的"证人[96]，但她的指控仍无法阻止长久以来显而易见的特权走向巅峰。

2016年，斯坦福大学大一游泳运动员布罗克·特纳因凌晨时分在垃圾箱后性侵一名昏迷女子被判刑——我们后来才知道，她叫香奈儿·米勒。这类案件通常不会实施逮捕，更不用说成功起诉了。但两名骑自行车的瑞典研究生目睹了这起侵害事件，介入并询问特纳："你他妈在干什么？她都没知觉了。"特纳企图逃跑，后被这两名瑞典见义勇为者抓获。[97]

他们的证词，加上法医鉴定的插入证据，以及受害人血液中极高酒精含量的证明，帮助陪审团认定特纳有罪。[98]他站在法官面前接受宣判并将面临14年监禁。[99]特纳的几位家人和朋友在递交的文书中强调其前途无量的生活。他的姐姐写道："他一小时内在酒精驱使下做出的决定将影响他的余生。告别美国大学生体育联盟（National Collegiate Athletic Association，NCAA）锦标赛。告别奥运会。告别骨科医生生涯。告别他所熟悉的生活。"[100]他的父亲写道："他的生活将永远不会是他梦寐以求并为之努力奋斗的生活。他二十多年的生命为了二十分钟的行为付出了如此沉重的代价。"[101]

在米勒递交给法官的文书中，她详细描述了这次侵犯对她生活的持久影响。米勒写道："我是一个受到了不可逆转的伤害的人，我的生活停滞一年多，等待弄清楚我是不是还有价值。我所享有的独立、天生的快乐、温和而稳定的生活方式被扭曲得面目全非。我变得封闭、易怒、自贬、疲惫、烦躁、空虚。孤独有时让人难以忍受。你无法还我那晚之前的生活……"[102]

2019 年，米勒公开讲述了更加完整的故事。在《知晓我姓名》（*Know My Name*）一书中，她描述了特纳的判刑过程，其间，他收获了重大突破——缓刑并处六个月监禁，其中，他只需服刑一半时间。似乎任何更严厉的判决都会对特纳的美好未来造成不可接受的损害——这一未来建立在种族、教育和运动才能所赋予的特权之上。法官采纳了特纳的视角，米勒说："我在这边孤军奋战，而布罗克受宠有加……我终于感受到了地面的倾斜，"她补充道，"一切都倾向于他。"

米勒想象着与世界各地的性侵受害者分享她的遭遇——"一个系统并不为你而存在"。特纳的判决揭示了她们是多么无足轻重。米勒说："我失去的工作、被损害的家乡、小小的储蓄账户、被偷走的快乐，这一切就相当于在县监狱里待上 90 天。"她将自己的痛苦袒露出来，但这并不重要。她写道："法官给了布罗克一些我永远得不到的东西：共情。我的痛苦永远不如他的潜力有价值。"[103]（两年后的一次选举，这位法官被赶下了台，领导这场反对运动的法学教授说："我们投票，因为性暴力，包括校园性暴力，必须受到我们的民选官员和司法系统的重视。"）[104]

当伤害原告的男人们受到保护时，她们就会经历同样的贬低。杰弗里·爱泼斯坦是一位富有且人脉广泛的金融家，他的罪行于 2005 年首次引起执法部门的注意。棕榈滩是爱泼斯坦实施侵害的几处地点之一，负责监督调查的警察局长说："这不是'他说，她说'的情况。这是50多个'她们'和一个'他'——'她们'基本上说了同一回事。"警方调查人员认定，多年来，爱泼斯坦组建并利用了一个"庞大的、类似于邪教的未成年少女网络"——其中一些少女年仅13岁，许多来自贫困家庭——胁迫她们反复进行性行为。[105]调查移交给佛罗里达州联邦当局后，联邦调查局对爱泼斯坦的豪宅进行了搜查，发现了"成百上千"女孩的性爱图片。[106]

然而，联邦检察官并没有继续起诉，而是给了爱泼斯坦一个令人瞠目结舌的协议，两位经验丰富的前检察官形容这个协议"惊人地宽大"。2008年，联邦调查结束。作为交换，爱泼斯坦同意在州法院认罪，并在县监狱服刑18个月。这种安排远离了常规，后者通常会涉及相当长的联邦监狱刑期。前联邦检察官指出，这一交易"引起了种种警觉"。政府提出的方案并非由于检察官工作过度或疏忽所致。相反，它反映了"不起诉协议"中一个经过深思熟虑的决定，即以脆弱的青少年受害者为代价，庇护爱泼斯坦及其帮凶。检察官们"不想让爱泼斯坦的丑闻曝光，不想让其他罪犯暴露，并且/或者不想让受害者提出反对"。[107]作家莫伊拉·多尼根（Moira Donegan）观察到，爱泼斯坦被允许对一项州级指控——引诱卖淫罪进行认罪——"这种法律逻辑似乎将受胁迫、受虐待的孩童等同于成年的性工作者"。在监禁期间，爱泼斯坦每周有六天可以离开监狱去办公室，继续经营他的对冲基金。2009年，爱泼斯坦获释，他的刑期提前五个月结束。[108]

爱泼斯坦对少女的剥削得到了旨在维护其利益的文化——和

法律制度——的保护。对施暴者的过度关照体现在许多情境中：雇员们帮助爱泼斯坦利用边缘女孩和妇女们的绝望；那些有影响力的朋友知道或应该知道他正在实施侵害；媒体视而不见，不去揭露他的罪行[109]；佛罗里达检察官提供向其受害者保密的私下交易；狱警允许他每天离开监狱，据称在此期间他至少虐待了一名年轻女性[110]；纽约检察官建议将其从性犯罪者分类指南中降级[111]；权力掮客通过联盟使其行为合法化[112]。正如多尼根所解释的那样，这种处理方式暴露了"在文化上对于将性暴力视为真正伤害的普遍反感"[113]。这也表明，少女的重要性远不及有权势的男性。

当黑人女孩和妇女的价值与施暴者的价值相叠加时，她们处于更为不利的地位。女性主义者和种族批判研究学者莫亚·贝莉（Moya Bailey）写道："没有人会特别在意她们是否受到虐待。"她创造了"厌黑女症"（misogynoir）一词，用来描述持续针对所有年龄段黑人女性的种族主义厌女症。[114]与此同时，黑人女孩往往被当作发育完全的成年人，而不是需要照顾的孩子——研究人员称之为"成人化"。由于人们认为，相较于白人女孩，她们更不需要"保护和养育"，所以黑人女孩受到的性侵犯往往最不受重视。[115]

想想我们现在所知道的关于歌手罗伯特·凯利的事。1994年，凯利与他的门徒阿莉娅（Aaliyah）非法结婚，当时阿莉娅只有15岁，还不能合法结婚。联邦检察官后来指控凯利贿赂了一名政府雇员，获得了一张假身份证，上面显示阿莉娅已经18岁。[116]虽然他们的结合后来被宣布无效，但有关凯利对少女下手的报道却不断出现。到20世纪90年代末，多名女性起诉凯利，称他在她们未成年时虐待她们。2002年，借由一盘匿名寄给芝加哥一家报社的录像带，正值事业巅峰期的凯利被控多项儿童色情罪。[117]对凯利的审判持续数年，据称其中一段录像显示凯利与一名14岁女孩发生性关系，并对其小便，该女孩称凯利为"爸爸"。[118]尽管检察官尽了最大努力，凯利还是被判无罪——如作家艾达·哈里斯（Ida Harris）所说，这一无罪判决"把黑人女孩可有可无的信息具象化了"。

自那时起，多位女性公开指控凯利性侵并有其他违法行为，但他均予以否认。①哈里斯写道："近三十年来，罗伯特·凯利被指控虐待年轻黑人女性的行为基本上被忽视了——法律系统判他胜诉；媒体要么耸人听闻，要么轻描淡写；凯利的协助者辅助并怂恿犯罪及不道德行为；黑人社区保护这个恶棍，贬低黑人女孩。"2019年，广受好评的纪录片《逃脱凯利的魔爪》描述了凯利的虐待故事以及解决这一问题的集体性失败。该剧的执行制片人之一德雷姆·汉普顿强调说："凯利的受害者之所以被忽视，与她们是黑人女孩这一事实息息相关。"[119]

音乐评论家吉姆·德罗加蒂斯（Jim DeRogatis）早在2000年就在《芝加哥太阳时报》（*Chicago Sun-Times*）上揭露了凯利涉嫌性侵的故事。在接下来的二十年里，他一直致力于调查凯利，希望能追究其责任——但都无果而终。德罗加蒂斯说："我所了解到

---

① 凯利在多个司法管辖区内面临刑事指控。

的最可悲的事实是，在我们的社会中，没有人比年轻黑人女性更无足轻重。没有人。在《失魂》(Soulless)一书中，德罗加蒂斯确认了48位凯利暴力行为的受害者——她们的生活"受到严重损害，有时甚至被摧毁了"。

"同样令人不安的是，"德罗加蒂斯写道，"我认为知道或目睹这种伤害的人多达数千。"德罗加蒂斯提到他们中有唱片工作室及唱片公司、广播电台、杂志社、报社、酒店、餐馆、高档健身房和夜总会的员工。此外，凯利的律师、会计师、司机、保安和音乐同行也榜上有名。德罗加蒂斯解释说："这要归咎于人们缺乏同情心和道德感，这几乎和凯利的行为一样令人作呕。很多人都知道，却很少有人去阻止他。"[120]

凯利的受害者就在身边，很多人却对她们的遭遇不闻不问。对她们安危的集体冷漠是一种极端情况。但是，无数的幸存者都面临着类似的集体败坏——这种败坏所造成的伤害不亚于暴力本身。

第六章 "更糟糕了"
为何可信度复合体会伤害受害者

珍妮·威廉斯（Janey Williams）在好莱坞的山麓地区长大，那里有一个多元文化社区，居住着移民和困顿的艺术家。她告诉我，当地的高中并非"充斥着啦啦队队员、运动员、谁酷、谁是书呆子"。相反，那里的环境友好而紧密，益于创新与协作。威廉斯和她的朋友们都非常有理想。当这个亲密团体从高中毕业时，她感觉"整个世界都在我们的掌握之中"。

然而，大学令她失望。她觉得学生群体比她曾习惯的更加趋于同质和保守。她是一个"古怪"的人，第一次感觉与周围格格不入。为了逃避并见识一下世界，她选择了在海外度过她的大学时期。在整个大学期间，她与高中的团体保持着密切联系，她渴望在大学毕业后与他们重聚。2002年，她回到了洛杉矶。

正如预期的那样，毕业后，威廉斯经常与她的老朋友们相聚，其中包括一个我暂且称之为马克（Mark）的年轻人。两人曾是朋友，试过短暂约会，直到威廉斯结束了这段关系。她说，她难以回应马克的情感，但他从未接受过这一点，他的行为有时看起来有点上头。但她从不认为他会伤害她。

她记忆最深刻的那个夜晚，有如同其他许多夜晚一样的开始。大家在马克家碰头，然后开一辆车去当地酒吧，在那里，马克给威廉斯点了一杯酒。她喝完后很快感到莫名不适。她跑到浴室呕吐，但随后就觉得"头昏眼花"，好像"几乎站不起来"。

马克带威廉斯回到他家，她的车停在那儿。他们到了他家后，他让她休息，把她扶到他床上。她感到"眩晕且糊涂"。她说，他从某一刻开始触摸她并用手指侵入她的身体。她反复说"不"和"停下"，但他持续不停。他一次次低声说道："我们再也不是朋友了。"威廉斯回忆说，这"持续了一段时间"。她最终设法"推开他"并离开公寓。

开车回家时，她"突然觉得非常清醒"。她说，她还没为处理那次侵犯做好准备。"我深知这会给我带来巨大后果。它会以我不希望，也没有任何准备的方式改变我的生活。"她知道，她的朋友们与马克有着"深厚的友谊"。如果她告诉他们他做了什么，她担心他们会无视。这会让她无法忍受。"如何承受所有的朋友都知道他对我做了那样的事情而不在乎？我不仅会失去他，还会失去那些像家人一样的朋友。"于是，她决定保持沉默。

从表面来看，事件发生后的生活似乎一如既往。但威廉斯发现她现在很难与她的朋友们相处，当然，其中也包括马克。侵犯发生后不久,她搬走了,试图不去回想那个夜晚。

经过几年,在多次心理治疗后,她决定不能再"那样生活"——就像什么都没发生一样。她意识到她永远无法确切地知道马克是否给她下药——后来她询问时,他否认了这一点,尽管她说他为在公寓里"失去控制"的行为道了歉。但威廉斯开始明白,所发生的事情是一种严重侵犯。她决定站出来并"面对后果"。

一直以来,威廉斯害怕就算揭露了也没有用——什么都不会改变。她是对的。当她告诉友人那个夜晚的事情时,他们表现得像一切都没发生过。没人说她是骗子,但他们也并没有真正相信她。后来,一位朋友告诉威廉斯:"我以为你在说*你认为的*真相。"那不是威廉斯在"恶意撒谎",就像那个朋友说的那样,更有可能是她对侵犯有误解。这是马克对事件的说法——威廉斯不知何故误解了发生的事情。

当然,威廉斯的描述实际上没留下真正的解释空间。正如她后来对朋友的追问:"一个女孩完全不能动弹,而你在她说'不,停下'的时候骚扰她……你怎么会觉得他能认为存在误解?"然而,当威廉斯直截了当地问她的朋友"你相信我说的是真的吗?"时,那位朋友相当含糊地回答:"我相信你当然有权相信你所相信的。"

威廉斯说,与她的故事相比,马克对这次事件的描述更能说服他们的朋友,因为他们希望这样。不站边、不去直面他们中的某个人——一个他们不认为是性侵者的人——怎么会做出如此可怕之事,这样会更轻松。对马克的质疑会带来"麻烦"。这需要"以某种方式改变他们的生活",甚至可能意味着结束与他的友情。

威廉斯公开此事后,她给她的朋友们带来了负担——采取行动的负担。因为他们不愿承受这一负担,所以他们"掩盖"了它。他们没有"选边站",而是分析威廉斯分享其故事的方式。一位朋友批评她在脸书(Facebook)上提出指控,因为这个论坛对于应该保密的事情来说"过于公开"。另一位朋友把挺身而出的决定描述为"自私自利"。威廉斯解释说,尽管她朋友的反应"不像传统上那么明显地去指责受害者",但对她的评判基本相同。正如威廉斯所担心的,他们会"为他辩护并一如既往"。

威廉斯说,这种反应是极具破坏力的,而且在她从侵犯中缓过来之后,其影响还将持续很长时间。她感到"被深深地背叛"。成年后,她发觉很难信任别人,甚至不相信自己是一个有价值的人。她的话不够分量——没有人在乎她遭到了侵犯。她回忆说,这"是一种我无法言说的伤痛"。

时间流逝,威廉斯制作了一个有关她经历的播客,这帮助她更好地理解了这种伤害。她意识到,朋友对她的伤害比施暴者对她的伤害更大——因为他们"认可"了施暴者的行为。威廉斯说,一个人对你做了"坏事",你要从中恢复不易;但"相比你周围的人都站在做坏事的人一边,后者更令人难以振作"。这让你"感觉自己被恶意包围,并深陷其中"。

威廉斯强调,她的朋友们"不是坏人——他们是有良知的人,是爱我的人"。这让他们的否定变得更加糟糕。她解释说:"我们希望其他人能向我们反馈这个世界上什么是有意义的,什么是对的，什么是错的。因此，如果你的内心告诉你，*这真的错了，这真的很糟糕*，但你周围每个人的反应是*你真的很糟糕，你真的错了*，这会对你的治愈力产生非常大的影响。我的意思是，基本上你没法得到治愈。"

她想到要报警，但很快就决定放弃了。"如果你觉得连自己的朋友都不想追究那个男人的责任，又怎么能认为其他人会去追究呢？他们是最关心你的人。如果他们都无法做到，别人又怎么做得到呢？"人人都站在马克一边，也不可能有正式的补偿措施，威廉斯觉得自己完全是在孤军奋战。正如她解释的那样，"发生的事无法得到世界的接纳时，你就只能把它留在自己心里"。她希望马克能"以某种微小的方式"对他的所作所为负责。但"所有人再次把它掩盖了起来"，她回忆道。

她告诉我，"从性侵中痊愈并向前迈进是一个过程"，在那一晚过去十六年后，她年幼的孩子此刻就睡在一旁。"但我朋友的反应是新创伤的开始，我仍在努力克服"。最后，她终于找到了原因——"发生在你身上的事情不重要时，你也就不重要了"。[1]

很多幸存者将性侵的后续称为"二次强奸"或"二次伤害"。[2] 像威廉斯这样站出来却被驳回的控诉者，通常会描述说这种后果和性侵本身一样糟糕——甚至更糟。我从不被信任的女性、被指责的女性，以及被漠视的女性那里听她们这样说。无论她们的报告为何被搁置，可信度受损都会造成巨大伤害。无论驳回是来自好友至亲、可信赖的机构还是政府代表，事实都是如此。然而，根据不同的驳回来源,"二次强奸"会有不同的含义。我们将依次探讨每一种伤害。

当我们辜负幸存者时

每当一位指控者信任我们,向我们提出她的指控时,她就把自身置于一个脆弱的位置。正如我先前所说,判断可信度是一种强大的权力。对于幸存者而言,我们的可信度判断可以验证并赋予她们权力。否则,它们也可以对她们造成持久的伤害。

研究一致表明,受害者收到对其揭露的负面反馈时——包括没有反应,这被视为冷漠——她们更有可能因此经受一系列精神、身体和情感的症状。[3] "背叛,特别是由一个亲近并值得信赖的人所为时,则会带来深远且有害的影响,"心理学家珍妮弗·弗赖德(Jennifer Freyd)写道,她关于"背叛创伤理论"的工作有助于解释:为什么不端性行为的受害者在告知她们的亲友时,常常会受到二次伤害。[4]

揭露的意义在于引发这样一种回应:接受该叙述为真,将它视为应受谴责的行为,*并*认为这是值得关心的。当我们相信一种叙述时,我们接受了指控中所嵌入的这三重主张。相反,当我们驳斥指控虚假、认为责任在于指控者或它不重要时,我们则是在一个受害者极为脆弱的时刻贬低了她。[5]

在与指控者的对话中,大多数人提到,她们不仅受到了伤害,而且还对其内部圈子中某个人的反应感到惊讶。这些女性期望她们所信任的人能给予更多支持。这与研究发现相符:"受害者社交支持的强弱度"(包括朋友、家人和恋人)并不能很好地预测指控者是否会收到对她们揭露的负面反馈。[6]我所交谈的女性经常强调,她们的亲人都是好人;造成伤害肯定是无意的。

许多指控者描述了一种温和的驳斥:用善意的措辞掩饰不信任,用错误而非谎言来界定指控。指责是微妙的,以所谓有益的问题形式出现,去问如何才能预防侵害。漠视则转化为建议,人们也许会说"忘记发生的事"或"向前看",所有这些都是为了继续前行而不破坏现状。无论采用了哪种可信度受损机制,无论多么温和而无辜,幸存者都把这种不愿打破现状的态度解读为对她们价值的衡量。而且正因为损害方是一位值得信赖的家庭成员或朋友,这一衡量就有了更重的分量。

我们最亲近的人应该最有可能相信我们对现实的描述,并在我们受到伤害时给予关心。如果亲友对指控不屑一顾,就会降低受害者正式报案的可能性。我从许多女性那里听说过这种情况,她们在信任的人对自己的揭露反应冷淡后,选择不去报警,也不向校方或人力资源部门报告。研究人员也发现了这一点:幸存者预见到其密友对她们的轻蔑反应会在陌生人那里被放大。[7]你应该记得,这就是预期中的可信度受损,它有助于解释为什么官方投诉相对较少。受害者还强调,如果没有朋友和家人的坚定支持,正式的问责之路就太难走了。

总而言之,个体背叛(personal betrayal)可能会以至亲未曾打算,甚至没能意识到的方式决定指控者的前行之路。

玛丽萨·罗斯（Marissa Ross）是一名酒类编辑和作者。她与丈夫及猫狗住在洛杉矶。2019年底，罗斯在全国范围内曝光了对著名品酒师安东尼·凯伦（Anthony Cailan）的性骚扰指控。[8]她并不是他不当行为的受害者。但罗斯听到了酒业女性中与凯伦有关的"Me Too"方面的流言蜚语。她在她人气颇高的"照片墙"（Instagram）账号上顺带提及了这些指控，其账号很快成为数十名据称是受害者的故事汇，随后她为这些受害者联系上《纽约时报》的一名记者。

罗斯向我解释说，她之所以决定利用自己的平台帮助指控者们将她们的故事广而告之，是因为她自己曾受到过性侵经历的影响，更重要的是，她也受到了事件余波的影响。在她16岁时，一群十几岁的男孩强迫她为他们口交。她把这件事告诉了朋友，朋友们认为是她喝多了。几年后，她的男友暴力强奸了她。在他们分手很久之后，她向他质问此事，他告诉她："我喝醉了，不记得了，而且你是我的女朋友。"在她20多岁时，她在一次聚会上遭到一名同事的侵犯，该同事将她锁在一个房间里，并试图扯掉她的裤子。她告诉了老板和同事，他们"一笑了之"，并说她应该离那个男人远点。

最近，在一个与一群朋友喝酒的夜晚，她在浴室里被一个朋友抓住、亲吻，并被推到墙上，直到其他人来救她。第二天早上，对她做出这些事的男人警告说，如果她把事情说出去，他们的朋友圈将会"破裂"。罗斯沉默了大约六个月，然后才告诉她朋友和男朋友（现在是她的丈夫）。她说："这确实分裂了我们的朋友圈。

动手的那个人给我丈夫写了一封信，为我的行为道歉，说大家都知道我是个'惹眼的妓女'，是我主动找他的，尽管当时还有目击者。他竟然为我的行为向我丈夫道歉，好像都是我的错一样，这实在是太羞辱人了。"

在她的职业生涯中，不受约束的性侵犯几乎一直存在。罗斯认为，性骚扰几乎是工作场所中不可避免的现象。"当然有人抓过我的屁股，也有人对我讲过各种荒谬的话。"她提到，就在几个月前的一个天然葡萄酒节上，一位顶级酿酒师抓了她的胸部，告诉她，她"让他整个周末都心猿意马"。她不打算告诉任何人发生了什么，但六个月后，她决定给骚扰她的酿酒师的合作进口商发邮件。她与社区里的其他女性谈起这位酿酒师，并意识到这是一种"行为模式"。罗斯总结说："他不应该被允许在葡萄酒活动中担任酿酒师，他可能会在那里骚扰女性并进行不适当的接触。"

罗斯一直犹豫着要不要正式举报酿酒师，因为她从自己过去的经历中亲身体会到，揭露性侵是一件多么"可怕"的事情。她说："每次我告诉别人，别人都会指责我，或者不相信我。"她问道："如果你被周围的人诋毁，你究竟为什么还要告诉陌生人，再经历一次呢？"

与珍妮·威廉斯以及其他无数女性一样，罗斯认为至亲的负面回应是一个确定无疑的信号，表明正式地站出来揭发是徒劳的。一旦她的可信度被那些最关心她的人损害——这是一项独立的背离行为——那么就没有理由指望其他人会做得更好。

2016年总统竞选期间,声名狼藉的《走进好莱坞》(Access Hollywood)录音带曝光,这改变了罗斯的处境:她决定公开自己过去的受虐经历。"当我听到(特朗普)说'抓她们的阴部'时,我听到的不仅仅是唐纳德·特朗普的声音,还有所有伤害过我的男人的声音。那是高中时的那些男孩,那是我的前男友,那是所有那些男人。对我来说,我想象许多其他幸存者听见的也不仅仅是特朗普,而是所有侵犯过她们的人。"

罗斯知道,揭露不当行为需要付出沉重的代价。她考虑过自己向进口商举报酿酒师的决定会对自己的职业生涯造成怎样的伤害。她斟酌着人们是否会不再邀请她在他们的活动中发表演讲,她是否会因为揭发一个人而受到指责,因为此人的成功为葡萄酒行业的许多权贵带来了丰厚的利润。即使罗斯本人在这个行业中拥有一定的影响力,这些担忧也是真实存在的。她坚持认为,那些在财务和个人资本方面处于劣势的女性处境更差。

她发现人们认为指控者站出来就能获得利益,这让她很气愤。"这简直了,你在跟我开玩笑吗?我们是被拖下水的,完全是被拖下水的。"

当受信任的机构背叛受害者

正式机构对可信度复合体的运作至关重要。当指控者选择正式上报他们所受的暴力时,这些机构经常让她们失望。心理学家珍妮弗·弗赖德称其为*机构背叛*(institutional betrayal)。当我问她为什么要研究机构造成的伤害时,她直指当时出现的军事服务成员指控遭驳回的情况。许多幸存者就像珍妮·威廉斯一样，说挺身而出的经历比遭到侵犯更伤人。"当人们说，机构给她们的待遇甚至比强奸还要糟糕时，我认为我们需要停下来加以关注，因为这是一种相当强烈的表述。"弗赖德说。

在超过二十年的研究过程中，弗赖德和其他心理学家已经证明，就像经受了个体背叛的受害者一样，与机构反馈良好的受害者相比，如果机构对她们的揭露反馈不佳，她们往往要忍受更严重的心理和身体症状。[9]一项接一项的研究证实：机构的缺陷可能造成比最初的侵犯更深远的影响。[10]

心理学家解释说，我们的身份塑造往往与我们所属的机构有关——我们的学校、我们的工作场所、我们的宗教场所。当我们与我们的机构建立联系时，就会变得更加依赖它们。当我们的机构辜负我们时，感觉就如同亲人的背叛。对于性侵受害者来说，这种背叛就发生在她们迫切需要社区支持的时候。

创伤动摇了受害者的稳定处境，把她们置于极度脆弱的境地。心理学家朱迪丝·刘易斯·赫尔曼写道："受到创伤的人感到被彻底遗弃，完全孤独，被抛掷于给予关怀和保护以维系生命的人神系统之外。"因为"与关爱者联结的安全感"对人的发展至关重要，当这种联系被"打破"时，创伤受害者就会"丧失基本的自我认知"。赫尔曼说，在性侵发生后的第一时间，"首要任务就是重建某种最低限度的信任"。为帮助幸存者而设立的机构却往往背道而驰：它们摧毁信任，加剧削弱受害者本已受损的自我认知。与外界脱节、内疚、自卑——这些都是创伤受害者"几乎普遍存在"的情绪。[11] 如果团体代表驳回幸存者的指控,她会再次体验到这些情绪,而且往往更加强烈。

哲学家劳伦·莱登-哈迪研究了我们与他人、与机构之间的关系如何帮助我们认识世界。正如她对我说的,"我们从根本上说是社会性动物……我们所有的生活都深深地受到机构的影响,我们在机构中运作,在机构之间流动,依赖机构来构建我们的生活。"莱登-哈迪观察到,当机构背叛我们时,我们"会接收到一个巨大的信号"。这个信号告诉我们,我们的现实——对于受害者来说,就是暴力的现实——与机构的现实是错位的。莱登-哈迪解释说,这种"颠倒的感觉"是错乱的,甚至是"恐怖的"。

她补充道,机构背叛也意味着幸存者失去归属。当机构站在控告者的对立面时,这似乎也是对她自身价值的评判——那些做出回应的团体代表对她如此不屑,实质上已将她视为可有可无的对象。相比之下,施暴者却受到重视和保护。受害者被最初的侵犯行为诋毁,而她相信能够纠偏的人又进一步贬低了她的价值。

这种贬低在大学校园里尤为明显,因为那里普遍存在的可信度受损加剧了对指控者的伤害。[12]

卡罗琳·黑尔德曼(Caroline Heldman)在西方学院(Occidental College)教授批判理论和社会正义。她还是全国幸存者倡导组织"终止校园性侵"(End Rape on Campus)的联合创始人,该组织成立于2013年,致力于为重塑学院和大学性侵问题的解决方式尽一份力。"我们需要一项全国性的运动,因为我们开始意识到机构层面所面临的挑战,"黑尔德曼告诉我,"这不仅仅是几位校长或负责《教育法修正案》第九条①相关案子的官员成为'害群之马'的问题。它是系统性的。"

当这一全国运动的领导者开始调查大学怎样回应性暴力时,黑尔德曼回想起某些模式的出现。其中一个是在入学指导期间,学生没有受到有关校园性侵犯的教育,只有暴力的陌生人才符合强奸资格的信念得到强化,这进一步固化了传统范式。即便校园性侵犯的受害者后来逐渐认识到,这是一种可以报告的侵害行为,但她可能也从未接受过关于如何向校方提出投诉的指导。

大多数真正想要挺身而出的受害者在每一个环节都遇到了阻碍。她们接收到的信息很明确:即使指控者准确地报告了事件,那程度也不足以严重到需要大学介入。黑尔德曼说,受害者常被告知:"我不确定那是性侵",或者"我不确定那违反了我们的行为规范",或者"这对你来说真的会很艰难。你确定想这样做吗?你的朋友会背离你,你要不得不在一个类似法庭的环境中面对他"——也就是一场校园纪律听证会。这种劝阻说明,于机构而言,指控者无足轻重。校方通过忽略她的诉求,从而贬低她的价值。

如果校方仍然选择继续进行调查和裁定,他们会在此过程中

---

① 一项旨在消除性别歧视的有突破意义的美国国家法规。这项法律规定,"在美国,任何人都不得因其性别被排除在接受联邦资助的任何教育项目或活动之外,不得被剥夺此类项目或活动提供的待遇,不得在这类项目或活动中受到歧视。"——译注

持续折磨受害者。黑尔德曼说，在幸存者经历了那场磨难之后，被告的男人却"什么事都没有"，即使他被认为负有责任，也没有任何实质性的后果。最后，在校园内遭受侵犯的学生往往从这些痛苦的经历中了解到她们在社区中的地位。

黑尔德曼多年来为数百名幸存学生提供过建议，她说，学校的驳回会起到关键作用。"这打破了她们的世界观，因为她们真心相信这些机构。她们认为世界应该比现状更好，正是这种失望最终阻碍了她们中很多人的职业发展。"除了最初创伤的影响之外，这种强烈的挫败感往往会"改变她们的生活"。

在唐娜·弗赖塔斯的回忆录中，她描述了作为研究生被性骚扰的经历，写到了大学忽视投诉对她造成的长期影响。尽管弗赖塔斯反复举报这种暴力，但她说从未有人向她承认骚扰，更不用说为此道歉了。"唯一的回应就是要求我假装这一切从未发生，再也不提及它，这使我怀疑是否真的发生了什么实质性的事情。"弗赖塔斯解释说。即使最初的创伤已经消散，机构进行心理操纵的影响仍然存在。

弗赖塔斯观察到，这种回应属寻常之举。"这是一种对当事人——一个人生才刚刚开始，正处于职业生涯起始阶段的年轻女性——的残忍行为；这一行为将使她在未来的几十年里艰难行进，迫使她假装自己所经历的一切都没有发生。"[13]弗赖塔斯写道。

的确，在大学环境中，可信度复合体可能会给幸存者留下烙印。一项研究发现，当指控者站出来时，她们的学术顾问、教授、宿舍管理员、学生会主席、院长、校园警察和第九条的官员都会"责备她们,使其保持沉默,不提供支持,并以其他方式延展机构背叛"。这些回应使幸存者感到"意志消沉,百般受虐,且孤立无援"。[14]

林恩(Lynn),一位来自"成绩不佳"的学区的第一代大学生,在入学第一个学期就遭到性侵犯。当她申请放弃一门课时,学术顾问告诉她,也许她"只是无法适应"大学生活。她后来说,"对于像我这样的学生",为了入学努力拼搏,并且"一次又一次被告知她不适合一流的学校,没有什么比这更有损于我的自信了……在那之后,我崩溃了"。[15]

在这方面,林恩并非孤例。被认定为女同性恋、男同性恋或双性恋的受害者汇报机构背叛的频率更高(且不把其更频繁的性侵遭遇统计在内),他们因此经受了更糟糕的精神后果。[16] 其他研究也支持这一结论,即性少数群体遭受机构背叛的风险更高,其有害影响也最大。[17] 在遭受创伤之后,那些有理由怀疑自己校园地位的学生,尤其会被"他们不属于这里"的信息所伤害。

当我向卡罗琳·黑尔德曼询问自 2013 年"终止校园性侵"工作开启以来的形势变化时,她强调说全国各地都取得了进步。在大多数情况下,学校管理者已不再认为性侵无关紧要,他们更愿意处理那些曾被公开描述为轻率的投诉。

当然,现在有些机构只是"口头上"重视这个问题,正如黑尔德曼所说,他们"不假思索地假定幸存者在撒谎","默认"她没有说实话。指控者的可信度仍然被降级,但降级的典型形式已经从完全无视转变为强烈怀疑。

大学纪律处分程序中的说服力标准低于刑事法庭——大多数学校要求"证据确凿",有些学校则要求证据"清晰且令人信服"。然而,和大学以外的情况一样,学生幸存者经常在"他说,她说"的较量中败下阵来,甚至在她们的指控有大量确凿证据时,还是有可能失败。

安娜(Anna)是众多指控者中的一员,她无法说服校方相信她指控中*发生了什么*的部分。安娜说,她在霍巴特和威廉史密斯学院(Hobart and William Smith Colleges)读大一的两周后,遭到了三名学生的性侵犯——他们都是橄榄球队员。最终提交给学院听证委员会的投诉描述了一个晚上发生的多次侵犯。控诉称,一名高年级学生先在联谊会住所强奸了她,第二名学生强迫她口交,第三名学生将她按倒在地。投诉称,当天晚些时候,同一名高年级学生再次强奸了她,这次是在一家舞厅。

安娜的叙述与其他证据相一致:整夜发出的各种短信;在事发期间及之后不久朋友们的观察;血液酒精测试显示,第一次性行为发生时,安娜的血液酒精含量是法定限度的两倍;在安娜的法医检查中所发现的生理证据——体内擦伤和重度炎症提示存在强迫性的性侵行为。

几位被告男子都否认有任何不当行为。那名高年级学生称安娜自愿口交,但他说因为玩橄榄球和"超长的巴士行程"而感到疲倦，所以不能勃起。后来，他坚称，安娜拉下了他的裤子，他"疲软的阴茎在她的阴道上摩擦"，直到他意识到自己的行为"不恰当"，才拉起自己的裤子。第二名橄榄球运动员说，他的队友在房间里时，安娜帮他口交，但他不同意，叫她停下来。第三名球员说，在发生任何性行为之前，他就离开了房间。据《纽约时报》调查，"记录显示，前两名球员最早在被问及安娜的指控时对校方撒了谎"。但纪律小组选择不追究这些出入。听证会结束后几小时，小组发现证据不符合"证据确凿"的标准（显示指控更有可能为真的证据），这三名男子洗脱了所有罪名。

与许多受害者一样，安娜后悔自己向校方报告。除了小组驳回她的投诉以外，她还经受了学生们对橄榄球队员的支持，以及对她施加威胁、污名和排挤的折磨。所有这一切都侵蚀着安娜的自我认知。大学本应成为她的新家，一个她得以归属的社区。在她第一次以准新生的身份走访校园时，就立刻爱上了这里。她当时想，"这就是天堂的样子"。这使得学校对其指控的回应更令人受伤，并拒人千里。"我不认识自己了——我已经变成了自己讨厌的人，"她后来说，"这是一个有毒的环境，所以我要回家，再次找回我自己。"[18]

在大学校园里，转嫁责任是常态。被告男性被免责，而那些报告侵害的女性则遭到指责。[19]那些声称遭受不端行为的学生因违反禁止酒精、药物和婚前性行为的规范而受到纪律处分的情况并不罕见。[20]不论校方是否实施了正式制裁，他们都可以处罚指控者——例如，一名运动员称她在进行公开指控后被从曲棍球队中开除。（学校对她的诉讼进行了调解，但否认有过失。）[21] 当校方指责是受害者招致了性侵或未能阻止性侵时，这种责任转嫁往往是隐性的。

与卡罗琳·黑尔德曼等人共同创立"终止校园性侵"组织、毕业于北卡罗莱纳大学（University of North Carolina）的活动家安妮·克拉克（Annie E. Clark）说，多年前她去询问报告性侵的流程时，学校的行政人员告诉她："强奸就像一场橄榄球比赛，安妮。如果你回顾这场比赛，你是四分卫，你掌管着一切，在那种情况下，你会有什么不同的做法吗？"[22]

克拉克和另外四名女性继而因大学对性侵的歧视性回应成功起诉。2018年，当诉讼在有利于克拉克的情形下得到解决时，她说："我希望每个学生在任何地方都能感到安全，尤其是在学校。"[23] 此案的另一名原告，也是"终止校园性侵"组织的共同创始人说："唯一比强奸更糟的事就是背叛。这是我一次次从这所大学里感受到的。"[24]

与高等教育机构相比，全国大多数中小学在回应性侵方面甚至更为不足。"这就像野蛮的西部。"阿黛尔·基梅尔（Adele P. Kimmel）说。她是"公共正义"组织（Public Justice）的一名律师，该组织为那些学校未能解决其性暴力问题的学生做辩护代理。[25] 其中一位客户是一名高中二年级的学生，她说在揭发一名同学强迫她口交后，她被处以停学的惩罚。这位女孩起诉了该郊区学校的学区，称其对她的投诉处理不当。据该诉讼称，一名校警问女孩穿了什么，并问她为什么没有"咬他的阴茎"。据称，在后来的纪律听证会上，该地区的律师得出结论，说这次性行为是双方自愿的，因为指控者"在事发时没有大声尖叫"。这位女孩被认为违反了学校有关不端性行为的规定，因为她在学校场所"参与"了性活动，所以要被停学。[26]

停学可能是机构背叛中的极致行为，而这并不是个别现象。当高中生报告性侵行为时，她们经常被迫离开学校。[27]研究表明，黑人女孩尤其容易遭受此种待遇。学校决定与她们对立——真正地将她们逐出团体——这证明了她们有多么微不足道。

2016年，萨克拉门托（Sacramento）一名高中生弗吉尼亚（Virginia）据称在一次聚会上被两名同学下药并强奸。几名学生观看了弗吉尼亚被脱掉裤子昏迷在床上的视频，有人向校方报告了这起强奸案。弗吉尼亚说自己被叫去见校警时，受到了一系列盘问，包括事发前她是否是处女。这个问题让她感觉"很糟糕"，好像她被强奸"不是什么大不了的事"。[28]

弗吉尼亚说，在她被质问之后，学校行政人员叫她在这一年接下来的时间里不要再回学校。据一份后来于2018年底向校区提出且在一年后达成和解的投诉显示，弗吉尼亚和她的家人被告知，由于"所有学生都在谈论周末的事件"，她留在学校会"分散注意力"。其中没有提到据称强奸她的高中男生，也没有提到分享当晚视频的人。直到今天，弗吉尼亚都不知道是否进行过任何调查。

她讲述了下一个学期自己回到学校时,"强奸犯和他们的朋友是如何继续骚扰并欺负"她的。[29]

弗吉尼亚说,她被强奸的创伤因学校中那些掌权者对她的虐待而加剧。事发后,她曾试图自杀,还因为被诊断出患有创伤后应激障碍(PTSD)和抑郁症住进了医院。当她终于回到学校时,她的成绩从多数是 B 降到了 D 和 F。她不得不辞去帮忙养家糊口的餐馆工作。她的睡眠和卫生习惯都受到了影响,体重也下降了。

由于学校领导似乎并不关心弗吉尼亚的情况,她怀疑是不是*自己*有什么问题。弗吉尼亚说,在她对校区的诉讼结案后,她希望能帮助那些同样感到"整个世界都在与你作对"的幸存者。[30]

香奈儿·米勒——那名在斯坦福校园被游泳队员布罗克·特纳侵害的年轻女子——本身并不是斯坦福的学生。但她在大学附近长大,对这所学府有着深厚的情感。米勒在回忆录中写道:"斯坦福是我的后花园,我的社区,多年来,我父母雇的廉价家教都来自那里。我在这个校园里长大,参加草坪帐篷夏令营,从餐厅偷带满满一袋鸡块出来,和教授们吃晚饭,他们都是我好朋友的父母。"因为她与斯坦福的关系,她有更多的理由相信学校会公正对待她。

在米勒于校园内遭遇侵害、特纳的逮捕受到高度关注后的一个多星期里,校方都没有联络她。尽管她不是斯坦福的学生,但她曾"希望在关键时期得到帮助和支持"。米勒接着说:"我想说的是,我希望他们能表现出一些关心,指引我找到资源,承认发生了什么事。"特纳退学了,不再被允许进入校园。随着时间的推移,米勒感受到持续的忽视。她遭受到的侵害"来无影,去无踪",学校没有为此道歉,也没有表现出任何反思的迹象。米勒说,斯坦福在审判结束后的公开声明"毫无歉意,甚是傲慢"——就像"伤口里的柠檬片"。

她写道:"侵袭对我造成了身体上的伤害,但更大的伤害还在后面。我对机构的信任被打破了,也对我以为会保护自己的地方失去了信心。"米勒说,她受到的攻击及其后果似乎契合着一种更广泛的模式,但斯坦福大学却拒绝纠正这种模式。她指出多处缺失:对程序进行系统性审查、确保立即为受害者提供服务、重新评估校园安全。简而言之,"他们应该说,*你的遭遇很重要*",她解释道。[31]

———

心理学家认为,军队对其队伍中不端性行为的反应是机构背叛的典型案例。[32] 当"把维持军事单位的凝聚力置于调查或起诉性骚扰或性侵报告之上"时,幸存者遭受的是另一种伤害——往往更加痛苦。[33] 因为军队"建立在信任、忠诚和友爱的基础上",因此,否定指控者可信度的回应尤其具有破坏性。[34] 研究人员发现,军队发生性侵事件之后的机构背叛与显著的抑郁及创伤后应激障碍症状密切相关。[35]

与男性相比,女性军人遭受性侵的比例更高[36],但许多男性也遭受了上司的背叛[37]。以贾斯廷·罗斯(Justin Rose)为例,他说一名海军陆战队战友趁他睡觉性侵他时，他几乎不敢相信。他上司的反应让他产生了自我怀疑。"我报告所发生的事情时，我上司的第一个问题就是'你确定这不是你编的吗？'，这让我更迷茫了。"

对罗斯可信度的攻击一直延续到军事法庭，军事法官最终宣布被告无罪释放。罗斯写道："一切都结束时，海军陆战队已经让我失望三次了：它没有认真对待我的诉求；然后把攻击我的人说成是受害者，而我是罪犯；最后在我遭侵害后没有提供足够的支持和资源（无论是性侵方面的咨询，还是简单如相信我的遭遇之类的）。"罗斯经受了不信任、指责与漠视。

这种可信度受损造成了严重而持久的伤害。多年来，罗斯说："我逐渐意识到，对我影响最持久的并不是性侵犯，而是人们不相信一个人会侵害另一个人，是我信任的领导对我的嘲弄，还有一定是我的行为招致此事的暗示。"对罗斯来说，军方的背叛是他所说的"二次伤害"，那"比第一次伤害严重得多"。[38]

2015 年人权观察（Human Rights Watch）[①] 提供了一份关于军队指控者遭性侵后所承受痛苦的报告："唾弃；剥夺食物；受到猥亵和侮辱的攻击——'妓女''垃圾''荡妇''基佬''角马'；在军队部署期间受到"友军炮火"的死亡威胁；贬低；降级；处分；因行为不端遭解职。"[39] "这些人本应是我的家人。"一名军事情

---

① 一个国际非政府组织，以调查、促进人权问题为宗旨，总部设在美国纽约。——译注

报专家说,她的上级劝阻她上报其性侵遭遇。她补充道:"我被背叛了。"⁴⁰

在军事环境和其他工作场所,当受害者的指控遭驳回时,他们意识到自己对雇主来说无足轻重。这种认知可以是毁灭性的——特别是对那些身份认同与其工作密切相关的受害者。这二次伤害往往在幸存者从最初的侵害中恢复过来后依然存在,当它代表国家施加于受害者时,其含义又有所不同。

法律保护的不平等

在刑事司法系统中,可信度受损的受害者会经历一种特殊的伤害。当那些法律执行者——警察和检察官——决定一项指控不值得追究时,这种背叛是对受害者价值的强烈否定。通过保护施暴者而非指控者,执法人员向幸存者传达,其遭受的侵犯无关紧要。因为这种驳回来自国家的许可,它是一个人在社会中地位低下的有力表达。无论幸存者是遭到不信任、指责还是忽视,她都受到了一种独特的侵犯⁴¹——这种侵犯以令人愤怒的频率发生着。

我们知道,在案件进入刑事程序的最后阶段(审判或认罪)之前,警察和检察官会驳回绝大多数起诉——这被称为"案件流失"。2019年,犯罪学家梅利莎·莫拉比托(Melissa Morabito)及其同事的研究发现,全国各地的警察和检察官都以惊人的速度撤销性侵指控。在性暴力方面,案件流失很普遍——大多数受害者会看到她们的案件被驳回而不是得到解决。⁴²

许多幸存者在与警察初次接触后就被劝阻不要提起诉讼。雷切尔·洛弗尔是一位研究警察如何应对性暴力的社会学家,她强调,受害者与执法人员的首次互动尤为重要。"她们在诉说如此私密的事时会感受到脆弱,她们受到了创伤。"洛弗尔解释说。在这一刻,幸存者想要找寻认可的信号——对三项声明的接纳——否则,就意味着其对立面——对这些维度都不信任。洛弗尔说:"因此,初次的互动对于受害者是否继续追究和起诉非常关键。"洛弗尔的研究显示,初次交涉后会出现一次意愿的"急剧下降"——受到反驳的幸存者可能不再追诉。

我们知道,更多的时候,受害者并无选择,因为警察通常会过早了结大多数强奸指控。遭受侵害之后,这是二次伤害,可能会留下长久的创伤。这就是为什么女性正在起诉警察部门,指控他们对性侵案的处理不公。[43]

一位名叫希瑟·马洛(Heather Marlowe)的女子是其中之一。2010 年 5 月,马洛和她的一群朋友参加了旧金山越湾长跑赛(San Francisco's Bay to Breakers road race)。比赛期间,有人递给马洛一个红色塑料杯装的啤酒,她喝了下去。不久之后,她感受到了不同寻常的醉意。她在一个陌生的房子里恢复了意识,感到茫然和困惑,对之前的事没有任何记忆。当她问跟她同床的男人发生了什么事时,他告诉她:"我们发生了性关系。"这时,马洛意识到她被下药并遭到了强奸。不久之后,她去了附近的急诊室,那里的护士收集了强奸取证包。

马洛说,在接下来的一周内,旧金山警察局的调查员让她与她所称的强奸犯联系,让她"和他调情",引他说出证词,并"安排一个约会",证明她可以认出他。马洛说,她被告知,如果拒绝,警察局将停止对其强奸案的调查。

她坚称在与调查员见面时,他"强烈劝阻"她继续追查此案。据马洛说,这名官员表示,涉及酒精的强奸案"对旧金山警察局来说调查和起诉的工作量太大了"。但她并未被劝退。最终,马洛被告知,嫌疑人的 DNA 样本已经收集到了,而且她的强奸取证包检测结果很快就会出来。

在随后的两年里,马洛反复要求警方检测她的强奸取证包,但并未成功。她说,有一回警察告诉她,因为她是"女人","体重不及男人",而且来"月经",所以在事件发生的那天,她"不应该出去狂欢"。在马洛的取证包终于得到检测后,她很快就发现,警察对她的态度可能并非偶然。2014 年,旧金山警察局承认,从 2003 年起有"几千个"强奸取证包仍未得到处理。[44]

马洛起诉了旧金山市以及各类高级警员,指控警察局习惯性敷衍性侵案的调查,这一点从成千上万被搁置的强奸取证包中可以知晓。马洛无法继续推进她的案件——它被驳回了,原因是超出时效,以及原告指控违宪歧视所面临的法律障碍。[45] 但是,针对其他警察局和城市的类似投诉已经得到解决,另一些则在处理过程中。[46]

2015 年,马洛和米根·伊博斯(Meaghan Ybos)成立了"强奸法执行人"组织(People for the Enforcement of Rape Laws)。伊博斯等待孟菲斯警察局处理她的强奸取证包长达九年之久。与此同时,强奸她的人袭击了其他五名女性和一名 12 岁女孩。[47] "调查并解决强奸案需要真正的警察工作，"马洛和伊博斯写道，"警探必须寻访证人、询问受害者、追踪证据，与受害者和证人印证事件的经过，并将案件细节与未解决的案件进行对比，以尝试查明犯罪模式。然而，警察并没有做这些必要的基础工作，而是忽略、贬低并'清除'强奸案。"[48]

回想一下陌生人强奸范式和"完美受害者"原型。执法人员经常提到"正直的受害者"——那些不认识攻击者的女性，那些反击的女性，那些历史清白的女性。"如果我有一名正直的受害者，我会尽我所能确保嫌疑人被捕，"一位警探告诉犯罪学家卡西亚·斯庞（Cassia Spohn），并补充说，"但我的大多数受害者不是这样的。"斯庞专门研究刑事司法系统对性暴力的反应，她称其为典型意见。[49]

心理学家丽贝卡·坎贝尔专门研究执法机关对性暴力的处理，她在工作中也遇到了同样的态度。"对于那些在社会上被轻视的人，他们所遭受的暴力和侵害不是刑事司法系统要关注的事。"她说。执法资源的有限性加剧了这种忽视。坎贝尔的研究表明，女性"因为她们的交叉身份，受到了系统尤为糟糕的对待"。她观察到，这种感觉就像是"二次强奸"。

2004年夏天，露西娅·埃文斯（Lucia Evans）刚刚结束在米德尔伯里学院（Middlebury College）的大三学年，当时她偶然在一家高档的曼哈顿俱乐部遇到了哈维·韦恩斯坦。埃文斯渴望成为一名演员。因此，在韦恩斯坦要她的电话号码时，机会似乎来了。他在接下来的几天里打电话邀请她到米拉麦克斯（Miramax）的办公室见面，她答应了。

埃文斯说，韦恩斯坦在会面时侵犯了她。十多年后，她告诉记者罗南·法罗，韦恩斯坦强迫她口交，而她"一遍又一遍"地说，"我不想这样，停下来，不要"。埃文斯回忆说她试图逃脱，但"我不想踢他或与他打斗"。她后来怀疑自己是否做足了努力防止被侵犯。"这是最可怕的部分……人们放弃了，随后她们觉得这是自己的错。"她说，这种羞耻感，"也是为了让我保持沉默"。韦恩斯坦否认侵犯了埃文斯。

埃文斯回忆说她对发生的事情几乎保持了沉默，只对几个朋友说了这件事的片段。她开始做出自毁行为，她的学业和几段关系也受到了影响。"这一直都是我的错，因为没能阻止他，"她这样觉得，"我厌恶自己。"[50]

2017年10月，在《纽约客》杂志发表了法罗关于埃文斯的报道后，纽约警察局（New York Police Department，NYPD）的警探敦促她对韦恩斯坦提起刑事诉讼。[51]埃文斯说与警探的会面感觉是"超现实"的。与公开指控大亨性侵的其他女性不同，埃文斯并不是演员——在遭遇韦恩斯坦之后，她放弃了梦想，成为一名市场营销顾问——所以她不习惯成为焦点。"这对我来说很吓人，"她说，"因为我显然不是为了上新闻才这么做的。我不是为了任何名声或财产才这样做。"

她担心这会对她的家庭产生影响。她担心辩护方会试图摧毁她的可信度。"我知道刑事程序是什么样的，"她解释说，"我看过很多电影,也看过很多法庭节目。我知道这可能会怎样发展。我认为,一直以来的叙述都是让受害者在证人席上被撕得粉碎。你为什么要这样对自己?你为什么要让自己或家人经历这一切?"[52]

警探们担心,埃文斯留在家里会使她处于危险之中,他们建议她搬离。她和丈夫离开了华盛顿,暂时搬到了纽约市附近的一所房子里。[53]在她考虑是否合作时,她咨询了律师、家庭成员和朋友,他们都给了她相似的建议:不要这么做。"他们会和你以前共事过的每个人、曾经与你有过关系的每个人交谈,找出一切可以用来质疑你的事情,"埃文斯被警告,"他们会翻遍你的垃圾,找出你过去所做的每一件事,然后夸大其词,羞辱你,从根本上毁了你的生活。"

在要做决策的时候,埃文斯做了和许多面临艰难选择的人同样的事——她列了一份清单。不参与起诉韦恩斯坦的理由是令人信服的:"担心我的安全,担心我的家人、我的名誉、我的职业生涯——所有这些都会毁掉"。而在清单的另一侧,只有一个理由:"因为感觉这样做是对的"。[54]她同意与检察官合作,2018年5月,他们对韦恩斯坦提出了侵犯指控。埃文斯成了国家的证人,并开始为审判做长期准备。

四个月后,埃文斯得知其指控被撤销。"我被打了个措手不及,"她说,"在过去的一年里,我的生活被这件事占据了,我的婚姻、我的家庭、我的职业都受到了影响——它就这样结束了。我觉得自己被遗弃了。我感觉被背叛了。"[55]检察官宣布,他们得到了一个矛盾的目击者证言——她的一位朋友据说告诉调查警探,在事发后不久,埃文斯称口交是自愿的。[56]

埃文斯对该事件版本提出异议。[57]但她在新闻中被描绘成一个骗子,并被韦恩斯坦的法律团队猛烈攻击,他们还质疑了警探的正直性和他在整个案件上的工作。法罗持续追踪埃文斯所遭受的磨难,据他说,"地方检察官办公室的消息人士私下表示,他们仍然认为她是可信的,之所以放弃她,根本上是因为他们在保护此案其他女性的相关指控方面极为谨慎"。[58]

性侵发生后,埃文斯记得她在想,"我只要某种确认,确认我还好,我仍是一个好人,因为我依旧认为这是我的错,但显然不是这样"。[59]十多年后,如果起诉得以继续,如果韦恩斯坦因为侵犯她被追究责任,这就能提供她所需要的那种确认。

相反,埃文斯描述了自己被抛弃和背叛的感觉。当她同意与执法部门合作时,她所担心的很多事都成了现实。埃文斯从一开始就担心自己"只是一个被利用来达到他人目的的工具"。最后,事实证明,这种担心是有道理的。"我是一枚棋子,我可有可无。"她说。指控被驳回一年后,她仍在处理这段经历对她的伤害。"老实说,我还没有完全处理好这件事,现在还在挣扎。"[60]

这种挣扎再熟悉不过——这也是世界各地饱受"可信度复合体"之苦的幸存者的挣扎。我们所有人都有责任改变这种状况。

第七章　超越信念
幸存者至关重要

艾莉森·图尔克斯（Alison Turkos）已多次讲述她遭受强奸的经历。即便如此，她每次回忆都极为困难，而听者也觉得这些描述难以接受。她告诉我："我明白我的经历很难被人们接受。我之所以明白这一点，是因为我挺过了这一切。"

2017年的秋天，图尔克斯那时年近三十，和朋友们外出喝完酒后，叫了一辆专车送她回家。然而，她说，"我的来福车（Lyft）[①]司机持枪绑架了我，把我带到州界之外，然后与另外至少两名男子"——这两个男人当时在一个公园里等着——"轮奸了我"。之后，来福车司机又将她送回家。本在布鲁克林区15分钟的车程，却成了"80分钟活生生的噩梦"。

---

① 一款打车软件。——译注

来福车应用记录下了这段异常行程——并收取了107.95美元，这笔费用本应不到20美元。不到24小时，图尔克斯就在网上向来福车报告了她的绑架经历。对此，来福车的回应是"为给您带来的不便感到抱歉"，并答应退还她费用，但要扣除如果没有绕路所应支付的12美元车费。[1]

图尔克斯把自己的遭遇告诉了一位密友，这位朋友从未怀疑过她，她们一起走进了附近的医院。医院收集了她的强奸取证包，在医生的建议下，图尔克斯决定向纽约警察局报警。当她将其强奸取证包交给受理报案的警察保管时，她保存了所有表格，甚至给取证包拍了照片，她充分预料到报案可能得不到妥善处理。多年来，她见过太多受害者因为不理解"可信度复合体"的运作机制而遭到驳回。

尽管这是她第一次向警方报告性侵事件，但这并不是她第一次遭受性侵。图尔克斯16岁时在朋友的毕业派对上被一个年纪较长的男孩强奸了。"只有羞耻、羞耻、羞耻。"图尔克斯回忆道，她没有告诉任何人发生了什么。她第二次被强奸是在进入大学的第一周。同样，她没有向警方或校方报告这起暴力事件。

直到第三次——来福车绑架事件——她才决定向执法部门求助。与她之前的袭击经历不同，这一次涉及陌生人和武器——它符合陌生人强奸的范式，这增加了指控的可信度。现在，图尔克斯手头有包括行程记录和强奸取证包在内的证据。（该取证包后来经过检测，显示有两名以上男子的精子。）

负责此案的警探几乎没有与图尔克斯联系。六个月后，在正式投诉了案件处理的问题后,她终于被分配到一名新的警探。之后,由于来福车司机越过了州界,警方调查被移交给联邦调查局。延误是一个问题,但案件还因为别的原因陷入困境。图尔克斯表示,一名联邦特工告诉她,由于"纽约警察局早先处理调查的某些缺陷,包括未能及时获取视频证据和对来福车司机的质询失误",严重削弱了案子的无可置疑性。[2]

图尔克斯还了解到,即使在她正式报案后,来福车仍允许那位司机继续开车。她说:"我做了社会强调的我'应该'做的事情。我向警方报了案,也汇报了来福车'信任与安全'部门。我不断揭开伤疤,讲述我的痛苦,不惜一切代价让他们帮我。然而,在一切发生之后,他们甚至连一封简单的邮件都懒得回复。他们无视我、贬低我、排斥我。"[3]

事发近两年后,图尔克斯起诉来福车,称该公司愿意雇用绑架她的人,这表明该公司"冷漠地无视"其他潜在受害者的安全。[4] 另有几名女性也起诉了来福车,称该公司未能采取合理措施预防她们受到侵袭,而且对她们的投诉无动于衷,其中大多数人在法庭文件中都是匿名的。[5]

图尔克斯已成为这些幸存者的代言人。她说:"来福车正在系统性地抹去我们的创伤,抹去我作为受害者的身份。"[6] 他们的反应一直让受害者深恶痛绝。她解释说:"我把自己的脸面、我的名字和我的声誉都押上了,竭力争取人们的重视、倾听和相信。"[7]

图尔克斯还起诉了纽约警察局,指控其未能保护性侵受害者。[8] 根据诉状,该机构"从根本上无视性犯罪的发生及其导致的伤害,它使人无力并改变了受害者的生活"。诉讼称，举报性侵的女性经常受到嘲笑和虐待，而她们的案件"要么得不到任何关注，要么处理不当"，这导致后续的所有调查都"受到严重阻滞"。该指控称，最终，犯罪者逃脱了法律制裁，而受害者却受到新一重伤害。

图尔克斯觉得自己很幸运，能够对纽约警察局和来福车提起诉讼。她说，她的特权赋予了她在法庭和公共领域的可信度。她说自己是白人，是"同性恋，但看起来是'直女'"，而且"有一份收入丰厚且能接触到律师的工作"。她还指出自己是美国公民。图尔克斯强调说，更多被边缘化的幸存者会发现推动系统性变革要困难得多。她说："我可以提起诉讼，说'我要让你们承担责任'。这都是我能够做到的。这些是我拥有的特权，是我使用特权的方式。"

她很清楚，人们相信她只是一个起点。更大的目标是正义，尽管确定正义的轮廓要比其反面难得多。图尔克斯说："在我看来，正义有许多不同的定义，实现它有许多不同的途径。我不指望刑事司法系统能拯救我，或者解决所有问题。但仔细想想，这真的很可悲。我们理应依赖这个系统，尤其是那些最脆弱的边缘群体——这个系统是为他们而存在的，但它却让我们失望了。一再让我们失望。"

对于图尔克斯来说，诉讼是引发系统性变革的一种方式。她想起*所有*那些有资格评判其可信度却没能对她产生信任的人。她意识到这并不是"一个坏人"的问题——甚至不是第一个被指派处理她案件的警探的问题。更确切地说，有"许多契机"令她的指控遇见倾听者——图尔克斯一路走来得以倾诉的朋友们，他们中一些人的反馈比其他人更好；负责检查性侵损伤的护士、多名陪伴数月的警官、来福车的工作人员、联邦调查局特工。图尔克斯说："这是一个系统性问题，不光在纽约，这种事到处都在发生。"也不仅仅是公园里的男人们——"这是系统性的"。

至于那些侵犯她的男人的理想下场是什么？图尔克斯对此态度很矛盾。她说，她知道监狱是个可怕的地方，一般而言，她反对监禁。但是，在她的案件中，她想不出刑事系统的替代方案——她特别提到了恢复性司法①。"我现在根本无法与任何一个对我实施性侵和强奸的人共处一室，也无法对他们说：'我要你道歉。我要你接受六个月的治疗。'我还做不到这一点。"

三年过去了，图尔克斯说，有些时候，她仍然觉得自己是个"受害者"。她不时反思自己是如何"让这一切发生的"。她想："我怎么会和一个陌生人上了车呢？是的，我喝了酒，但我还没有到昏厥的地步。我到底做了什么，让这种事发生在我身上？"其他时候——大多数时候——图尔克斯知道自己是一个"勇敢的幸存者"，是一个积极与可信度复合体做斗争的倡导者。

可信的指控，必将对现状产生实质性的冲击。何谓实质性地

---

① 通过在犯罪方和被害方之间建立对话关系，以犯罪人主动承担责任消弭双方冲突，从深层次化解矛盾，并通过社区等有关方面的参与，修复受损社会关系的一种替代性司法活动。——译注

打破现状？就如塔拉纳·伯克对此的贴切描述，这取决于侵犯行为在"性别暴力光谱"中的位置。打破现状的严厉程度应与侵犯行为的严重程度相匹配。

在 2017 年 10 月 #MeToo 运动爆发后不久，伯克反思自己十年前发起的运动，回忆起她曾经的家乡亚拉巴马州蒙哥马利市（Montgomery, Alabama）一家她最喜欢的餐馆，那里的服务员——大多是黑人女性——遭主厨性骚扰是理所当然的事。伯克将这些女性与安妮塔·希尔联系在一起，她"在二十五年前将自己和她作为法学教授的职业生涯置之不顾"。伯克还将这些餐厅服务员与那些用她的话来说"十多年来一直在竭力控诉 R&B 歌手罗伯特·凯利之类据称欺凌黑人女孩的知名掠夺者却毫无结果"的女性联系在一起。伯克将所有这些女性与刚开始讲出自己故事的"常见"幸存者联系在一起。[9] 对于餐厅骚扰的受害者、安妮塔·希尔、罗伯特·凯利的指控者，以及每一位常见幸存者来说，实质性地打破现状——如何使一项指控*可信*——方式似乎是不同的。

发起指控的环境也很重要，因为它影响到有效回应的范围。例如，对受害者的支持：大学行政人员可以提供重要的校园便利措施，工作场所的人力资源部门可以提供所需的部门调动，朋友可以提供情感支持。但是，为了实质性地打破现状，应对措施通常不仅仅是为受害者提供帮助，还要让施暴者承担后果。学院行政人员可以采取惩罚措施，人力资源可以暂停或终止雇佣关系，朋友可以断绝往来。

总之，对现状的真正撼动——确认可信度——可以恢复施暴者从幸存者那里夺走的大部分东西：她的力量、她的安全感、她的控制感、她信任他人的能力、她的尊严、她作为社会平等一员的价值。每当指控者揭露暴力行为时，所有这些都岌岌可危。当我们相信指控时，我们就重新填补了本该属于她的东西。

凯文·贝克尔是一位精通创伤神经生物学的心理学家，他说，来自社区的亲密成员及其他成员的积极回应可以帮助恢复受害者的控制感和安全感，这对治愈创伤至关重要。心理学家朱迪丝·刘易斯·赫尔曼同样强调，受害者周围的人"对创伤的最终化解具有强大的影响力"。

我们如何做到这一点？赫尔曼说，为了"重建幸存者的秩序感和正义感"，幸存者所在社区的成员必须公开承认创伤事件，确定伤害的责任归属，并采取"修复伤害"的行动。[10] 赫尔曼在研究性暴力和家庭暴力受害者如何理解其受到的侵害，以及如何才能"纠正错误"时发现，幸存者主要寻求的是*认可*——承认暴力发生过并且是有害的。赫尔曼写道："许多幸存者表示希望施暴者能够认罪，主要是因为她们认为这是她们的家庭或社区唯一会相信的证据。"一些幸存者最在乎的是来自最亲近的人的认可，而另一些幸存者则更在意来自"更广泛的社区代表或正式的法律机构"的认可。

幸存者还经常渴望得到平反——"他们希望自己的社区采取谴责犯罪行为的鲜明立场"。谴责暴力行为被视为一种对受害者的声援。这也转而被看作是一种对性侵害本身的必要纠正。赫尔曼写道："幸存者清楚地意识到，这些罪行的目的是玷污和孤立她们。"因此，她们寻求恢复自己的名誉，重建自己与社会的联系。与此同时，谴责施暴者的行为"将耻辱的重担从受害者身上转移到施暴者身上"。[11]

你一定还记得南希·霍格斯黑德-马卡尔——一位专为性暴力受害者做代理的律师，一位前奥运金牌得主，一个在杜克大学读大二时被强奸的女人。你也会记得，霍格斯黑德-马卡尔遭强奸后的经历正是她所希望的。她被信任。她没有受到指责。她所在的社区对她的遭遇表达了深切的关注。这种关心让她能够继续生活下去。虽然其施暴者从未被逮捕，但这并不是因为她不被信任、被指责或被忽视。集体的反应使霍格斯黑德-马卡尔得到了认可和平反，从而使她得以治愈。

认可与平反："发生的事是错的"

2017年底，当#MeToo引发关于过往性侵行为的新话题时，喜剧编剧梅根·甘兹（Megan Ganz）要求她的前老板丹·哈蒙（Dan Harmon）为多年前两人共事时他对待她的方式道歉。不久之后，哈蒙在播客中详细而清晰地描述了在甘兹拒绝他的追求后，他是如何骚扰她的。他承认自己的行为是错误的。他说："我再也不会这样做了，如果我对女性有一点尊重的话，我肯定不会这样做。"[12]

播客播出后，甘兹在推特上写道："请收听。虽然只有短短七分钟，但它却是一堂'如何道歉'的大师课。他没有进行合理化、自我辩解或找借口。他不是含糊其词地承认过去的一些普通错误。

他给出了一个完整的说明。"甘兹补充说,这"从来不是为了复仇,这是为了平反"。¹³对甘兹来说,这种平反的受众既包括她自己,也包括其他人。

当时,哈蒙的挑逗是不被接受的,甘兹觉得自己受到了与男性作家不同的待遇,但当她质问哈蒙时,哈蒙却矢口否认。这次道歉验证了她说的事情。"我们都知道发生了什么,"甘兹说,"但故事中的这些部分只有他能为我证实。"哈蒙的道歉还帮助她消除了挥之不去的自责感。她解释说:"事后,每当我和朋友谈起这件事时,他们一定会说:'这不是你的错。你没有做错任何事。'我知道确实如此。但我心里始终有个念头,'你当时不在场'。讽刺的是,丹是唯一一个能让我消除自我怀疑的人。"¹⁴

所有幸存者都认为真诚的道歉是一种宝贵的补偿方式。¹⁵真正的道歉——不是出于虚伪或完全自利的道歉——并不多见。但是,真诚道歉的功效恰恰是大多数幸存者在遭受侵犯后所寻求的东西。哲学家尼克·史密斯(Nick Smith)描述了适当的道歉所能达到的效果。道歉者承担造成伤害的责任,并说明行为错在哪里。这样做"认可了受害者的信念"。道歉还向受害者表达了一种平等和人道的承诺。他不再将受害者视为其攫取利益的"障碍",而是将其视为"有尊严的人"。如果道歉中包含不再重犯的承诺,受害者知道施暴者不会再伤害她或其他人,她会更有安全感。¹⁶

道歉是恢复性司法这一纠纷解决模式的重要组成部分。恢复性司法提供了一条治愈之路，对许多受害者来说，它是传统法律责任之外另一种有吸引力的选择。我曾多次听到指控者说她们对传统程序众所周知的弊端抱有严重疑虑。

苏雅塔·巴利加（sujatha baliga）是一名律师，她的恢复性司法工作获得了麦克阿瑟"天才"奖（a MacArthur "Genius" award）。[17] 正如巴利加所描述的，恢复性司法"将伤害者、受害者以及受影响的家庭和社区带入修复伤害和重建关系的过程中"。恢复性司法的目的是从幸存者开始治愈所有相关人员，而不是惩罚施暴者。由于这一过程不是对抗性的，指控者和被告应携手合作。

巴利加说，在性暴力案件中，大多数幸存者都希望伤害她们的人承担责任。不少幸存者希望自己的家人和朋友也能在场。许多幸存者希望伤害她们的人明白*所发生的事是错的*，并真诚地承诺不再重犯。有些幸存者则希望永远不要见到伤害她们的人。随着时间的推移，双方当事人，最好还有他们身边的人，能够聚在一起讨论如何弥补侵犯行为所造成的伤害。巴利加解释说："在整个过程结束时，在场所有人都会达成共识，制订一项满足幸存者自我认同需求的计划。责任方会得到家庭和社区的支持，去为他们伤害过的人做点好事。"

恢复性司法有一项重要的优势：通过这种方法，幸存者得以成为其经历和痛苦程度的可靠信息来源。她的价值是毋庸置疑的，这可以为幸存者提供所需的认可。

法律学者莱斯莉·韦克斯勒（Lesley Wexler）、珍妮弗·罗本诺特（Jennifer K. Robbennolt）和科琳·墨菲（Colleen Murphy）描述了恢复性司法的几点核心承诺。首先是承认。参与大多数恢复性司法项目的条件是犯罪者承认其错误行为。当受害者描述了发生的事情并受到信任时，她不仅从罪犯那里，也从其社区的亲密成员那里得到了重要的认可。她说的事情得到了肯定——她对事件的解释是正确的，她不该受到责备。

承担责任——并真诚道歉——是恢复性司法的第二个关键要素。对许多受害者来说，这是追究施暴者责任的精髓所在。借口和理由是不可接受的。对一些受害者来说，施暴者不仅要对最初的侵犯行为负责，还要对导致加深伤害的反馈负责。这可能包含了追究"否认、欺骗或报复"的责任。幸存者还可能要求那些暴力或其伤害性后果中的同谋者承担责任。[18]

除了承担责任之外，恢复性司法的前提，是犯罪者应设法弥补暴力造成的伤害。德斯蒙德·图图（Desmond Tutu）大主教曾经说过："如果你拿了我的笔，说你很抱歉，但不把笔还给我，那无济于事。"[19]类似的理解也适用于暴力的受害者。恢复性司法模式要求幸存者找出犯罪者的弥补方式。经济补偿或许有所帮助，这既是对错误的象征性承认，也是补偿暴力造成的实际经济损失的一种方式。受害者可以要求伤害她们的人参与社区服务，尤其是在这样做也能为其他类似受害者伸张正义的时候。由于这一过程的目的，是让幸存者回到她受伤前的状态，因此修复伤害的方式因人而异。

恢复性司法的最后一个要点是防止犯罪行为再次发生。法律学者韦克斯勒、罗本诺特和墨菲写道:"认可受害者的尊严和地位,就要采取措施,避免今后再发生类似的错误行为。"他们指出,许多幸存者"之所以对施暴者采取行动,是希望今后不会再有其他人受到类似伤害,并重新获得一种自己不会继续受到骚扰的安全感"。施暴者承诺不再做出不端行为,那就有可能朝着这个方向发展,但真正重要的是,他要兑现承诺。真正的改过自新必须随着时间的推移展现出来。对于幸存者来说,施暴者再也不会伤害自己的想法,可能就是最大的治愈来源之一。[20]

索菲娅(Sofia)是一名 15 岁的女孩,她遭到迈克尔(Michael)性侵。迈克尔是一名 18 岁男孩,就读于她所在的高中。性侵发生后,迈克尔的朋友们在社交媒体上指责索菲娅谎报。由于没有目击证人,许多人相信了迈克尔的否认。

最终,迈克尔被捕。但地区检察官没有起诉此案,而是将其交给了一家接受过恢复性司法实践培训的非营利机构。该机构向迈克尔保证,如果他合作,他所说的一切都不会成为在学校纪律处分程序或青少年司法系统中不利于他的证据——这是检察官的基本保证——他欣然同意。随后,我们联系了索菲娅和她的家人,他们也同意参与这一过程。

巴利加和同事分别会见了索菲娅、迈克尔和他们的支持者。在与这两名青少年协商后,他们决定让双方的母亲和迈克尔的姐姐参加最后的会面。在准备过程中,协调人员与迈克尔讨论了他的行为所造成的影响以及可能的起因。他们还与索菲娅谈了她想对迈克尔说的关于性侵的事,以及这件事对她的影响。索菲娅估计直面迈克尔会很困难,所以她请母亲代表她发言。但当这次重要会面来临时,她的计划改变了。正如巴利加回忆的那样,"索菲娅的举止瞬间从胆怯变成勇敢,随后就性侵事件对索菲娅的生活和家庭造成的影响展开了有力的对话"。

自性侵事件发生后,索菲娅的体重下降了。她开始做噩梦,并且睡到了母亲的床上。她不再上学,因为有传言说她是为了引起别人注意而谎报被强奸。听完索菲娅的话后,迈克尔回答了她提出的问题:*你做这件事的时候是怎么想的?* 迈克尔说:"我知道你是个好女孩,我以为所有的好女孩第一次都要反抗一下。"迈克尔的姐姐"倒吸了口气",巴利加回忆道,"房间里静默了片刻"。

巴利加继续说:"就在迈克尔说出这句话时,我们都能看到迈克尔意识到这有多么错误。他弯下腰,双手捧着脸,抬起头时,索菲娅的母亲眯着眼睛看着他,难以置信地摇了摇头。在无比漫长的一刻之后,迈克尔的母亲终于打破沉默,对自己的女儿说:"看到了吗?我带你来就是想让你知道,即使是像你哥哥这样的好孩子,也会有这样的想法,做出这样的事情。"听到迈克尔的母亲站在了索菲娅"一边",索菲娅和她的母亲泪流满面,迈克尔的母亲站起来拥抱了她们。然后,她又坐了下来,把手轻轻地放在儿子的胳膊上,讲述了她自己的家庭成员过去遭受性暴力的故事。

随着谈话的深入,迈克尔表达了自己对"同意"的困惑。他谈到了媒体模棱两可的描述,以及他的朋友们讲述自己性经历的方式。接着他表示,他认为自己的行为"没有问题,因为他觉得索菲娅对他表示了兴趣"。索菲娅"直视着他的眼睛,告诉他这与他选择在她拒绝时侵犯她没有关系"。迈克尔似乎明白了这一点。他看起来对"同意"有了新的理解,这会降低他再次侵犯的可能性。索菲娅也重新获得了力量。

随后,会议转向了修复索菲娅所受伤害的计划。迈克尔自愿在社交媒体上发布道歉声明,包括"她没有撒谎"等表述,以恢复她在同伴中受损的名誉。索菲娅要求迈克尔在家待一个月,在学校给她"空间",迈克尔同意了。

恢复性司法程序帮助索菲娅继续生活。在会议结束后的几周里,她的母亲报告说,索菲娅"比性侵发生前更自信了"。她重新穿上了适合自己身材的衣服;搬回了自己的卧室;她比以前更愿意坚持自己的观点和感受(包括对家中的男性)。被性侵打破的许多东西都得到了修复。索菲娅能够与迈克尔进行对话,迫使他正视其侵犯行为的全部事实。她得到了家人的支持,也得到了迈克尔家人的支持。她看到迈克尔为自己的行为承担了后果。最后,迈克尔被追究了责任。这一切都是因为索菲娅受到了重视。知道自己的价值受到重视,这让她重新回到坚实、平等的根基之上。[21]

当恢复性司法实践如愿以偿地发挥作用时,幸存者受到信任。她的故事被相信。她所受的伤害被置于优先和中心位置,而最终目的是修复。她被认为是完全值得关照的。

在大学校园里,幸存者最有可能通过恢复性司法处理不端性行为,因为在大学校园里,教育和社群建设是机构的核心使命。[22]

这与其他环境——尤其是刑事司法系统——是不同的，它们有另外的优先目标。[23] 许多幸存者乐意在校园里选择恢复性司法，因为大学社区的封闭性和传统投诉的连锁反应会使对抗性的办法失去独特的吸引力。一项关于大学校园性侵犯的综合研究发现，在遭受性侵后，幸存者担心"失去朋友"、"将受玷污的身份强加给现在或以前的爱人"，以及"被视为'那个女孩'或'那个男人'"。[24] 解决纠纷的替代性方法，如谈判、调解和恢复性司法，可以解决这些问题。

不过，高等教育机构采用恢复性司法是近来才开始的。几十年来，在处理性侵案时，联邦指南一直不赞成使用替代性的纠纷解决模式，而是更正式的纪律处分程序。①

发生转变的原因之一是，高校希望推动原告以非正式的方式解决她们的投诉。与包含了调查与听证的完全成熟的《教育法修正案》第九条诉讼程序相比，非正式的响应在公共关系和诉讼上的成本通常更低。众所周知，校园中的施暴者和其他学生也会向指控者施压，要求她们通过非正式渠道解决控诉，因为在非正式渠道中，被告的风险更低。

幸存者被迫参与传统校园纠纷解决模式以外的替代性模式，对于她们来说——甚至对于那些自由选择这种模式的幸存者来

---

① 特朗普政府支持强化非正式纠纷解决程序的作用，同时发布指导方针，使传统程序对指控者施加更重的负担。2021年3月，拜登总统命令教育部对这些指导方针进行全面审查，从而有望使一些指导方针得到修订。[25]

说——结果可能也会令人失望。正如一位"第九条"的专家建议的那样,由于恢复性司法对施暴者来说"更温馨、更亲切、更温和",幸存者最终可能会认为自己申诉的严重性被降到了最低。这位"第九条"专家还经常听到女性说,回想起来,她们很后悔没有更严肃地对待自己遭受的性侵犯。一位幸存者代理律师说:"这几乎就没奏效过。施暴者的道歉向来不真诚。受害者永远没法感到安全,而朋友们也会不停地折磨受害者。"[26]

当幸存者不相信她们所在的机构会真正致力于实质性的改变时,非惩罚性的不端性行为处理方式就会显得可疑。例如,位于北加州的伯克利高中(Berkeley High School)就曾因涉嫌未能解决性骚扰和性侵犯问题而陷入困境。在过去的十年中,该校区已成为多起诉讼和联邦调查的目标。2020年2月,一份"需要警惕的男生"名单出现在女生厕所的隔间后,学生活动家们组织起来抗议学校文化,他们认为这种文化助长了不端性行为,并迫使受害者保持沉默。学生们解释道,问题的部分原因在于校方不愿意迫使暴力行为承担实质性后果。一位三年级学生怒气冲冲地说:"一直以来,我们都在听他们说无能为力。"当得知行政部门正在制订一项实施"恢复性司法圈"(restorative justice circles)的计划时,组织者们对这一不充分的应对措施感到愤怒。一名学生活动者表示:"他们说'在发生了这么多事情之后,给你们一个小小的*情感圈子*',我们认为这是不公平的。我们想要真正的惩罚。我们不希望在一个小圈子里谈论我们受到多大的伤害。"[27]

更令人担忧的是:恢复性司法的实践可能与更广泛的容忍暴

力的文化相适应。由于恢复性司法实践在很大程度上依赖于家庭成员和朋友的参与，因此很容易受到社会中盛行的偏见的影响。即使是出于好意，参与者也会在不知不觉中强化对于谁的痛苦重要、谁的痛苦不重要的普遍看法。同样，恢复性司法也可能完整延续现有的性和性别角色观念，其中包括"男人寻求性，女人给予性"，这是研究人员珍妮弗·赫希（Jennifer Hirsch）和谢默斯·卡恩（Shamus Khan）在他们对校园性侵犯的多年研究中观察到的观念。[28] 如果不刻意抨击造成性侵的文化规则，恢复性司法实践可能会复制这些规则，以及维持这些规则的种种不公。

法律学者萨拉·迪尔也表达了类似的担忧。维系和平是美国本土的一种传统司法方式，也是许多恢复性司法实践的基础。迪尔说，这些模式适用于解决多种纠纷，但不一定适用于性侵纠纷。她写道，恢复性司法的潜在缺陷之一"是假定当事人之间存在某种程度的平等——而强奸幸存者和施暴者显然处于不平等的地位"。[29] 被忽视的不平等很容易被复制，从而损害受害者的利益。

尽管存在这些危险，恢复性司法仍然可以为幸存者提供她们所寻求的认可。例如，新泽西学院（The College of New Jersey）将恢复性司法作为优先选项，约有一半投诉性侵的学生选择了恢复性司法程序。该校在多次听取了那些不想正式起诉，但坚持"我想让这个人知道他们做错了事"的学生们的意见后受到启发，并建立了这套替代性模式。

转移"耻辱负担":后果的意义

2015年,韦恩斯坦公司一位名叫劳伦·奥康纳(Lauren O'Connor)的文学星探向人力资源部门投诉这位传媒大亨。投诉中,奥康纳详述了自己遭受言语骚扰的经历,同时描述了她所称的"对女性有毒的公司环境"。奥康纳在内部投诉中叙述道,为韦恩斯坦工作的女性"实质上被利用来帮助他征服那些想获得工作机会的弱势女性"。她说,她一直向人力资源部门投诉,但没有任何成效。除了受到人身攻击,她还被告知什么也做不了。

在《纽约时报》对韦恩斯坦的调查中,奥康纳的投诉成了核心证据。奥康纳在写下这篇投诉时,痛苦地意识到了自己的脆弱。她说:"我是一个28岁的女人,正在努力谋生、发展事业。哈维·韦恩斯坦是一位64岁的世界名人,这是他的公司。在权力的天平上,我是0分,哈维·韦恩斯坦是10分。"然而,尽管站出来的风险显而易见,奥康纳却无法再保持沉默。她曾试图成为一名专业人士。"相反,"她写道,"我被性化、被贬低了。"[30]

事实证明,奥康纳对权力失衡的评估是正确的。即使在了解其投诉中对于韦恩斯坦的指控后,公司的董事会成员仍被劝服,认为没有调查的必要。在他们眼中,她是可以被牺牲的,而他则是不可撼动的。奥康纳与韦恩斯坦达成协议,其中包括了保密条款。她"撤回投诉,并感谢他给予她的职业机会"。[31]

奥康纳后来在2019年1月韦恩斯坦在纽约等待审判时观察到:"权力在多个层面上运作。它在职业层面上运作,对吧?有初级员工、高级员工、总裁、首席执行官和首席运营官。权力在媒体层面上运作。你有发声的平台吗？你有声量吗？你没发声的平台吧？你没声量吧？权力在资金层面上运作。你有钱吗？你没钱吧？而且，它还在性别层面上运作。所以，当我们说起哈维·韦恩斯坦的权力为10分，而我是0分时，这些就是衡量标准。"[32]

距奥康纳提交内部投诉已经五年，韦恩斯坦终于被纽约的陪审团认定有罪。第二天，奥康纳和其他几名指控者聚在一起，深思这一判决对她们意味着什么。对于所有出席的女性来说，这次定罪象征着韦恩斯坦长期利用的权力关系得到了逆转。"昨天，正义的天平使权力恢复平衡。它们倒向了性侵事件中的幸存者和工作场所中的平等，"奥康纳宣称。"现在，在权力的天平上，幸存者和打破沉默者是10分，而施暴者和掠夺者是0分。"

其他指控者也表达了类似的情感。这次的定罪是"全世界幸存者的胜利"。一个"标志性的时刻"。"所有性侵受害者都在一定程度上得到了伸冤"。韦恩斯坦的定罪赋予了指控者力量。"我不再为自己感到羞耻，因为羞耻应该属于他。"拉丽莎·戈梅斯（Larissa Gomes）评论道。这次定罪——一种对于过错的集体判断——使受害者能够"将羞愧和责任归咎于加害者，而非自己"，另一名指控者杰茜卡·巴思（Jessica Barth）说。

对于指控者路易丝·戈德博尔德（Louise Godbold）来说，这次定罪意味着每一名幸存者都很重要。"这不只关于哈维，"戈德博尔德解释说，"还关于一个由我们所组成的社会将容忍什么……信息很明确：你伤害他人，就要承担后果。"[33]

对幸存者而言，追究施暴者的责任总是至关重要的。但追责的目的可能并非你想象的那样。对于许多人来说，施暴者的*痛苦*并不是重点，惩罚本身也不是首要任务。与其希望施暴者被剥夺自由，受害者通常更希望他们被剥夺朱迪丝·刘易斯·赫尔曼所说的"不应得的荣誉或地位"。赫尔曼对受害者的研究显示，大多数求助于法律体系的人都有一个愿望：公开揭露犯罪者——并非无故羞辱他，而是要剥夺他"不应得的尊重和特权"。受害者渴望自己在家庭和社区中的"地位"相对于施暴者而言能够得到提升。正如赫尔曼所写的："揭露的主要目的不是通过伤害报复对方。相反，他们寻求来自社区的平反，谴责施害者对其权利和尊严的蔑视。"[34]

法律理论家称其为惩罚的表达功能。哲学家琼·汉普顿（Jean Hampton）及其他理论家建议，对犯罪者的惩罚可以使受害者得到平等的社会地位。当一个人受到侵犯时，她的地位会降低。施暴者把她当作比自己低贱的人，但这并不是她应得的。对施暴者的惩罚传达出此乃错误行为的信息，而且与之相反：受害者的重要程度并不比他低。她有价值，受到尊重，且有权得到保护。汉普顿写道："违法者通过犯罪行为贬低受害者；而惩罚则'收回'了那些贬低的信息。"[35]

法律学者肯沃西·比尔茨（Kenworthey Bilz）设计了一系列实验，测试惩罚对社会地位的影响，从而支持了惩罚的表达理论。研究参与者观看了电影《被告》（*The Accused*）的剪辑片段，该电影基于 1983 年在马萨诸塞州新贝德福德（New Bedford）发生的一起轮奸案。观看影片后，参与者被展示了两种结局。在惩罚版本中，罪犯——在研究中被描述为一名"大学生"和两个"镇上的人"——被判处强奸罪。而未惩罚的版本显示，在审判前，男子对一个较轻的非性目的的侵犯行为做出认罪。为了衡量这些结果对社会地位的影响，研究者要求参与者从各方面考虑社区成员如何评价受害者和施害者，包括每个人在多大程度上"受到钦佩"、"有价值"，以及"得到尊重"。

比尔茨发现，施害者受到惩罚时，他们的社会地位会降低，而受害者的社会地位得到提升。同时，未对施害者的强奸行为做出惩罚则会产生相反的效果：受害者的社会地位降低，施害者的地位上升。对于未受惩罚的"大学生"（与"镇上的人"相比），其公认的社会地位会更高。比尔茨总结说，惩罚是一种沟通手段，它"不仅传递，甚至可能改变受害者和罪犯的社会地位"。

布伦达·亚当斯是一名曾代理过许多校园性侵受害者的律师。她在实践中看到的情况完全符合惩罚的表达理论。她的客户通常希望对施暴者施加有意义的后果——不是为了复仇，而是为了重新分配被暴力所破坏的权力平衡。亚当斯告诉我："仅这一起事件就永远改变了幸存者的生活。她们再也回不到原来的样子。所以，她们无法理解这样一种想法：伤害她们的人的生活不会以任何方式改变。"没有任何制裁能够撤销受到的伤害。但是，对施暴者生活产生影响的集体判断，则可能有助于恢复幸存者在社区中应有的地位。

在比尔茨的研究中，强奸犯的定罪本身就被视为一种恢复受害者社会地位的惩罚。（参与者并不知道强奸犯是否受到监禁。）惩罚不必涉及"严厉处理"。比尔茨写道："立法机关可以'训诫'其违纪成员；国家可能会因侵犯人权受到谴责；初犯或未成年犯可能会收到'警告'，而不是罚款或监禁；各雇主、宗教团体和家长可能选择正式地谴责不端行为，而不是施加实际的、物质上的严厉处理。"为起到表达的作用，相关听众必须将这一后果视为惩罚，但那样的感知不可避免地出自主观。[36]

追责作为平反

多年来，我与每位指控者交谈时，她们都表达了以这样或那样的方式追究施害者责任的重要性，并且每个人都希望她的遭遇能够触发某种后果——再次强调，是对现状的实质性干预。不同的是所期望后果的性质。

研究执法机关对性侵反应的心理学家丽贝卡·坎贝尔观察到一系列类似的期望结果。坎贝尔在她的工作中谨慎地指出，并不是所有幸存者都会寻求警方和检察官的帮助——许多人认为监狱系统是不人道的，而且本身就是一个"种族主义、阶级主义和性别主义的系统"。一些受害者，即使她们转向刑事司法系统，也未必认为监禁是追责的正当标准，而其他人则视监禁为表达其遭遇严重性的唯一方式。坎贝尔写道："选择是否参与刑事司法系统以及正义的含义对于每一位幸存者来说都是不同的。"[37]

刑事定罪本身可能算作一种追究责任的方式。处理芝加哥罗伯特·凯利案的检察官珍妮弗·冈萨雷斯（Jennifer Gonzalez）告诉我，性犯罪的受害者经常认为，无论相关刑期是多少，刑事定罪都是有意义的。对于许多幸存者来说，定罪本身具有"承担侵犯重责"的效果。"如果某人不为其所做的事情承担责任，她就要独自承担那个重负，直到生命尽头。"冈萨雷斯说。同样地，起诉布罗克·特纳的阿拉莱·基亚纳尔奇告诉我，判决有罪确保受害者受到信任，这带来了宽慰。审议听证会提供了另一种疗愈途径，因为它为受害者提供了一个途径，以表达她的痛苦程度——并且有州的全力支持。基亚纳尔奇告诉幸存者："你终于要夺回权力了。"

通过刑事司法系统得到平反意味着什么？一位幸存者告诉我，她只是希望自己的指控能换来一份正式的起诉书，而不是被并入其他待审案件。即使这意味着施暴者不会因此增加刑期，但重要的是，他会因为对她的侵犯而被起诉。另一位幸存者则坚持认为，由于施暴者对她的所作所为，他应该在*一定程度上服刑*——监禁期的长短根本不重要。哪怕一天都可以，她说。但她反对这样的结果：该男子由于对她和另一个受害者的侵犯而同时服刑。而且，许多幸存者确实认为刑期长度很重要。刑期本身就可被看作对受害者的创伤及其重要性的反映。

雷切尔·登霍兰德（Rachael Denhollander）——首位公开指控拉里·纳萨尔性侵的女性——在她给法官的信中写道："今天，我写信是为了敦促您判处他最高刑期。"她在信中描述了自己的受虐经历和持续影响。她指出遭纳萨尔虐待的受害者数量惊人。她提出了一个她认为最为重要的问题:"一个小女孩有多少价值?"

对于登霍兰德而言,刑期是受害者价值的具体体现。她问道:"这些值得珍视的儿童遭受的摧残是否值得法律倾尽所能给予公正?"她接着说:"您判下的刑期将回答这些问题。"在登霍兰德看来,任何少于最高刑期的判决都会告诉受害者,她们没有受到完全的珍视。相较而言,当纳萨尔被判处最高刑期时,这就向她肯定了这些女性的生命值得"一切"。[38]

监禁时间显然不是一个完美的正义衡量标准,但许多受害者将相对较轻的刑罚——或根本没有监禁——视为她们与施暴者相比微不足道的证明。例如,一位强奸女兵者承认了罪行,坐了两个月的牢,退休后享受着全部福利。那位女兵说:"我从来都不是空军的一员。但强奸我的人是。"[39]一名指控者告诉我,她"只是想让判决显示出这种犯罪的沉重代价,它不该因为我认识侵犯者就变得不及其他罪行重要"。她向法官解释这一点,但法官并未判这名强奸犯入狱。

2018年底,贝勒大学(Baylor University)的一名学生及其兄弟会前主席就一起性侵指控达成和解,对非法拘禁这一较轻罪行不做争辩。事件发生在一次兄弟会的聚会上,受害者在跳舞时把杯子放在一边,随后喝了杯中的酒,立刻感到晕眩。她记得被告在她昏迷前强奸了她。

认罪协议允许清除这名男子的犯罪记录——他今后不会有任何犯罪历史。只要他完成三年的缓刑，支付400美元的罚款，并接受药物、酒精和心理治疗，他就可以避免任何牢狱之灾。

受害者的律师说，他从事法律工作四十年，"从未见过这样的私下交易"，并补充说"这简直是臭不可闻"。[40]受害者也非常愤怒。她说："我经历了地狱般的折磨，我的生活从此天翻地覆。这个人暴力强奸了我很多次，掐住我的脖子，在我昏过去之后，他把我脸朝下扔在地上，任由我自生自灭。"

在检察官写给受害者及其律师的信中，对没有在媒体报道之前告知他们协议认罪一事表示歉意。检察官承认，这一协商"不是我们所期望的结果，也不是我原本提出的方案"。但由于她刚刚提审了"一起非常类似的案件"，并且输了，因此她担心此案会影响庭审。检察官写道，在之前的案件中，陪审团"会寻找一切借口，以免判一个看起来年轻无辜的被告有罪"，尤其是在只有一名受害者的情况下。

在贝勒大学兄弟会一案中，受害人不认为这可以成为不判处监禁的理由。受害人说："听起来（检察官）似乎同意陪审员的意见，认为他长得一表人材，所以不应该被定罪，或者他只是强奸了一个女孩，所以我们得放过他。"她对接受认罪协议的法官说，她"深受打击"。她警告说，强奸犯"会因为他们对女性的权力而更加肆意妄为，他们有能力逃脱法律的制裁和惩罚"。[41]

幸存者还可能将监禁视为防止施暴者再次犯罪的一种方式。

在多次犯罪或"无端虐待"的情况下，受害者经常提到这一目标对达成公正结果的重要性。[42] 对许多人来说，如果她们的指控是重要的，那就必须促成反馈，以保护她们自己和未来的潜在受害者。

让我们回到明尼苏达大学学生阿比·霍诺尔德身上，她在一次橄榄球尾门派对中被一名同学暴力强奸。在这名男子承认自己性侵了霍诺尔德及另一名女性后，他被判处六年以上监禁。[43] 在霍诺尔德看来，发生在她身上的事非常重要，因为这最终使其他女性免受连环强奸犯的伤害。她告诉我："我很高兴在过去的几年里，他无法再伤害别人了。这确实是我想要的结果。我知道现在没有人受到他的伤害，我也不必为此担心，尽管这不应该是我的责任，但我认为很多受害者最终都会深深地感受到这种责任——包括我自己。"

霍诺尔德还说，案件的解决有助于她治愈创伤。她解释说，定罪和判刑不仅是一种"社会对此事的确发生过的承认"，也是集体表达"我们很抱歉，你不该受到如此对待"的一种方式。对霍诺尔德来说，她与警察和检察官打交道的经历大多是负面的，而这是来自国家的重要表达——一种团结的表达。

———

全社会的谴责传递了绝不姑息不端性行为的信号。这改变了助长暴力的条件——也为幸存者平反。当受信任的机构没能谴责施暴者时，它们就会受到公众舆论和法庭的追责。对许多幸存者来说，这种问责至关重要。

玛丽萨·赫希施泰特告诉我，纽约的妇科医生在她怀孕期间侵犯了她，那位医生本不应该被允许仅承认对两名病人施暴，并免除一切牢狱之灾。[44] 她说，检察官驳回了她和其他数十名妇女的起诉，这加深了她所受到的侵害。赫希施泰特已经成为一名倡导者，她希望以更好的方式起诉性侵行为。[45] 但她认识到，追责不仅仅是刑事司法的事。

赫希施泰特认为，多年来，对受害者的无情漠视保护了对其施暴的人，使他免于承担后果，并允许他继续伤害他所护理的病人。她和其他77位女性起诉纽约长老会医院，指控该医院在注意到医生侵犯行为的同时，还纵容其近二十年的暴力行径。[46] 这些妇女的诉求清单包括做出保护其他女性免受医生施暴的改革。"我们该如何保护其他患者的安全？"赫希施泰特问道。"因为我们继续把这些连环侵犯者称作偶发或异常情况时，就会使我们忽视这样一个事实，即这种情况比我们愿意承认的要常见和普遍得多。"她坚持认为，不端性行为的指控应该促使机构进行真正的改革，防止暴力行为再次发生。

———

工作场所的内部调查对性骚扰受害者也有类似的作用。真实可信的调查结果会迫使工作场所的团体成员（包括管理层和领导者）做出回应，对施暴者和其他同谋追究必要的责任。如果没有这样的集体回应，受害者就无法得到平反。

2017年底,十多名女性——前法律助理、法学教授、一名法学院学生——公开对亚历克丝·科津斯基(Alex Kozinski)提出性骚扰指控,科津斯基在加利福尼亚州第九巡回上诉法院担任联邦法官长达三十多年。在科津斯基否认有不法行为并辞去法官职务后,调查他的司法小组结束工作,声称无权继续调查。至少对于三位指控者——莉亚·利特曼(Leah Litman)、艾米丽·墨菲(Emily Murphy)和凯瑟琳·库(Katherine Ku)——来说,这一结果完全不能令人满意。这些女性都是律师,她们指出,尽管她们的指控都得到了细致的证实。但最终,她们写道:"它们无法导向一个官方调查结果来确认真相。"

科津斯基在辞职仅数月后便重返公众生活。其指控者说,他在公开场合的表现"轻松得令人失望",丝毫没有提及这些女性的指控。这种沉默强化了共谋文化,使性暴力进一步正常化。利特曼、墨菲和库写道:"正式追责程序的缺失提供了一种简单而空洞的方式,以无视对他的指控——仅仅被视为指控。"当有权势者在家人、朋友或公众眼中短暂地颜面扫地时,不端性行为指控的污名——包括那些得到证实或承认的指控——往往转瞬即逝。[47]

科津斯基的三位指控者也提出,即使没有官方调查结果,被告身边的人仍然可以认可对他的指控。[48]这至少能在一定程度上为挺身而出的女性平反。

许多幸存者发现,民事诉讼提供了平反的最佳前景,在刑事

系统未能奏效的情况下尤其如此。约翰·克鲁尼曾是博尔德市性犯罪方面的检察官,后转为民事诉讼律师,他说他的客户往往首先求助于执法部门,希望施暴者被追究刑事责任。"只有在警方对所发生的事无动于衷之后,她们才会开始寻找其他途径。"克鲁尼告诉我。他解释说,"这时候她们就会开始向律师寻求其他补救措施,比如民事诉讼",争取"夺回至少一小部分控制权"。

民事诉讼提供了一种特殊的问责机制。胜诉的受害者可以从让施暴者或其雇主,或者两者都为其伤害*付出代价*这一事实中获得满足。除了赔偿幸存者损失之外,损害赔偿"作为犯罪者有罪的公开象征"可能更为重要。[49]现状被实质性地打破了。

费城律师罗伯特·万斯曾代理过许多低薪工人,他说,虽然他的客户对经济补助心存感激,但她们获得信任和支持的感觉同样重要。大多数和解协议都包含一项条款:付款并不意味着承认责任。但万斯告诉我,他的客户对此有不同的看法。"当案件和解时,她们的观点就得到了证实。因为她们很自然地认为,'如果什么都没做错,如果你没做什么,那就不会为你对我的所作所为向我支付赔偿金'。"和解就是平反。它是对所承受的一切的补偿。这是对受害者长期以来所遭受的漠视的扭转,她们坚持认为自己应该得到更好的对待。万斯说,"在整个过程结束时",她们成了"更强大的人"。

当我们为幸存者提供她们所寻求并应得的认可和平反时,我们便动摇了那些企图压制指控的力量。正如我们所看到的那样,可信度复合体虽根深蒂固,但终究*能*被一步一步瓦解。

结　论

2011年5月，也就是哈维·韦恩斯坦被判性侵罪近十年前，几内亚黑人妇女纳菲萨图·迪亚洛（Nafissatou Diallo）在曼哈顿中城的一家高档酒店索菲特（Sofitel）做客房服务员。八年前，她带着年幼的女儿来到纽约，当时她不会读写任何语言，但获得了庇护权。为了挣钱，她编过辫子，在朋友的店里帮过忙，2008年才在这家酒店找到工作。她每天打扫14个房间，每小时能挣25美元。据迪亚洛的上司说，她是位模范员工。

在某个周六的中午，她以为酒店总统套房2806室已经空出来了，就进入房间打扫卫生。迪亚洛说，她一走进去，就遇上一个头发花白的裸体男子。该男子就是多米尼克·施特劳斯-卡恩（Dominique Strauss-Kahn），时任国际货币基金组织（the International Monetary Fund）总裁，也是法国总统候选人。迪亚洛记得，他一边说"你真美"，一边把她推向套房的卧室,而她坚持说:"先生,别这样。我不想丢掉工作。"她后来回忆说,当时感到"非常害怕"。

据迪亚洛描述,侵犯很迅速。他把她拉到床上,试图把阴茎放进她的嘴里,而她却紧闭嘴唇,扭过脸。她设法推开他,希望能吓退他,还提到她的上司就在附近。施特劳斯-卡恩把她推向浴室,把她的制服拉到大腿上,撕开她的丝袜——她当时穿了两双——把手伸进她的内衣下面,用力抓住她的阴道外侧。他粗暴地让她跪下,背靠墙面,双手抱住她的头,强迫她为他口交。她记得自己站了起来,吐了一口唾沫,然后跑进了走廊。"我很孤独。我很害怕。"她说。

钥匙卡记录证实,整个事件在几分钟内就结束了。她回忆说,她的上司很快就在走廊里发现了显然受到惊吓的她,问她怎么了,迪亚洛回答:"如果有人想在工作时强奸你,你会怎么做?"上司的回应引发了一连串的事件,经过漫长的煎熬,迪亚洛终于得到了公正的审判。这名主管说,她指控的男子是一名"VIP 客户",又补充说,但"我才不管呢"。大约一小时后,在另一名主管和两名酒店安保人员的配合下,酒店拨打了 911。与此同时,施特劳斯-卡恩退房前往机场,但把手机忘在了房间里。1

警方把迪亚洛护送至医院,一名护士对她进行了妇科检查,观察到其皮肤发红。① 迪亚洛制服上的污渍很快被确认是精液,后

---

① 根据医疗记录,迪亚洛还报告说她的左肩疼痛2,但——正如经常发生在女性,尤其是黑人女性描述其症状时的情况一样,她的投诉毫无结果:没人给她做 X 射线检查,也没人给她开止痛药。在初次到医院就诊约六周后,通过核磁共振检查,骨科医生诊断其左肩软骨撕裂。

经鉴定,与施特劳斯-卡恩的DNA相吻合,迪亚洛丝袜上发现的DNA同样如此。在酒店报警后的几小时内,施特劳斯-卡恩在机场被拘留。他的律师首先提出了不在场证明,暗示在所谓的邂逅过程中他根本不在房间里。但辩方很快转而声称双方是自愿发生性关系的。被捕几天后,地区检察官办公室将此案提交给曼哈顿大陪审团,陪审团指控斯特劳斯-卡恩犯有多项性犯罪,包括强迫口交。

从迪亚洛站出来的那一刻起,她和她的可信度就受到了公众舆论的攻击。媒体和评论员的猜测五花八门。说她是为了斯特劳斯-卡恩的钱;她是被操纵的棋子,目的是破坏他的总统竞选;她是一个"职业骗子""欺骗大师""病态说谎家""丢人的女仆""妓女"和"臭名昭著的索菲特女仆/妓女"。

在斯特劳斯-卡恩被捕三个月后,地方检察官办公室建议撤销所有指控。"不可否认,"检察官在给法院的信中写道,"要让陪审团认定被告有罪,就必须在排除合理怀疑的情况下说服陪审团原告是可信的……如果我们在排除合理怀疑的过程中不相信她,我们就不能要求陪审团这样做。"

到底是什么动摇了他们的信心?检察官说,在他们的调查过程中,迪亚洛对事发后的说法发生了变化——她显然对自己在逃离斯特劳斯-卡恩的套房后,是否打扫了一会儿附近的房间摇摆不定。检察官还指出迪亚洛与此无关的"虚假陈述",包括她提交的低收入住房所需的证明,以及关于近期在几内亚被士兵轮奸的描述——她后来收回了这一说法。检察官解释说，除了迪亚洛对有关事件的叙述外，"所有可能与暴力和未经同意等争议相关的证据都没有定论"。检察官指出，她裤袜上的裂口既符合强迫性交的情形，但也吻合双方同意的性行为。同样，现有的生理和法医证据也无法证明使用了暴力。

即使存在另一名指控者，也无法改变推演结果。在调查过程中，一名法国记者也站出来对斯特劳斯-卡恩提出性侵指控——她说斯特劳斯-卡恩在一间空荡荡的公寓里试图强奸她，当时她正在采访他。但基于限制采纳"未指控罪行"证据的判例法，检察官认为他们不太可能在审判中引入该记者的证词。总之，检察官对"原告的可信度表示严重关切"，他们认为这导致"无法解决在被告酒店套房内究竟发生了什么的问题"。

迪亚洛的律师谴责说，驳回起诉是对正义的否定，也是一种颇具危害的抛弃——抛弃迪亚洛，抛弃所有未来的性侵受害者。

但故事并未就此结束。2011年8月，在刑事案件被驳回几天后，迪亚洛对斯特劳斯-卡恩提起民事诉讼，声称他的性侵给她造成了身心伤害，并对她的名誉造成了永久性损害。她说，她提起诉讼是为了"维护自己的权利，维护自己作为一名女性的尊严，让多米尼克·施特劳斯-卡恩为他在2806号房间对她实施的暴力和恶劣行径负责，让她年幼的女儿懂得，无论男人有多少金钱、权力和影响力，都不应该侵犯她的身体，并且要为全世界所有遭到强奸、性侵或暴力却不敢声张的女性挺身而出"。

233　　　从可信度复合体的角度考虑，我们可以把迪亚洛的遭遇理解为典型的可信度受损，我们也可以把斯特劳斯-卡恩获得的待遇看作是公信力的大幅提升。从医院到刑事司法系统，再到公众舆论，迪亚洛的指控所引发的后果与本书中出现的许多女性的经历如出一辙。迪亚洛受到了评论家们的各种不信任、指责和漠视——接着又被检察官们驳回，他们可能会说自己负有排除合理怀疑才能证明有罪的职责。物证证实了迪亚洛的说法，但检察官担心陪审员们对她的反应，他们也表达了自己的疑虑。这些证据与我们长期以来所期待的明确证据相去甚远：严重的身体伤害、搜出来的凶器、与未知陌生人匹配的 DNA。由于迪亚洛的可信度降低了，于是，无论斯特劳斯-卡恩声称"同意"的辩护有多么牵强附会，都会赢得胜利——而无需陪审团听取案件。所有旁观者都看到，又一名指控者被驳回了。对于那些已经持怀疑态度的人来说，"女性谎称强奸"的说法再次得到了证实。

　　这起案件从头到尾都充斥着权力因素。2020 年 11 月，我与迪亚洛的律师道格拉斯·维格多尔（Douglas Wigdor）做了交谈，他告诉我："在我看来，毫无疑问，如果她不是来自非洲的移民，她会受到极为不同的待遇。"事实上，施特劳斯-卡恩是世界上最有权势的人之一，而且是白人，这让迪亚洛处于更加不利的位置。可信度复合体一如既往地巩固着现状。

　　但仍有一丝希望：在撤销刑事案件的过程中，有几个关键时刻，人们*相信*了迪亚洛——她的指控没有不被信任，她没有被指责，也没有被忽视。迪亚洛的上司明确表示，施特劳斯-卡恩的贵宾身份不应使他豁免于为自己的行为承担后果。警方收集到充足的证据实施逮捕，检察官向大陪审团提交了案件，大陪审团也提起诉讼。黑人民间领袖和一些妇女权利团体集会支持迪亚洛，并要求斯特劳斯-卡恩承担责任。这些时刻证明，迪亚洛的指控很重要，*她很重要*。那些并未折损其可信度的人给予她力量，她得以利用警方在刑事调查过程中收集到的证据，继续提起民事诉讼。

234

2012年12月，民事诉讼得到判决。施特劳斯-卡恩最终同意迪亚洛的索赔要求，但未透露具体金额。维格多尔发表了一份声明："与多米尼克·施特劳斯-卡恩达成协议，解决迪亚洛女士的赔偿问题，为这漫长而艰难的一年半画上了句号。这项和解协议将为她和她的女儿提供了一个新的开始，使她们能够向前迈进，开启治愈之路。"

———

2020年2月底的那个早晨，当我坐在纽约市的法庭上等待哈维·韦恩斯坦的判决时，我想起了纳菲萨图·迪亚洛。我在想，如果她的故事发生在今天，是否会有不同的结局。相似之处令人震惊：同样的检察官办公室、类似的指控、"同意"辩护、一位有权势的被告。而这一次，有权势者将被追责——这是完完全全的新鲜事。然而，像迪亚洛这样独自站出来的女性，想获得刑事司法正义的前景仍十分渺茫，尤其在她是一名有色人种女性的情况下。迪亚洛在法律系统内外遇到的障碍依然存在。无数的指控者都面临着这些障碍。当韦恩斯坦案的陪审员宣布他们的判决时，我反思着要如何才能真正扭转局面。

如果我们想看到真正的改变，我们就必须打破可信度复合体的束缚。要做到这一点，就必须重塑法律和文化，使信任、指责和关照不再以权力为轴心。

我们的日常互动就是一个极好的起点。我们知道，大多数性侵犯和性骚扰的幸存者最初都会告诉自己身边的人。朋友、家人、同事和导师会成为特定类型的"第一响应者"。心理学家金伯利·朗斯威将首次披露的时刻称为"分岔路口"，因为幸存者信任的核心圈成员会在暴力事件的后续发展中起到重要作用。[3]我们就是这些受到信任的人。我们确实可以做得更好。

以下指导原则可以帮助我们。

首先，通过更好地校准我们选择的置信水平，公平回应指控的概率就会增加。在为信念设定适当的置信度时，我们必须注意其背景。如果案件导致的利害关系相对较小——被告的自由、教育或就业并不会受到威胁——那么我们个人的说服标准就应该比法庭上的宽松得多。在刑事诉讼之外，根本没有理由要求证据得排除合理怀疑。在其他场合——例如，被告的工作受到威胁时——我们要求的证据水平应该低于最苛刻的证据标准，但应高于在个人生活中做回应所需的水平。

其次，我们可以改进对指控和否认的推理过程。怎样改进呢？就是要摒弃陌生人强奸模式及其产生的原型——完美受害者*和*魔鬼施暴者。这些神话之所以强大，是因为我们没有意识到它们的影响。一旦我们有了意识，它们的影响就会消散，从而为科学、心理学，以及对暴力和促使其发生的等级制度的准确理解开辟空间。

此外，我们可以抵制推卸责任的倾向，尤其是在女性的行为方式极易引发我们的评判时：例如，当女性酗酒时；当她们的衣着和行为过于"性感"时；当女性呼救不够大声、抗争不够激烈、逃得不够快时；当女性没有切断与施暴者的所有联系时。我们需要认识到，长期以来，我们一直不愿意让男性为其不当行为负责。

最后，我们可以缩小关照落差。那些与我交谈的女性并没有向她们的披露对象——朋友和家人——提出太多要求。但她们的亲人还是让她们失望了。一位指控者告诉我，她只希望得到一句"我听到了，我相信你，我会支持你……"。也许她本希望有人能分担她的情感负担。如果她选择向警方报案，或许她会希望有人陪伴。她可能希望自己的朋友与施暴者断绝关系。或许，我们只要知道这些措施是可行的，就会有所帮助。无论采取哪种形式，家人和朋友的支持都会表明他们知道暴力是错的，对她造成了伤害。这将证明，她对他们而言很重要。单凭这一点，就能使世界大为不同。

———

我们对不端性行为的清算始于个人——但绝不能止步于此。文化上的进步需要法律的变革。在许多重要改革中，那些折损可信度的规则——我在本书中描述的所有方面——都需要彻底改革。

只要不信任、指责和漠视能在我们的法律理论中找到出口，改革就迫在眉睫。

要颠覆那些蕴含不信任的规则，我们必须延长允许进行申诉的时间——对报告职场性骚扰的时间限制，以及提起刑事和民事诉讼时过于严格的时效法规。这些规定应该更加贴合暴力及其后果的现实情况。我们必须确保，在诉讼的取证阶段，不再允许对性骚扰原告的过去进行过度深入的调查，同时包庇被告暴力的行为模式。

为了扭转将责任转嫁给受害者的规则，我们必须剔除强奸法中自愿醉酒的辩护，并使"同意"的定义现代化，以解除口头反抗的要求。在民事方面，我们必须废除"骚扰行为是受欢迎的"这一推定，并正式确立完全相反的理解——骚扰行为是不受欢迎的。

为了摆脱那些无视幸存者所受伤害的规则，我们必须剔除审理中对暴力证据的要求，以及残余的婚内强奸豁免权。在性骚扰法中，我们必须取消"严重或普遍"的标准，提高伤害的上限，扩大对弱势工作者的保护，包括家政工人、农场工人、合同工、实习生和志愿者。

在一些州，我所概述的许多变革正在进行中。[4] 但是，法律体系折损可信度的情况是很难仅仅通过法律改革来解决的。每当执行者行使自由裁量权或作出判断时，文化偏见就会悄然出现，这在刑事和民事诉讼过程中都会发生：警察选择如何调查和是否逮捕；检察官决定提出何种指控（如果有的话）以及是否进行审前的处置；法官作出证据裁定、量刑决定和法律裁决；陪审员评估可信度、权衡证据，并在民事案件中估算损失。

  从上到下，从头至尾，法律都是*由人*来实施的。这就是我们所面临的问题——这并不意味着法律改革毫无意义，只是其影响范围有限。如果我们要实质性地改变法律的执行方式，我们的文化本身就必须进化。我们必须杜绝可信度受损和可信度提升。这是一个巨大的挑战，但我们每个人都有能力应对。从我们公正地回应一起性侵指控的那一刻起，我们就启动了文化转型。

致　谢

当我考虑要写一本关于可信度的书时，我知道此书必然是以幸存者的故事为动力的。她们愿意将自己的故事托付给我，这是对我的一种鼓舞，也时刻提醒着我她们所承受的一切。对于她们的坦诚，我的感激之情无以言表，也被她们的勇气所激励，我已尽我所能，去尊重她们的经历。在我尚未构思这本书时，就已经有数不清的女性在这几十年中与我分享了她们的故事。尽管我没有写下她们的名字，但她们同样在书页之中。

我还要感谢与我交谈过的律师、心理学家、社会学家、哲学家、活动家、执法人员和记者——其中有些人还讲述了自己的受虐经历。这些专家的真知灼见极大地丰富了本书的内容。

我对他们深表感激：Kate Abramson、Brenda Adams、Katie Baker、Kevin Becker、Scott Berkowitz、Rebecca Campbell、Eve Cervantez、John

Clune、Jillian Corsie、Sarah Deer、Paula England、Deborah Epstein、Jennifer Freyd、Terry Fromson、Jennifer Gonzalez、Fatima Goss Graves、Chloe Grace Hart、Venkayla Haynes、Caroline Heldman、Marissa Hoechstetter、Nancy Hogshead-Makar、Abby Honold、Jim Hopper、Nicole Johnson、Debra Katz、Alaleh Kianerci、Jennifer Langhinrichsen-Rohling、Lauren Leydon-Hardy、Jennifer Long、Kimberly Lonsway、Rachel Lovell、James Markey、Rose McGowan、Tom McDevitt、Aja Newman、Jennifer Reisch、Marissa Ross、Lynn Hecht Schafran、Joseph Sellers、Rachael Stirling、Sharyn Tejani、Lauren Teukolsky、Carol Tracy、Alison Turkos、Vanessa Tyson、Robert Vance、Amelia Wagoner、Carolyn West、Douglas Wigdor、Ari Wilkenfeld、Janey Williams。

许多幸存者表示，她们相信本书的重要性。她们对本书所能实现的使命的乐观态度是一种强大的动力。其中一次相遇尤为重要。在写作本书的早期阶段，我有幸结识了塔拉纳·伯克，在写作过程中，我们之间的交流不断引发共鸣。

从一开始，我的经纪人珍妮弗·盖茨（Jennifer Gates）就看到了本书背后的迫切需求。没有她，就没有这本书。珍妮弗非凡的远见、创造力和智慧推动着项目的进展，她坚定地相信这些观念的力量，以及它们对于我们应对暴力方式的颠覆潜力。

不屈不挠的卡伦·里纳尔迪（Karen Rinaldi）是我的出版商和编辑，她有一股天然的力量，立刻就明白了这本书的重要性，并清楚地知道达到这个目标需要付出怎样的努力。卡伦是你最希望合作的人，她的智慧无与伦比。我还要感谢 Harper Wave 的杰出团队，包括 Sophia Lauriello、Penny Makras、Yelena Nesbit、Brian Perrin 和 Rebecca Raskin。

阿曼达·穆恩（Amanda Moon）非常清晰地看到了本书的前景。她出色的编辑直觉使我的论点更为犀利，声音更加响亮，并驯服了一系列难以驾驭的想法。与她合作总是充满乐趣。

娜塔莉·米德（Natalie Meade）对每一个事实都进行了精确核查，并提出了远超预期的建议。

2019 年，我有幸获得西北大学多萝西·安和克拉伦斯·L. 维尔斯泰格杰出研究奖学金（Northwestern University's Dorothy Ann and Clarence L. Ver Steeg Distinguished Research Fellowship Award）。我要感谢约翰·韦尔·斯泰格和简·韦尔·斯泰格夫妇（John and Jane Ver Steeg）的慷慨解囊和对本书的由衷喜爱。

西北大学普利兹克法学院（Northwestern's Pritzker School of Law）的许多人提供了极大的支持。汤姆·盖洛德（Tom Gaylord）不遗余力地确保我的研究是最新且全面的。莫莉·海勒（Molly Heiler）和萨拉·舒梅克（Sarah Shoemaker）提供了最好的行政协助。一个由学生组成的强大团队以饱满的热情和智慧参与了最初的章节，他们是：Riley Clafton、Emily Jones、Anastasiya Lobacheva 和 Isabel Matson。我的现任和前任院长 James Speta、Daniel Rodriguez 和 Kimberly Yuracko 给予了坚定的鼓励。我出色的同事们也以真正重要的方式提供了帮助。我要为写作过程中的交流特别感谢 Shannon Bartlett、David Dana、Erin Delaney、Jocelyn Francoeur、Paul Gowder、Tonja Jacobi、Emily Kadens、Heidi Kitrosser、Jay

Koehler、Jennifer Lackey、Candy Lee、Bruce Markell、Jide Nzelibe、James Pfander、David Schwartz 和 Juliet Sorensen。Peter DiCola、Sarah Lawsky、Janice Nadler 也在整个过程中阅读了草稿，分享了精辟的反馈意见，并给予了极好的建议。

我非常幸运，身边都是最好的朋友。多年来，他们一直关注本书——包括它的进展和内容。他们为我加油打气（有几次还帮我阅读初稿），这都是可遇不可求的。衷心感谢 Jeff Berman、Julie Bornstein、Susan Gallun、Andrew Gold、Kate Masur、Molly Mercer、Jenn Nicholson Paskus、Kaari Reierson、Maura Shea、Sarah Silins、Peter Slevin、Marc Spindelman、J. D. Trout、Kimberly Wasserman、Lisa Weiss、Nichole Williams 和 Daria Witt。还要特别感谢 Bobbi Kwall，她渴望了解每一个细节。

我的哥哥艾伦（Alan）拥有无穷无尽的乐观与幽默，这大大减轻了我在疫情期间写书的负担。

我的父母弗兰克（Frank）和芭芭拉（Barbara）是我在各方面的楷模，当然，我的一切都要归功于他们。

迪伦（Dylan）不愿意接受感谢，当然也不愿意听长篇大论。我的感激之情无以言表。

我处于青春期的孩子马克斯（Max）和里奥（Leo），是我无限骄傲和幸福的源泉。在这本书诞生的过程中，他们的密切关注、付出及团结一致，使不可能变为可能。为此，我对马克斯和里奥表示最衷心的感谢。他们永远是我尊重、关爱和宠溺的人，也让我恒久不渝地承诺，将不懈奋斗，以期共筑一个更加公正的世界。

注 释

作者说明

1. Donna Freitas, *Consent: A Memoir of Unwanted Attention* (New York: Little, Brown and Company, 2019), 289.

2. Michele C. Black et al., "The National Intimate Partner and Sexual Violence Survey: 2010 Summary Report," National Center for Injury Prevention and Control, Centers for Disease Control and Prevention (2011): 18-19, 24, https://www.cdc.gov/violenceprevention/pdf/NISVS_Report2010-a.pdf.

导 言

1. Kimberly A. Lonsway and Joanne Archambault, "The 'Justice Gap' for Sexual Assault Cases: Future Directions for Research and Reform," *Violence Against Women* 18, no. 2 (2012): 149-50.

2. "The Criminal Justice System: Statistics," RAINN, accessed January

2, 2021, https://www.rainn.org/statistics/criminal-justice-system.

3. Anna Madigan, "Rape Cases in Virginia Often Go Unsolved," NBC 12, December 9, 2019, https://www.nbc12.com/2019/12/10/rape-cases-virginia-often-go-unsolved/; Jim Mustian and Michael R. Sisak, "Despite #MeToo, 'Clearance Rate' for Rape Cases at Lowest Point Since the 1960s," *USA Today*, December 27, 2018, https://www.usatoday.com/story/news/nation/2018/12/27/rape-cases-clearance-rate-hits-low-despite-metoo/2421259002.

4. Abby Ohlheiser, "The Woman Behind 'Me Too' Knew the Power of the Phrase When She Created It—Ten Years Ago," *Washington Post*, October 19, 2017, https://www.washingtonpost.com/news/the-intersect/wp/2017/10/19/the-woman-behind-me-too-knew-the-power-of-the-phrase-when-she-created-it-10-years-ago.

5. Andrea Johnson et al., "Progress in Advancing Me Too Workplace Reforms in #20StatesBy2020," National Women's Law Center (July 2019): https://nwlc- ciw49tixgw5lbab.stackpathdns.com/wp-content/uploads/2019/07/final_2020States_Report-9.4.19-v.pdf.

6. Adam Kuper, *Culture: The Anthropologists' Account* (Cambridge, MA: Harvard University Press, 1999), 227.

7. Richard Johnson, "What Is Cultural Studies Anyway?" *Social Text*, no. 16 (1986): 39.

8. Kimin Eom and Heejung S. Kim, "Cultural Psychology Theory," in *Theory and Explanation in Social Psychology*, eds. Bertram Gawronski and Galen V. Bodenhausen (New York: Guilford Publications, 2014), 328f; Alan Page Fiske et al., "The Cultural Matrix of Social Psychology," in *The Handbook of Social Psychology*, 4th ed., eds. Daniel T. Gilbert, Susan T. Fiske, and Gardner Lindzey (New York: McGraw-Hill, 1998), 915.

9. Naomi Mezey, "Law as Culture," *Yale Journal of Law & the Humanities* 13, no. 1 (2001): 48.

10. Susan S. Silbey, "Making a Place for a Cultural Analysis of Law," *Law and Social Inquiry* 17, no. 1 (1992): 41; Austin Sarat and Thomas R. Kearns, "The Cultural Lives of Law," in *Law in the Domains of Culture* (Ann Arbor: University of Michigan Press, 2000).

第一章 以权力为轴线：可信度复合体的运作方式

1. Liz Calvario, "Rose McGowan Reveals She Was Raped by a Hollywood Executive," IndieWire, October 14, 2016, https://www.indiewire.com/2016/10/rose-mcgowan-tweets-raped-by-hollywood-executive-1201736965.

2. Jodi Kantor and Megan Twohey, "Harvey Weinstein Paid Off Sexual Harassment Accusers for Decades," *New York Times*, October 5, 2017, https://www.nytimes.com/2017/10/05/us/harvey-weinstein-harassment-allegations.html; Ronan Farrow, "From Aggressive Overtures to Sexual Assault: Harvey Weinstein's Accusers Tell Their Stories," *New Yorker*, October 10, 2017, https://www.newyorker.com/news/news-desk/from-aggressive-overtures-to-sexual-assault-harvey-weinsteins-accusers-tell-their-stories.

3. Rose McGowan, *Brave* (New York: HarperCollins Publishers, 2018), 122.

4. McGowan, *Brave*, 126–27.

5. Jodi Kantor and Megan Twohey, *She Said: Breaking the Sexual Harassment Story That Helped Ignite A Movement* (New York: Penguin Press, 2019), 101.

6. Rose McGowan, "Rose McGowan On Lisa Bloom Memo In New Book, 'She Said,' " interview by Michael Martin, *All Things Considered*, NPR, September 14, 2019, https://www.npr.org/2019/09/14/760876409/rose-mcgowan-on-lisa-bloom-memo-in-new-book-she-said.

7. McGowan, *Brave*, 128–29.

8. Trina Grillo, "Anti-Essentialism and Intersectionality: Tools to Dismantle the Master's House," *Berkeley Women's Law Journal* 10, no. 1

(1995): 19.

9. Estelle B. Freedman, *Redefining Rape: Sexual Violence in the Era of Suffrage and Segregation* (Cambridge, MA: Harvard University Press, 2013), 27.

10. Grillo, "Anti-Essentialism and Intersectionality," 19.

11. Venkayla Haynes, "Black Women Who Are Raped Don't Matter," Medium, June 13, 2019, https://medium.com/@VenkaylaHaynes/black-women-who-are-raped-dont-matter-b5fc0791a642.

12. Angela P. Harris, "Race and Essentialism in Feminist Legal Theory," *Stanford Law Review* 42, no. 3 (1990): 595.

13. Shaquita Tillman et al., "Shattering Silence: Exploring Barriers to Disclosure for African American Sexual Assault Survivors," *Trauma, Violence, & Abuse* 11, no. 2 (2010): 65.

14. Jane Mayer, "What Joe Biden Hasn't Owned Up To About Anita Hill," *New Yorker*, April 27, 2019, https://www.newyorker.com/news/news-desk/what-joe-biden-hasnt-owned-up-to-about-anita-hill.

15. Jane Mayer and Jill Abramson, *Strange Justice: The Selling of Clarence Thomas* (New York: Houghton Mifflin Harcourt, 1994), 114–15.

16. Anita Hill, *Speaking Truth to Power* (New York: Anchor Books, 1997), 281.

17. Hill, *Speaking Truth to Power*, 279, 277.

18. LaDonna Long and Sarah E. Ullman, "The Impact of Multiple Traumatic Victimization on Disclosure and Coping Mechanisms for Black Women," *Feminist Criminology* 8, no. 4 (2013): 301–4.

19. Tillman et al., "Shattering Silence," 64–65.

20. André B. Rosay, "Violence Against American Indian and Alaska Native Women and Men," *National Institute of Justice Journal* 277 (2016): 4; Rachel E. Morgan, "Race and Hispanic Origin of Victims and Offenders, 2012–2015," Bureau of Justice Statistics (2017): 15, https://www.bjs.gov/content/pub/pdf/rhovo1215.pdf.

21. Salamishah Tillet, "Why Harvey Weinstein's Guilt Matters to Black Women," *New York Times*, February 26, 2020, https://www.nytimes.com/2020/02/26/opinion/harvey-weinstein-black-women.html?action=click&module=Opinion&pgtype=Homepage.

22. Hill, *Speaking Truth to Power*, 277.

23. Sandra E. Garcia, "The Woman Who Created #MeToo Long Before Hashtags," *New York Times*, October 20, 2017, https://www.nytimes.com/2017/10/20/us/me-too-movement-tarana-burke.html.

24. Ben Sisario and Nicole Sperling, "Pressured by Simmons over Exposé, Oprah Winfrey Faced a Big Decision," *New York Times*, January 17, 2020, https://www.nytimes.com/2020/01/17/movies/oprah-winfrey-russell-simmons-movie.html.

25. Jamil Smith, "She Can't Breathe," in *Believe Me: How Trusting Women Can Change the World*, eds. Jessica Valenti and Jaclyn Friedman (New York: Seal Press, 2020), 216.

26. Kimberlé Crenshaw, "Mapping the Margins: Intersectionality, Identity Politics, and Violence Against Women of Color," *Stanford Law Review* 43, no. 6 (1991): 1250.

27. Rosay, "Violence Against American Indian and Alaska Native Women and Men," 40.

28. Timothy Williams, "For Native American Women, Scourge of Rape, Rare Justice," *New York Times*, May 22, 2012, https://www.nytimes.com/2012/05/23/us/native-americans-struggle-with-high-rate-of-rape.html.

29. Rosay, "Violence Against American Indian and Alaska Native Women and Men," 41.

30. Victoria McKenzie and Wong Maye-E, "In Nome, Alaska, Review of Rape 'Cold Cases' Hits a Wall," Associated Press, December 20, 2019, https://apnews.com/b6d9f5f6fd71d2b75e3b77ad9a5c0e76.

31. Williams, "For Native American Women, Scourge of Rape, Rare Justice."

32. Sarah McBride, "Why I'm Not Staying Silent About Being A Trans Woman Who Was Sexually Assaulted," BuzzFeed, October 20, 2017, https://www.buzzfeed.com/sarahemcbride/why-its-so-hard-for-trans-women-to-talk-about-sexual-assault?utm_term=.yqEVXwqo6#.wcORNxZj3.

33. Barbara Bradley Hagerty, "The Campus Rapist Hiding in Plain Sight," *Atlantic*, July 15, 2019, https://www.theatlantic.com/education/archive/2019/07/why-dont-more-college-rape-victims-come-forward/593875.

34. Hagerty, "The Campus Rapist Hiding in Plain Sight."

35. Sofi Sinozich and Lynn Langton, "Special Report: Rape and Sexual Assault Among College-Age Females, 1995-2013," Bureau of Justice Statistics (December 2014): 1, https://www.bjs.gov/content/pub/pdf/rsavcaf9513.pdf.

36. Sinozich and Langton, "Special Report," 1.

37. Bonnie S. Fisher, Francis T. Cullen, and Michael G. Turner, "The Sexual Victimization of College Women," Bureau of Justice Statistics (December 2000): 23, https://www.ncjrs.gov/pdffiles1/nij/182369.pdf.

38. Colleen Murphy, "Another Challenge on Campus Sexual Assault: Getting Minority Students to Report It," *Chronicle of Higher Education*, June 18, 2015, https://www.chronicle.com/article/Another-Challenge-on-Campus/230977; Jennifer C. Nash, "Black Women and Rape: A Review of the Literature," Brandeis University Feminist Sexual Ethics Project, (June 12, 2009): 4-5, https://www.brandeis.edu/projects/fse/slavery/united-states/slav-us-articles/nash2009.pdf.

39. "Black Women and Sexual Assault," The National Center on Violence Against Women in the Black Community (October 2018): 1, https://ujimacommunity.org/wp-content/uploads/2018/12/Ujima-Womens-

Violence- Stats-v7.4-1.pdf.

40. Bonnie S. Fisher et al., "Reporting Sexual Victimization to the Police and Others: Results from a National-Level Study of College Women," *Criminal Justice and Behavior* 30, no. 1 (2003): 30-31.

41. Michael Planty et al., "Female Victims of Sexual Violence, 1994–2010," Bureau of Justice Statistics (May 2016): 4, https://www.bjs.gov/content/pub/pdf/fvsv9410.pdf.

42. Planty et al., "Female Victims of Sexual Violence," 5.

43. Thema Bryant-Davis et al., "Struggling to Survive: Sexual Assault, Poverty, and Mental Health Outcomes of African American Women," *American Journal of Orthopsychiatry* 80, no. 1 (2010): 64.

44. Kevin Lalor and Rosaleen McElvaney, "Child Sexual Abuse, Links to Later Sexual Exploitation/High-Risk Sexual Behavior, and Prevention/Treatment Programs," *Trauma, Violence, & Abuse* 11, no. 4 (2010): 159-77.

45. Courtney E. Ahrens, "Being Silenced: The Impact of Negative Social Reactions on the Disclosure of Rape," *American Journal of Community Psychology* 28 (2006): 270-73; Debra Patterson, Megan Greeson, and Rebecca Campbell, "Understanding Rape Survivors' Decisions Not to Seek Help from Formal Social Systems," *Health & Social Work* 34, no. 2 (2009): 130-33.

46. Manon Ceelen et al., "Characteristics and Post-Decision Attitudes of Non-Reporting Sexual Violence Victims," *Journal of Interpersonal Violence* 34, no. 9 (2019): 1969; Marjorie R. Sable and Denise L. Mauzy, "Barriers to Reporting Sexual Assault for Women and Men: Perspectives of College Students," *Journal of American College Health* 55, no. 3 (2006): 159; Kaitlin Walsh Carson et al., "Why Women Are Not Talking About It: Reasons for Nondisclosure of Sexual Victimization and Associated Symptoms of Posttraumatic Stress Disorder and Depression," *Violence Against Women* 26, no. 3-4 (2019): 273, 275; Amy Grubb and Emily Turner, "Attribution

of Blame in Rape Cases: A Review of the Impact of Rape Myth Acceptance, Gender Role Conformity and Substance Use on Victim Blaming," *Aggression and Violent Behavior* 17, no. 5 (2012): 444.

47. Chai R. Feldblum and Victoria A. Lipnic, "Select Task Force on the Study of Harassment in the Workplace: Report of Co-Chairs Chai R. Feldblum & Victoria A. Lipnic," U.S. Equal Employment Opportunity Commission (June 2016): 16, https://www.eeoc.gov/sites/default/files/migrated_files/eeoc/task_force/harassment/report.pdf.

48. Lin Farley, *Sexual Shakedown: The Sexual Harassment of Women on the Job* (New York: Warner Books, 1980), 11–12.

49. Catharine A. MacKinnon, "Where #MeToo Came From, and Where It's Going," *Atlantic*, March 24, 2019, https://www.theatlantic.com/ideas/archive/2019/03/catharine-mackinnon-what-metoo-has-changed/585313.

50. Reva B. Siegel, "Introduction: A Short History of Sexual Harassment," in *Directions in Sexual Harassment Law*, eds. Catharine A. MacKinnon and Reva B. Siegel (New Haven: Yale University Press, 2004), 2.

51. Complaint at 9, 10–11, *Sanchez v. ABM Industries*, Case No. 19CECG00566 (Superior Court, Fresno County, California February 13, 2019).

52. Yesenia Amaro, " 'I Spent Many Years Suffering.' Women in Fresno Allege Sexual Harassment at Janitorial Company," *Fresno Bee*, February 13, 2019, https://www.fresnobee.com /news/local/article226219730.html.

53. Diana Vellos, "Immigrant Latina Domestic Workers and Sexual Harassment," *American University Journal of Gender and the Law* 5, no. 2 (1997): 425–26 (citing Carla Marinucci, "Despair Drove Her to Come Forward," *San Francisco Examiner*, January 10, 1993, at A11).

54. Maria Ontiveros, "Three Perspectives on Workplace Harassment of Women of Color," *Golden Gate University Law Review* 23, no. 3 (1993): 818.

55. Kantor and Twohey, *She Said*, 63–68.

56. Rowena Chiu, "Harvey Weinstein Told Me He Liked Chinese Girls," *New York Times*, October 5, 2019, https://www.nytimes.com/2019/10/05/opinion/sunday/harvey-weinstein-rowena-chiu.html. The remainder of this section is drawn from Chiu's essay and from Kantor and Twohey, *She Said*, 247–61.

第二章　完美受害者与魔鬼施暴者：迷思如何影响我们的可信度判断

1. Black et al., "The National Intimate Partner and Sexual Violence Survey: 2010 Summary Report," 21, https://www.cdc.gov/violenceprevention/pdf/nisvs_report2010-a.pdf.

2. Kimberly A. Lonsway and Joanne Archambault, "Dynamics of Sexual Assault: What Does Sexual Assault Really Look Like?" (2019): 7–8, 13, https://pdfs.semanticscholar.org/cd1c/ccb807f8e341ae164610125007d4dd27742e.pdf.

3. Martha R. Burt, "Cultural Myths and Supports for Rape," *Journal of Personality and Social Psychology* 38, no. 2 (1980): 217.

4. Kimberly A. Lonsway and Louise F. Fitzgerald, "Rape Myths: In Review," *Psychology of Women Quarterly* 18, no. 2 (1994): 133.

5. Rebecca Solnit, *Men Explain Things to Me* (Chicago: Haymarket Books, 2014), 131.

6. Solnit, *Men Explain Things to Me*, 131.

7. Kimberly A. Lonsway, Lilia M. Cortina, and Vicki J. Magley, "Sexual Harassment Mythology: Definition, Conceptualization, and Measurement," *Sex Roles* 58, no. 9 (2008): 604; Jin X. Goh et al., "Narrow Prototypes and Neglected Victims: Understanding Perceptions of Sexual Harassment," *Journal of Personality and Social Psychology* (forthcoming, January 2022), https://doi.org/10.1037/pspi0000260.

8. Ryan Leigh Dostie, "She Didn't Act Like a Rape Victim," *New York*

Times, July 22, 2019, https://www.nytimes.com/2019/07/22/opinion/armed-forces-rape.html.

9. Jennifer M. Heidt, Brian P. Marx, and John P. Forsyth, "Tonic Immobility and Childhood Sexual Abuse: A Preliminary Report Evaluating the Sequela of Rape-Induced Paralysis," *Behavior Research and Therapy* 43, no. 9 (September 2005): 1167.

10. Jim Hopper, "Freezing During Sexual Assault and Harassment," *Psychology Today*, April 3, 2018, https://www.psychologytoday.com/us/blog/sexual-assault-and-the-brain/201804/freezing-during-sexual-assault-and-harassment.

11. Michelle J. Anderson, "Reviving Resistance in Rape Law," *University of Illinois Law Review* 1998, no. 4 (1998): 957.

12. *Brown v. State*, 106 N.W. 536, 536–38 (Wis. 1906).

13. *State v. Powell*, 438 So.2d 1306, 1307, 1308 (La. Ct. App. 1983).

14. Anderson, "Reviving Resistance," 962.

15. Model Penal Code § 213.1 Reporters' Note (American Law Institute, Tentative Draft No. 3, 2017).

16. Joshua Dressler, *Understanding Criminal Law*, 8th ed. (Durham, NC: Carolina Academic Press, 2018), 555.

17. Deborah Tuerkheimer, "Affirmative Consent," *Ohio State Journal of Criminal Law* 13, no. 2 (2016): 448.

18. N.Y. Penal Law § 130.05(2)(d) (McKinney, 2013).

19. Kimberly A. Lonsway and Joanne Archambault, "Victim Impact: How Victims Are Affected by Sexual Assault and How Law Enforcement Can Respond," End Violence Against Women International (2019): 19, https://www.evawintl.org/Library/DocumentLibraryHandler.ashx?id=656.

20. Faye T. Nitschke, Blake M. McKimmie, and Eric J. Vanman, "A Meta-Analysis of the Emotional Victim Effect for Female Adult Rape Complainants: Does Complainant Distress Influence Credibility?,"

Psychological Bulletin 145, no. 10 (2019): 953.

21. T. Christian Miller and Ken Armstrong, *A False Report: A True Story of Rape in America* (New York: Crown, 2018), 105–7, 111. (The miniseries is based on reporting originally published by ProPublica and The Marshall Project, which later became this book.)

22. Nitschke, McKimmie, and Vanman, "A Meta-Analysis of the Emotional Victim Effect," 953, 955, 973.

23. Lisa Appignanesi, *Mad, Bad and Sad: Women and the Mind Doctors* (New York: W.W. Norton & Company, 2008), 142.

24. Patrick Ryan and Maria Puente, "Rosie Perez Testifies at Harvey Weinstein Trial: Annabella Sciorra Said 'I Think It Was Rape.' " *USA Today*, January 24, 2020, https://www.usatoday.com/story/entertainment/celebrities/2020/01/24/weinstein-trial-prosecution-calls-rape-trauma-expert-testify/4556867002.

25. Jennifer S. Hirsch and Shamus Khan, *Sexual Citizens: A Landmark Study of Sex, Power, and Assault on Campus* (New York: W. W. Norton & Company, 2020), 157.

26. Barbara Bowman, "Bill Cosby Raped Me. Why Did It Take 30 Years for People to Believe My Story?," *Washington Post*, November 13, 2014, https://www.washington post.com/posteverything/wp/2014/11/13/bill-cosby-raped-me-why-did-it-take-30-years-for-people-to-believe-my-story.

27. Graham Bowley and Sydney Ember, "Andrea Constand was the 'Linchpin' of the Bill Cosby Case," *New York Times*, May 17, 2017, https://www.nytimes.com/2017/05/17/arts/television/bill-cosby-andrea-constand.html.

28. Matthias Gafni, "After a Rape Mistrial in the #MeToo Era, Accusations Fly. What Happened in the Jury Room?," *San Francisco Chronicle*, November 10, 2019, https://www.sfchronicle.com/bayarea/article/After-a-rape-mistrial-in-the-MeToo-era-14823146.php.

29. Megan Garber, "Les Moonves and the Familiarity Fallacy," *Atlantic*, July 30, 2018, https://www.theatlantic.com/entertainment/archive/2018/07/les-moonves-and-the-familiarity-fallacy/566315.

第三章　谁的真相：受害者如何被质疑

1. Lisa Miller, "One Night at Mount Sinai," The Cut, October 15, 2019, https://www.thecut.com/2019/10/mount-sinai-david-newman.html.

2. Miller, "One Night at Mount Sinai."

3. Miller, "One Night at Mount Sinai."

4. Yanan Wang, "Prominent Manhattan E.R. Doctor, Author, TED-talker Charged with Sexually Abusing Patients," *Washington Post*, January 20, 2016, https://www.washingtonpost.com/news/morning-mix/wp/2016/01/20/prominent-manhattan-e-r-doctor-author-ted-talker-charged-with-sexually-abusing-patients.

5. Anna Merlan, "Doctor Accused of Ejaculating on Unconscious Patient Will Reportedly Be Charged With Sexual Abuse," *Jezebel*, January 19, 2016, https://jezebel.com/doctor-accused-of-ejaculating-on-unconscious-patient-wi-1753772879.

6. Miller, "One Night at Mount Sinai."

7. Miller, "One Night at Mount Sinai."

8. Karen Jones, "The Politics of Credibility," in *A Mind of One's Own: Feminist Essays on Reason and Objectivity*, 2nd ed., eds. Louise M. Antony and Charlotte E. Witt (New York: Routledge, 2018), 155.

9. Franz Huber, "Belief and Degrees of Belief," in *Degrees of Belief*, eds. Franz Huber and Christoph Schmidt-Peri (Dordrecht: Springer Netherlands, 2009), 1.

10. Amy Dellinger Page, "Gateway to Reform? Policy Implications of Police Officers' Attitudes Toward Rape," *American Journal of Criminal Justice* 33, no. 1 (2008): 54, 55.

11. Martin D. Schwartz, "National Institute of Justice Visiting Fellowship: Police Investigation Of Rape—Roadblocks And Solutions," National Institute of Justice (2010): 28, https://www.ncjrs.gov/pdffiles1/nij/grants/232667.pdf.

12. Rachel M. Venema, "Police Officer Schema of Sexual Assault Reports: Real Rape, Ambiguous Cases, and False Reports," *Journal of Interpersonal Violence* 31, no. 5 (2016): 879.

13. Danielle Paquette, "The Rape Myth That Lives on in Idaho," *Washington Post*, March 18, 2016, https://www.washingtonpost.com/news/wonk/wp/2016/03/18/idaho-sheriff-said-most-rape-victims-hes-worked-with-are-lying-the-numbers-disagree.

14. Jennifer L. Eberhardt, *Biased: Uncovering the Hidden Prejudice That Shapes What We See, Think, and Do* (New York: Penguin Publishing Group, 2019), 33.

15. Kimberly A. Lonsway, Joanne Archambault, and David Lisak, "False Reports: Moving Beyond the Issue to Successfully Investigate and Prosecute Non-Stranger Sexual Assault," End Violence Against Women International (2009): 2, https://www.nsvrc.org/publications/articles/false-reports-moving-beyond-issue-successfully-investigate-and-prosecute-non-s.

16. Claire E. Ferguson and John M. Malouff, "Assessing Police Classifications of Sexual Assault Reports: A Meta-Analysis of False Reporting Rates," *Archives of Sexual Behavior* 45, no. 5 (2016): 1185.

17. Kimberly Lonsway, "Trying to Move the Elephant in the Living Room: Responding to the Challenge of False Rape Reports," *Violence Against Women* 16, no. 12 (2010): 1361; Dara Lind, "What We Know About False Rape Allegations," Vox, June 1, 2015, https://www.vox.com/2015/6/1/8687479/lie-rape-statistics.

18. Lonsway, "Trying to Move the Elephant in the Living Room," 1361.

19. Sandra Newman, "What Kind of Person Makes False Rape

Accusations?," Quartz, May 11, 2017, https://qz.com/980766/the-truth-about-false-rape-accusations.

20. Alex Marshall, "Plácido Domingo Walks Back Apology on Harassment Claims," *New York Times*, February 27, 2020, https://www.nytimes.com/2020/02/27/arts/music/placido-domingo-apology.html.

21. Jocelyn Gecker, "Women Accuse Opera Legend Domingo of Sexual Harassment," Associated Press, August 13, 2019, https://apnews.com/c2d51d690d004992b8cfba3bad827ae9.

22. Jocelyn Gecker and Jocelyn Noveck, "11 More Women Accuse Opera Singer Placido Domingo of Sexual Harassment, Inappropriate Behavior," *USA Today*, September 5, 2019, https://www.usatoday.com/story/entertainment/celebrities/2019/09/05/placido-domingo-accused-sexual-harassment-11-more-women/2218067001.

23. Anastasia Tsioulcas, "Met Opera Chief: 20 Women's Accusations Against Plácido Domingo 'Not Corroborated,'" NPR, September 23, 2019, https://www.npr.org/2019/09/23/763542627/met-opera-chief-20-womens-accusations-against-pl-cido-domingo-not-corroborated.

24. Michael Cooper, "Plácido Domingo Leaves Met Opera Amid Sexual Harassment Inquiry," *New York Times*, September 24, 2019, https://www.nytimes.com/2019/09/24/arts/music/placido-domingo-met-opera-harassment.html.

25. Maya Salam, "Brock Turner Is Appealing His Sexual Assault Conviction," *New York Times*, December 2, 2017, https://www.nytimes.com/2017/12/02/us/brock-turner-appeal.html.

26. Barry Levine and Monique El-Faizy, *All the President's Women: Donald Trump and the Making of a Predator* (New York: Hachette Books, 2019), 213.

27. Jennifer Williams and Alexia Underwood, "Read: Trump's Bizarre, Rambling Solo Press Conference on Kavanaugh, Rosenstein, and More,"

Vox, September 26, 2018, https://www.vox.com/2018/9/26/17907608/trump-kavanaugh-rosenstein-press-conference-un-nafta-full-text-transcript; Jeremy Diamond, "Trump Says It's 'a Very Scary Time for Young Men in America,' " CNN, October 2, 2018, https://www.cnn.com/2018/10/02/politics/trump-scary-time-for-young-men-metoo/index.html.

28. Sandra E. Garcia, "A Mom's #HimToo Tweet Ignites a Viral Meme, and Her Embarrassed Son Clarifies," *New York Times*, October 9, 2018, https://www.nytimes.com/2018/10/09/us/him-too-tweet-hashtag.html.

29. Natalie Hope McDonald, "Opening Statements in Cosby Trial Focus on Andrea Constand's Seven-Figure Settlement," Vulture, April 10, 2018, https://www.vulture.com/2018/04/cosby-trial-defense-tries-paint-constand-as-gold-digger.html.

30. Francine Banner, "Honest Victim Scripting in the Twitterverse," *William & Mary Journal of Women and the Law* 22, no. 3 (2016): 510.

31. Nicole L. Johnson and MaryBeth Grove, "Why Us? Toward an Understanding of Bisexual Women's Vulnerability for and Negative Consequences of Sexual Violence," *Journal of Bisexuality* 17, no. 4 (2017): 443.

32. Lonsway and Fitzgerald, "Rape Myths: In Review," 135.

33. Duff Wilson, "Former Duke Players Cleared of All Charges," *New York Times*, April 11, 2007, https://www.nytimes.com/2007/04/11/us/12dukecnd.html.

34. Sydney Ember, "Rolling Stone to Pay $1.65 Million to Fraternity Over Discredited Rape Story," *New York Times*, June 13, 2017, https://www.nytimes.com/2017/06/13/business/media/rape-uva-rolling-stone-frat.html.

35. Jia Tolentino, *Trick Mirror: Reflections on Self-Delusion* (New York: Random House, 2019), 250.

36. Alana Semuels, "Low-Wage Workers Aren't Getting Justice for Sexual Harassment," *Atlantic*, December 27, 2017, https://www.

theatlantic.com/business/archive/2017/12/low-wage-workers-sexual-harassment/549158.

37. Semuels, "Low-Wage Workers Aren't Getting Justice for Sexual Harassment."

38. Deborah L. Rhode, *The Beauty Bias: The Injustice of Appearance in Life and Law* (New York: Oxford University Press, 2010).

39. Bessel A. van der Kolk, 259 *The Body Keeps the Score: Brain, Mind, and Body in the Healing of Trauma* (New York: Penguin Books, 2014), 195.

40. Jim Hopper, "Why Can't Christine Blasey Ford Remember How She Got Home?," *Scientific American*, October 5, 2018, https://blogs.scientificamerican.com/observations/why-cant-christine-blasey-ford-remember-how-she-got-home.

41. "Kavanaugh hearing: Transcript," *Washington Post*, September 27, 2018, https://www.washingtonpost.com/news/national/wp/2018/09/27/kavanaugh-hearing-transcript.

42. Dahlia Lithwick, "The Room Where It Happened," in *Believe Me: How Trusting Women Can Change the World*, eds. Jessica Valenti and Jaclyn Friedman (New York: Seal Press, 2020), 27–28.

43. "NPR/PBS NewsHour/Marist Poll Results October 2018," NPR/PBS NewsHour/Marist(2018):19, http://maristpoll.marist.edu/wp-content/uploads/2018/10/NPR_PBS-NewsHour_Marist-Poll_USA-NOS-and-Tables_1810021305.pdf#page=3.

44. Rachel Mitchell to All Republican Senators, "Analysis of Dr. Christine Blasey Ford's Allegations," Memorandum, Nominations Investigative Counsel United States Senate Committee for the Judiciary, September 30, 2018, 2–3, https://apps.washingtonpost.com/g/documents/politics/rachel-mitchells-analysis/3221.

45. Hopper, "Why Can't Christine Blasey Ford Remember How She Got Home?"

46. Jim Hopper, "How Reliable Are the Memories of Sexual Assault Victims?," *Scientific American*, September 27, 2018, https://blogs.scientificamerican.com/observations/how-reliable-are-the-memories-of-sexual-assault-victims.

47. Misty Luminais, Rachel Lovell, and Daniel Flannery, "Perceptions of Why the Sexual Assault Kit Backlog Exists in Cuyahoga County, Ohio and Recommendations for Improving Practice," Begun Center for Violence Prevention Research and Education (2017): 1, https://digital.case.edu/islandora/object/ksl:2006061457.

48. Rebecca Campbell et al., "The Detroit Sexual Assault Kit Action Research Project Final Report," Michigan State University (2015): 109, https://www.ncjrs.gov/pdffiles1/nij/grants/248680.pdf.

49. Emma Sleath and Ray Bull, "Police Perceptions of Rape Victims and the Impact on Case Decision Making: A Systematic Review," *Aggression and Violent Behavior* 34 (2017): 108.

50. 警方在包括洛杉矶、华盛顿特区、巴尔的摩、圣路易斯、费城、新奥尔良、纽约以及蒙大拿州米苏拉市在内的多个司法管辖区内系统性地误处理了强奸案。Corey Rayburn Yung, "How to Lie with Rape Statistics: America's Hidden Rape Crisis," *Iowa Law Review* 99, no. 3 (2014): 1218–19; Joseph Goldstein, "New York Examines Over 800 Rape Cases for Possible Mishandling of Evidence," *New York Times*, January 10, 2013, https://www.nytimes.com/2013/01/11/nyregion/new-york-reviewing-over-800-rape-cases-for-possible-mishandling-of-dna-evidence.html; Jon Krakauer, *Missoula: Rape and the Justice System in a College Town* (New York: Anchor Books, 2016), 367–70.

51. Yung, "How to Lie with Rape Statistics: America's Hidden Rape Crisis."

52. Lucy Perkins, "Pittsburgh Police Dismiss Nearly One-Third Of Rape Cases As 'Unfounded,'" WESA, May 15, 2019, https://www.

wesa.fm/post/pittsburgh-police-dismiss-nearly-one-third-rape-cases-unfounded#stream/0.

53. Bernice Yeung et al., "When It Comes to Rape, Just Because a Case Is Cleared Doesn't Mean It's Solved," ProPublica, November 15, 2018, https://www.propublica.org/article/when-it-comes-to-rape-just-because-a-case-is-cleared-does-not-mean-solved.

54. Alex Campbell and Katie J. M. Baker, "This Police Department Tosses Aside Rape Reports When a Victim Doesn't Resist 'To the Best of Her Ability,' " BuzzFeed News, September 8, 2016, https://www.buzzfeednews.com/article/alexcampbell/unfounded.

55. Ferguson and Malouff, "Assessing Police Classifications of Sexual Assault Reports: A Meta-Analysis of False Reporting Rates," 1185.

56. Lena V. Groeger et al., "Could Your Police Department Be Inflating Rape Clearance Rates?," ProPublica, November 15, 2018, https://projects.propublica.org/graphics/rape_clearance.

57. Melissa S. Morabito et al., U.S. Department of Justice, "Decision Making in Sexual Assault Cases: Replication Research on Sexual Violence Case Attrition in the U.S." (February 2019): VI, https://www.ncjrs.gov/pdffiles1/nij/grants/252689.pdf.

58. Katie J. M. Baker, "The Police Told Her to Report Her Rape, Then Arrested Her for Lying," BuzzFeed News, September 27, 2015, https://www.buzzfeednews.com/article/katiejmbaker/the-police-told-her-to-report-her-rape-then-arrested-her-for.

59. "Where the Backlog Exists and What's Happening to End It," End The Backlog, accessed April 19, 2019, http://www.endthebacklog.org/backlog/where-backlog-exists-and-whats-happening-end-it.

60. Campbell et al., "The Detroit Sexual Assault Kit Action Research Project Final Report," 105.

61. Irin Carmon, "The Woman Who Taped Harvey Weinstein," The

Cut, February 18, 2020, https://www.thecut.com/2020/02/ambra-battilana-gutierrez-on-the-harvey-weinstein-trial.html.

62. Carmon, "The Woman Who Taped Harvey Weinstein."

63. Ronan Farrow, *Catch and Kill* (New York: Little, Brown and Company, 2019), 68.

64. James C. McKinley Jr., "Harvey Weinstein Won't Face Charges After Groping Report," *New York Times*, April 10, 2015, https://www.nytimes.com/2015/04/11/nyregion/harvey-weinstein-wont-face-charges-after-groping-report-manhattan-prosecutor-says.html.

65. Carmon, "The Woman Who Taped Harvey Weinstein."

66. Megan Twohey et al., "For Weinstein, a Brush With the Police, Then No Charges," *New York Times*, October 15, 2017, https://www.nytimes.com/2017/10/15/nyregion/harvey-weinstein-new-york-sex-assault-investigation.html.

67. Rajini Vaidyanathan, "Larry Nassar Case: The 156 Women Who Confronted a Predator," BBC News, January 25, 2018, https://www.bbc.com/news/world-us-canada-42725339.

68. Kenneth Ouellette, "Independent Investigation for Brianne Randall and Meridian Township, Michigan," Meridian Township, Michigan (2019): http://www.meridian.mi.us/home/showdocument?id=17575.

69. Richard Gonzales, "Michigan Officer Says He Botched Investigation, Believed Larry Nassar's 'Lies,' " NPR, March 26, 2019, https://www.npr.org/2019/03/26/707048511/michigan-officer-says-he-botched-investigation-believed-larry-nassars-lies.

70. Kerry Howley, "Everyone Believed Larry Nassar," The Cut, November 19, 2018, https://www.thecut.com/2018/11/how-did-larry-nassar-deceive-so-many-for-so-long.html.

71. Jean Casarez et al., "She Filed a Complaint Against Larry Nassar in 2014. Nothing Happened," CNN, February 1, 2018, http://www.cnn.

com/2018/02/01/us/msu-amanda-thomashow-complaint-larry-nassar/index.html.

72. Kate Abramson, "Turning Up the Lights on Gaslighting," *Philosophical Perspectives* 28 (2014): 2.

73. Graham Kates, "Dozens of Women Have Accused Doctor of Sexual Assault Following Evelyn Yang Interview, Lawyer Says," CBS News, February 17, 2020, https://www.cbsnews.com/news/dr-robert-hadden-dozens-more-women-accuse-doctor-sexual-assault-since-evelyn-yang-interview-lawyer-says.

74. Complaint, *Jane Doe 16 v. Columbia Univ.*, Case No. 1:20-cv-01791 (S.D.N.Y. February 28, 2020).

75. *People v. Yannucci*, 15 N.Y.S.2d 865, 866 (App. Div.2d Dep't 1939), *rev'd on other grounds*, 238 N.Y. 546 (1940).

76. *Davis v. State*, 48 S.E. 180, 181-82 (Ga. 1904).

77. *State v. Neel*, 60 P. 510, 511 (Utah 1900).

78. *People v. Rincon-Pineda*, 538 P.2d 247, 252 (Cal. 1975).

79. Model Penal Code § 213.6 cmt. at 428 (American Law Institute, Official Draft and Revised Comments 1980).

80. Model Penal Code § 207.4 cmt. at 265 (American Law Institute, Tentative Draft No. 4 1955). The 1962 Proposed Official Draft directs the reader to Tentative Draft No. 4 for commentary related to the "prompt outcry" rule. Model Penal Code § 213.6 at 151 (American Law Institute, Proposed Official Draft 1962).

81. Model Penal Code § 213.6 cmt. at 421 (American Law Institute, Official Draft and Revised Comments 1980).

82. Model Penal Code § 213.6(5) (American Law Institute, Official Draft and Revised Comments 1980).

83. 拟议的《模范刑法典》早期草案为州法律中的及时报警规则、证实要求以及对陪审团的警示性指令提供了有用的概述。American Law

Institute, Model Penal Code: Sexual Assault and Related Offense, Preliminary Draft No. 5 184–89 (September 8, 2015).

84. 42 U.S.C. § 2000e–5(e)1 (2000).

85. *Faragher v. City of Boca Raton*, 524 U.S. 775 (1998); *Burlington Indus. v. Ellerth*, 524 U.S. 742 (1998).

86. Deborah L. Brake and Joanna L. Grossman, "The Failure of Title VII as a Rights-Claiming System," *North Carolina Law Review* 86, no. 4 (2008): 879, 881.

87. *Conatzer v. Med. Prof'l Building Servs.*, 255 F.Supp.2d 1259, 1270 (N.D. Okla. 2003); *Marsicano v. Am. Soc'y of Safety Eng'rs*, No. 97 C 7819, 1998 WL 603128, at *7 (N.D. Ill. 1998).

88. 法律学者苏珊·埃斯特里奇（Susan Estrich）于1991年创造了这一术语，用以描述克拉伦斯·托马斯的支持者在其审议听证会上如何诋毁安妮塔·希尔。Alessandra Stanley, "The Curious Case of Susan Estrich," *New York Times*, September 9, 2016, https://www.nytimes.com/2016/09/11/style/susan-estrich-feminist-roger-ailes-fox-news.html.

第四章 责任转嫁：受害者如何被挑剔

1. Alanna Vagianos, "10 Years Later, She Confronted the Cop Who Said Her Rape Was 'Consensual,'" *Huffington Post*, October 25, 2017, https://www.huffpost.com/entry/second-assault-jillian-corsie-rape-amy-rosner_n_5d31d6d7e4b020c d9942b934.

2. Gloria J. Fischer, "Effects of Drinking by the Victim or Offender in a Simulated Trial of an Acquaintance Rape," *Psychological Reports* 77 (1995): 579–86.

3. Grubb and Turner, "Attribution of Blame in Rape Cases," 444.

4. Grubb and Turner, "Attribution of Blame in Rape Cases," 445; Antonia Abbey, Pam McCauslan, and Lisa Thomson Ross, "Sexual Assault Perpetration by College Men: The Role of Alcohol, Misperception of

Sexual Intent, and Sexual Beliefs and Experiences," *Journal of Social & Clinical Psychology* 17, no. 2 (1998): 169-70, 184; Alan J. Lambert and Katherine Raichle, "The Role of Political Ideology in Mediating Judgments of Blame in Rape Victims and Their Assailants: A Test of the Just World, Personal Responsibility and Legitimization Hypothesis," *Personality and Social Psychology Bulletin* 26, no. 7 (2000): 854, 858, 860-61; Clifford R. Mynatt and Elizabeth Rice Allgeier, "Risk Factors, Self-Attributions, and Adjustments Problems Among Victims of Sexual Coercion," *Journal of Applied Social Psychology* 20, no. 2 (1990): 142, 146-53.

    5. Melvin J. Lerner and Dale T. Miller, "Just World Research and the Attribution Process: Looking Back and Ahead," *Psychological Bulletin* 85, no. 5 (1978): 1031.

    6. Michael Barbaro, host, "The Woman Defending Harvey Weinstein," *The Daily* (podcast), February 7, 2020, transcript, https://www.nytimes.com/2020/02/07/podcasts/the-daily/weinstein-trial.html.

    7. Grubb and Turner, "Attribution of Blame in Rape Cases," 446.

    8. Megan Twohey, "A Question That Almost Went Unasked," *New York Times*, February 14, 2020, https://www.nytimes.com/2020/02/14/podcasts/daily-newsletter-weinstein-trial-coronavirus.html/.

    9. Chessy Prout with Jenny Abelson, *I Have the Right To: A High School Survivor's Story of Sexual Assault, Justice, and Hope* (New York: Margaret K. McElderry Books, 2018), 139, 157.

    10. Karen G. Weiss, "Too Ashamed to Report: Deconstructing the Shame of Sexual Victimization," *Feminist Criminology* 5, no. 3 (2010): 294.

    11. Katie J. M. Baker, "My Weekend in America's So-C alled 'Rape Capital,' " Jezebel, May 10, 2012, https://jezebel.com/my-weekend-in-americas-so-called-rape-capital-5908472.

    12. Sarah E. Ullman, *Talking About Sexual Assault: Society's Response to Survivors* (Washington, D.C.: American Psychological Association, 2010),

79.

13. Freitas, *Consent*, 288.

14. Grubb and Turner, "Attribution of Blame in Rape Cases," 447.

15. Grubb and Turner, "Attribution of Blame in Rape Cases," 449; Deborah Richardson and Jennifer L. Campbell, "Alcohol and Rape: The Effect of Alcohol on Attributions of Blame for Rape," *Personality and Social Psychology Bulletin* 8, no. 3 (1982): 472; Calvin M. Simms, Nora E. Noel, and Stephen A. Maisto, "Rape Blame as a Function of Alcohol Presence and Resistant Type," *Addictive Behaviors* 32, no. 12 (2007): 2773–74; T. Cameron Wild, Kathryn Graham, and Jürgen Rehm, "Blame and Punishment for Intoxicated Aggression: When Is the Perpetrator Culpable?" *Addiction* 93, no. 5 (1998): 681–82; "The bottle may grant a pardon to the perpetrator" from Karla J. Stormo et al., "Attributions About Acquaintance Rape: The Role of Alcohol and Individual Differences," *Journal of Applied Social Psychology* 27, no. 4 (1997): 299.

16. Heather D. Flowe and John Maltby, "An Experimental Examination of Alcohol Consumption, Alcohol Expectancy, and Self-Blame on Willingness to Report a Hypothetical Rape," *Aggressive Behavior* 44, no. 3 (2018): 230.

17. Vanessa Grigoriadis, *Blurred Lines: Rethinking Sex, Power, and Consent on Campus* (New York: Houghton Mifflin Harcourt, 2017), 93.

18. Duncan Kennedy, *Sexy Dressing Etc.: Essays on the Power and Politics of Cultural Identity* (Cambridge, MA: Harvard University Press, 1995), 171–72.

19. McGowan, *Brave*, 235–36.

20. Isabella Gomez, Mercedes Leguizamon, and Christina Zdanowicz, "Sexual Assault Survivors Are Reclaiming the Words Used to Discredit Them: 'What Were You Wearing?' " CNN, April 16, 2018, https://www.cnn.com/2018/04/16/health/what-were-you-wearing-exhibit-trnd/index.html.

21. Peggy Orenstein, *Girls & Sex: Navigating the Complicated New Landscape* (New York: HarperCollins Publishers, 2016), 7–9.

22. Monique W. Morris, *Pushout: The Criminalization of Black Girls in Schools* (New York: The New Press, 2015), 125, 127–28, 129–30.

23. Nicole Therese Buchanan, "Examining the Impact of Racial Harassment on Sexually Harassed African–American Women," (PhD diss., University of Illinois, Urbana–Champaign, 2002), 23–24, https://www.ideals.illinois.edu/handle/2142/82025.

24. Patricia Hill Collins, *Black Feminist Thought: Knowledge, Consciousness, and the Politics of Empowerment*, 2nd ed. (New York: Routledge, 2000), 81.

25. Roxanne Donovan and Michelle Williams, "Living at the Intersection: The Effects of Racism and Sexism on Black Rape Survivors," in *Violence in the Lives of Black Women: Battered, Black, and Blue*, ed. Carolyn M. West (New York: Routledge, 2013), 98.

26. Donovan and Williams, "Living at the Intersection," 98.

27. Grigoriadis, *Blurred Lines*, 98.

28. Marie Solis, "Meet the Sexual Assault Survivor Who Rewrote Her Experience in a Powerful Photo Series," Mic, February 29, 2016, https://www.mic.com/articles/136394/meet-the-sexual-assault-survivor-who-rewrote-her-experience-in-a-powerful-photo-series.

29. Catharine A. MacKinnon, *Toward a Feminist Theory of the State* (Cambridge: Harvard University Press, 1989), 172.

30. Paula England and Jonathan Bearak, "The Sexual Double Standard and Gender Differences in Attitudes Toward Casual Sex Among U.S. University Students," *Demographic Research* 30 (2014): 1336.

31. Elizabeth A. Armstrong et al., " 'Good Girls' : Gender, Social Class, and Slut Discourse on Campus," *Social Psychology Quarterly* 77, no. 2 (2014): 100, 102, 111, 112.

32. Walt Bogdanich, "A Star Player Accused, and a Flawed Rape Investigation," *New York Times*, April 16, 2014, https://www.nytimes.com/interactive/2014/04/16/sports/errors-in-inquiry-on-rape-allegations-against-fsu-jameis-winston.html.

33. *The Hunting Ground*, directed by Kirby Dick, Los Angeles: Chain Camera Pictures, 2015.

34. *State v. Finley*, No. A13-0803 (Minn. Ct. App. April 28, 2014).

35. Model Penal Code § 213.1 cmt. 5 at 315 (American Law Institute, Official Draft and Revised Comments 1980).

36. Allison C. Nichols, "Out of the Haze: A Clearer Path for Prosecution of Alcohol-Facilitated Sexual Assault," *New York University Annual Survey of American Law* 71, no. 2 (2016): 222.

37. *State v. Haddock*, 664 S.E.2d 339, 475-76, 483 (N.C. Ct. App. 2008).

38. Georgina S. Hammock and Deborah R. Richardson, "Perceptions of Rape: The Influence of Closeness of Relationship, Intoxication and Sex of Participant," *Violence and Victims* 12, no. 3 (1997): 238; Kellie Rose Lynch et al., "Who Bought the Drinks? Juror Perceptions of Intoxication in a Rape Trial," *Journal of Interpersonal Violence* 28, no. 16 (2013): 3207; Richardson and Campbell, "Alcohol and Rape," 469; Regina A. Schuller and Anne-Marie Wall, "The Effects of Defendant and Complainant Intoxication on Mock Jurors' Judgments of Sexual Assault," *Psychology of Women Quarterly* 22, no. 4 (1998): 557, 565.

39. Lynch et al., "Who Bought the Drinks?," 3207-8, 3217.

40. *Nelson v. Knight*, 834 N.W. 2d 64, 65-67, 70, 72, 73 (Iowa 2013).

41. Lynne Henderson, "Rape and Responsibility," *Law and Philosophy* 11, no. 1 (1992): 130-31.

42. *Meritor Sav. Bank v. Vinson*, 477 U.S. 57 (1986).

43. Tanya Katerí Hernández, " 'What Not to Wear' —Race and Unwelcomeness

in Sexual Harassment Law: The Story of *Meritor Savings Bank v. Vinson*," in *Women and the Law: Stories*, eds. Elizabeth M. Schneider and Stephanie M. Wildman (New York: Foundation Press, 2011), 281–83.

44. DeNeen L. Brown, "She said her boss raped her in a bank vault. Her sexual harassment case would make legal history," *Washington Post*, October 13, 2017, https://www.washingtonpost.com/news/retropolis/wp/2017/10/13/she-said-her-boss-raped-her-in-a-bank-vault-her-sexual-harassment-case-would-make-legal-history.

45. Brief of Respondent Mechelle Vinson at 4, *Meritor*, 477 U.S. 57 (No. 84-1979).

46. Hernández, " 'What Not to Wear,' " 283, 284.

47. Hernández, " 'What Not to Wear,' " 284–85.

48. Hernández, " 'What Not to Wear,' " 286.

49. *Vinson v. Taylor*, Civ. Action No. 78-1793 (D.D.C. February 26, 1980).

50. Brief of Respondent Mechelle Vinson at 45, *Meritor*, 477 U.S. 57 (no. 84-1979).

51. Hernández, " 'What not to Wear,' " 301.

52. *Meritor*, 477 U.S. at 68, 69 (emphasis added).

53. Buchanan, "Examining the Impact of Racial Harassment on Sexually Harassed African–American Women."

54. Hernández, " 'What Not to Wear,' " 303–6.

55. *Kroontje v. CKE Rests.*, No. Civ. 13-4066-KES, 2014 WL 1513895, at *5–6 (D.S.D. April 16, 2014).

56. Deborah Tuerkheimer, "Judging Sex," *Cornell Law Review* 97, no. 6 (2012): 1490.

57. Michelle J. Anderson, "From Chastity Requirement to Sexuality License: Sexual Consent and a New Rape Shield Law," *George Washington Law Review* 70, no. 1 (2002): 107.

58. Margaret Moore Jackson, "Confronting 'Unwelcomeness' From the Outside: Using Case Theory to Tell the Story of Sexually- Harassed Women," *Cardozo Journal of Law and Gender* 14, no. 1 (2007): 75-76.

59. Janine Benedet, "Hostile Environment Sexual Harassment Claims and the Unwelcome Influence of Rape Law," *Michigan Journal of Gender and Law* 3, no 1 (1996): 139, 136, 142, 143, 150.

第五章　关照落差：受害者如何被无视

1. "Vanessa Tyson's Full Statement on Justin Fairfax," *New York Times*, February 6, 2019, https://www.nytimes.com/2019/02/06/us/politics/vanessa-tyson-statement.html.

2. Tara Law, "Professor Comes Forward With Graphic Details of Alleged Sexual Assault by Virginia Lt. Governor," *Time*, February 6, 2019, https://time.com/5523274/vanessa-tyson-virginia-sexual-assault.

3. "Justin Fairfax Accuser Vanessa Tyson Describes Alleged Sexual Assault: 'I Couldn't Feel My Neck,' " CBS News, April 1, 2019, https://www.cbsnews.com/news/justin-fairfax-accuser-vanessa-tyson-speaks-out-sexual-assault.

4. Associated Press, "Vanessa Tyson, Who Accused Virginia Lt. Gov. Justin Fairfax of Sexual Assault, Talks Women Reporting Abuse," *USA Today*, February 13, 2019, https://www.usatoday.com/story/news/nation/2019/02/13/justin-fairfax-accuser-vanessa-tyson-talks-women-reporting-abuse/2857038002.

5. Vanessa Tyson, "Understanding the Personal Impact of Sexual Violence and Assault," *Journal of Women, Politics & Policy* 40, no. 1 (2019): 176.

6. Laura Vozzella, "Judge Dismisses Lt. Gov. Fairfax's Defamation Suit over CBS Interviews on Sexual Assault Claims," *Washington Post*, February 11, 2020, https://www.washingtonpost.com/local/virginia-politics/

judge-dismisses-lt-gov-fairfaxs-defamation-suit-over-cbs-interviews-on-sexual-assaultclaims/2020/02/11/d76e6a42-4d15-11ea-9b5c-eac5b16dafaa_story.html; *Fairfax v. CBS Broadcasting, Inc.*, No. 1:19-cv-01176-AJT-MSN, at *29-30 (E.D. Va. February 11, 2020); Dan Packel, "Justin Fairfax Swaps Lawyers as Appeal in CBS Defamation Case Moves Forward," *National Law Journal*, May 27, 2020, https://www.law.com/nationallawjournal/2020/05/27/justin-fairfax-swaps-lawyers-as-appeal-in-cbs-defamation-case-moves-forward/?slreturn=20200526163659.

7. Rebecca Traister, "Why Donald Trump—and Other Powerful Men—Love to Cast Themselves as Victims," Intelligencer, *New York Magazine*, October 24, 2019, https://nymag.com/intelligencer/2019/10/why-donald-trump-loves-to-cast-himself-as-a-victim.html.

8. Jia Tolentino, "Jian Ghomeshi, John Hockenberry, and the Laws of Patriarchal Physics," *New Yorker*, September 17, 2018, https://www.newyorker.com/culture/cultural-comment/jian-ghomeshi-john-hockenberry-and-the-laws-of-patriarchal-physics.

9. Kate Manne, *Down Girl: The Logic of Misogyny* (New York: Oxford University Press, 2018), 194, 218-19.

10. Daniel Kahneman, *Thinking, Fast and Slow* (New York: Farrar, Straus and Giroux, 2011), 304-9.

11. Judith Herman, *Trauma and Recovery: The Aftermath of Violence—From Domestic Abuse to Political Terror* (New York: Basic Books, 1992), 7.

12. Herman, *Trauma and Recovery*, 7-8.

13. Paul Bloom, *Against Empathy: The Case for Rational Compassion* (New York: Ecco, 2016), 31.

14. Rebecca Greenfield, "Marriot Sued by Housekeeper Over Guest Sexual Misconduct," Bloomberg, January 28, 2019, https://www.bloomberg.com/news/articles/2019-01-28/marriott-sued-over-guest-sexual-misconduct-as-metoo-expands; Complaint, *Vallejo v. Marriott Hotel*

Services, Inc., Case No. 30-2019-01046612-CU-OE-CJC (Superior Court, Orange County, California January 28, 2019).

15. Susan Chira and Catrin Einhorn, "How Tough Is It to Change a Culture of Harassment? Ask Women at Ford," *New York Times*, December 19, 2017, https://www.nytimes.com/interactive/2017/12/19/us/ford-chicago-sexual-harassment.html.

16. Complaint at 8, 9, 13, 15, *Ries v. McDonald's USA*, Case No. 19-829-CD (Mich. Ingham Cty. Circuit Ct. November 12, 2019), https://www.aclu.org/sites/default/files/field_document/1_complaint_filed.pdf.

17. Peggy Orenstein, *Boys & Sex: Young 273 Men on Hookups, Love, Porn, Consent, and Navigating the New Masculinity* (New York: HarperCollins Publishers, 2020), 176.

18. Orenstein, *Boys & Sex*, 176.

19. Robin West, *Caring for Justice* (New York: New York University Press, 1997), 114.

20. Laura A. Rosenbury, "Work Wives," *Harvard Journal of Law & Gender* 36, no. 2 (2013): 346.

21. West, *Caring for Justice*, 79, 82.

22. Manne, *Down Girl*, 46–47.

23. *How Our Minds, Society, and Neurosexism Create Difference* (New York: W. W. Norton & Company, 2010), 24–26.

24. Laurie Penny, "Gaming's #MeToo Moment and the Tyranny of Male Fragility," *Wired*, September 6, 2019, https://www.wired.com/story/videogames-industry-metoo-moment-male-fragility.

25. E. Jean Carroll, *What Do We Need Men For? A Modest Proposal* (New York: St. Martin's Press, 2019), 242.

26. Beth A. Quinn, "The Paradox of Complaining: Law, Humor, and Harassment in the Everyday Work World," *Law and Social Inquiry* 25, no. 4 (2000): 1167.

27. Vicki Magley et al., "Outcomes of Self-Labeling Sexual Harassment," *Journal of Applied Psychology* 84, no. 3 (1999): 390.

28. Waleska Suero, " 'We Don't Think of It as Sexual Harassment': The Intersection of Gender & Ethnicity on Latinas' Workplace Sexual Harassment Claims," *Chicanx Latinx Law Review* 33, no. 1 (2015): 146.

29. Susan Cheng, "Asian-American Women in Hollywood Say It's Twice as Hard for Them to Say #MeToo," BuzzFeed News, February 24, 2018, https://www.buzzfeednews.com/article/susancheng/what-metoo-means-for-asian-american-women-in-hollywood.

30. Feldblum and Lipnic, "Select Task Force on the Study of Harassment in the Workplace," v.

31. Susan W. Hinze, " 'Am I Being Over-Sensitive?' Women's Experience of Sexual Harassment During Medical Training," *health* 8, no. 1 (2004): 103, 109–10.

32. Freitas, *Consent*, 76–77.

33. Catharine A. MacKinnon, *Sexual Harassment of Working Women* (New Haven and London: Yale University Press: 1979), 164–74.

34. MacKinnon, *Sexual Harassment of Working Women*, 174.

35. *Meritor Sav. Bank, FSB v. Vinson*, 477 U.S. 57, 67 (1986).

36. *Harris v. Forklift Sys., Inc.*, 510 U.S. 17, 21 (1993).

37. Sandra F. Sperino and Suja A. Thomas, *Unequal: How America's Courts Undermine Discrimination Law* (New York: Oxford University Press, 2017), 31.

38. *Anderson v. G.D.C., Inc.*, 281 F.3d 452, 459 (4th Cir. 2002); *Hathaway v. Runyon*, 132 F.3d 1214, 1223 (8th Cir. 1997); *Baskerville v. Culligan Int'l Co.*, 50 F.3d 428, 430 (7th Cir. 1995).

39. *Cockrell v. Greene Cty. Hosp. Bd.*, No. 7:17–cv–00333–LSC, 2018 WL 1627811, at *4–5 (N.D. Ala. April 4, 2018).

40. *Cockrell*, 2018 WL 1627811, at *5 (citing *Mendoza v. Borden, Inc.*,

195 F.3d 1238, 1247–48 [11th Cir. 1999]).

41. Sperino and Thomas, *Unequal*, 37.

42. *Swyear v. Fare Foods Corp.*, 911 F.3d 874, 881 (7th Cir. 2018) (citing *Passananti v. Cook Cty.*, 689 F.3d 655, 667 [7th Cir. 2012]).

43. *Little v. CRSA*, 744 F. App'x 679, 680–81 (11th Cir. 2018).

44. *Berger v. Rollins, Inc.*, No. CV 15–4102, 2017 WL 1361789, at *3 (E.D. La. April 12, 2017).

45. *Ogletree v. Necco*, No. 1:16–cv–1858–WSD, 2016 WL 7010869, at *1 (N.D. Ga. November 30, 2016).

46. *Saidu–Kamara v. Parkway Corp.*, 155 F. Supp. 2d 436, 439–40 (E.D. Pa. 2001).

47. *Saidu–Kamara*, 155 F. Supp. 2d at 440.

48. *Anderson v. Family Dollar Stores of Ark., Inc.*, 579 F.3d 858, 862 (8th Cir. 2009).

49. *Stacy v. Shoney's, Inc.*, 142 F.3d 436, 436 (6th Cir. 1998).

50. *Saxton v. American Tel. & Tel., Co.*, 10 F.3d 526, 528 (7th Cir. 1993).

51. *Landers v. CHLN, Inc.*, No. CIV.A. 07–75–EBA, 2009 WL 803777, at *1 (E.D. Ky. March 25, 2009).

52. *Baldwin v. Blue Cross/Blue Shield of Alabama*, 480 F.3d 1287, 1294–95 (11th Cir. 2007).

53. *Weiss v. Coca–Cola Bottling Co.*, 990 F.2d 333, 337 (7th Cir. 1993).

54. Martha Chamallas, "Will Tort Law Have Its #MeToo Moment?," *Journal of Tort Law* 11, no. 1 (2018): 57–58.

55. Martha Chamallas, "Discrimination and Outrage: The Migration from Civil Rights to Tort Law," *William & Mary Law Review* 48, no. 6 (2007): 2124–31.

56. Kalley R. Aman, "No Remedy for Hostile Environment Sexual Harassment? Balancing a Plaintiff's Right to Relief Against Protection of

Small Business Employers," *Journal of Small and Emerging Business Law* 4, no. 2 (2000). The cases examined in this section are discussed in this piece.

57. *Hoy v. Angelone*, 691 A.2d 476, 479, 483 (Pa. Super. Ct. 1997).

58. *Blount v. Sterling Healthcare Grp., Inc.*, 934 F. Supp. 1365, 1368 (S.D. Fla. 1996).

59. *Pucci v. USAir*, 940 F. Supp. 305, 307, 309 (M.D. Fla. 1996).

60. *Jacquez v. Duran*, No. CV 00-1185 JP/JHG, 2001 WL 37124997, at *1 (D.N.M. July 26, 2001).

61. Patrick J. Hines, "Bracing the Armor: Extending Rape Shield Protections to Civil Proceedings," *Notre Dame Law Review* 86, no. 2 (2011): 899.

62. *Ten Broeck DuPont, Inc. v. Brooks*, 283 S.W.3d 705, 712 (Ky. 2009).

63. Clara Bingham and Laura Leedy Gansler, *Class Action: The Landmark Case that Changed Sexual Harassment Law* (New York: Doubleday, 2002), 321-23.

64. Martha Chamallas and Jennifer B. Wriggins, *The Measure of Injury: Race, Gender, and Tort Law* (New York: New York University Press, 2010), 190.

65. Chamallas, "Discrimination and Outrage," 2147-50.

66. 42 U.S.C. § 1981a(b) (3) (2012).

67. "Caps on Compensatory Damages: A State Law Summary," Center for Justice & Democracy at New York Law School, June 2019, https://centerjd.org/content/fact-sheet-caps-compensatory-damages-state-law-summary.

68. Chamallas and Wriggins, *The Measure of Injury*, 171.

69. Chamallas and Wriggins, *The Measure of Injury*, 175.

70. *New York State Div. of Human Rights v. Young Legends, LLC*, 934 N.Y.S.2d 628, 630, 632-33 (N.Y. App. Div. 2011).

71. Jennifer Wriggins, "Rape, Racism and the Law," *Harvard Journal*

of Law and Gender 6, no. 1 (1983): 106, 188 & n.93.

72. Carol Bohmer, "Judicial Attitudes Toward Rape Victims," *Judicature* 57, no. 7 (1974): 303.

73. West, *Caring for Justice*, 146.

74. Karen Zraick, "Inside One Woman's Fight to Rewrite the Law on Marital Rape," *New York Times*, April 13, 2019, https://www.nytimes.com/2019/04/13/us/marital-rape-law-minnesota.html.

75. William Blackstone, *Commentaries on the Laws of England*, vol. 1 (Oxford: Clarendon Press, 1765), 442.

76. Freedman, *Redefining Rape*, 7.

77. Jill Elaine Hasday, "Contest and Consent: A Legal History of Marital Rape," *California Law Review* 88, no. 5 (2000): 1389–92, 1397.

78. Model Penal Code § 213.1 (American Law Institute, Official Draft and Revised Comments 1980).

79. Michelle J. Anderson, "Diminishing the Legal Impact of Negative Social Attitudes Toward Acquaintance Rape Victims," *New Criminal Law Review* 13, no. 4 (2010): 663.

80. "Marital Rape and Sexual Assault," AEquitas (April 2020): 1–6, available by request at https://aequitasresource.org/resources.

81. West, *Caring for Justice*, 146.

82. Stephen J. Schulhofer, "Reforming the Law of Rape," *Law & Inequality* 35, no. 2 (2017): 342–43.

83. Catharine A. MacKinnon, "Rape Redefined," *Harvard Law & Policy Review* 10, no. 2 (2016): 465.

84. Black et al., "National Intimate Partner and Sexual Violence Survey: 2010 Summary Report," 44–45, 54–55; Michael Planty et al., "Female Victims of Sexual Violence, 1994–2010," U.S. Department of Justice (2016): 5, https://www.bjs.gov/content/pub/pdf/fvsv9410.pdf; Patricia Tjaden and Nancy Thoennes, "Full Report of the Prevalence, Incidence, and

Consequences of Violence Against Women," U.S. Department of Justice (2000): 49–50, https://www.ncjrs.gov/pdffiles1/nij/183781.pdf.

85. David Lisak, "Understanding the Predatory Nature of Sexual Violence," *Sexual Assault Report* 14, no. 4 (2011): 56, https://web.archive.org/web/20180918030047/http://www.davidlisak.com/wp-content/uploads/pdf/SARUnderstandingPredatoryNatureSexualViolence.pdf.

86. Anderson, "Diminishing the Legal Impact of Negative Social Attitudes," 646.

87. *Commonwealth v. Berkowitz*, 609 A.2d 1338, 1340, 1344–47 (Pa. Super. Ct. 1992), *order aff'd in part, vacated in part on other grounds*, 641 A.2d 1161 (Pa. 1994).

88. *State v. Mirabal*, 278 A.D.2d 526, 527 (N.Y. App. Div. 2000).

89. *State v. Elias*, 337 P.3d 670, 672, 676 (Idaho 2014).

90. Deborah Tuerkheimer, "Rape On and Off Campus," *Emory Law Journal* 65, no. 1 (2015): 24–38.

91. Lynn Hecht Schafran, "Barriers to Credibility: Understanding and Countering Rape Myths," Legal Momentum (n.d.): 9, https://www.webpages.uidaho.edu/gbabcock/PDFs/Rape%20Barriers_to_Credibility%20myths.pdf.

92. Traister, "Why Donald Trump—and Other Powerful Men—Love to Cast Themselves as Victims."

93. Traister, "Why Donald Trump—and Other Powerful Men—Love to Cast Themselves as Victims."

94. Michelle D. Brock, "No, There Is No Witch Hunt Against Powerful Men," *Washington Post*, October 18, 2017, https://www.washingtonpost.com/news/made-by-history/wp/2017/10/18/no-there-is-no-witch-hunt-against-powerful-men.

95. Edward L. Thorndike, "A Constant Error in Psychological Ratings," *Journal of Applied Psychology* 4, no. 1 (1920): 25, 29. For subsequent research on the halo effect, see Kahneman, *Thinking, Fast and Slow*, 4, 82–

85, 114, 199–200.

96. Lithwick, "The Room Where It Happened," 30.

97. Claudia Koerner, "Brock Turner Has Lost His Appeal and Remains Guilty of Sexual Assault," BuzzFeed News, August 8, 2018, https://www.buzzfeednews.com/article/claudiakoerner/brock-turner-has-lost-his-appeal-and-remains-guilty-of.

98. Elena Kadvany, "Brock Turner Juror to Judge: 'Shame on You,'" *Palo Alto Weekly*, June 13, 2016, https://www.paloaltoonline.com/news/2016/06/13/brock-turner-juror-to-judge-shame-on-you.

99. Liam Stack, "Light Sentence for Brock Turner in Stanford Rape Case Draws Outrage," *New York Times*, June 6, 2016, https://www.nytimes.com/2016/06/07/us/outrage-in-stanford-rape-case-over-dueling-statements-of-victim-and-attackers-father.html.

100. Lindsey Bever, "What the Stanford Sex Offender's Loved Ones Said to Keep Him out of Prison," *Washington Post*, June 8, 2016, https://www.washingtonpost.com/news/grade-point/wp/2016/06/08/what-the-stanford-sex-offenders-loved-ones-said-to-keep-him-out-of-prison.

101. Tyler Kingkade, "Brock Turner's Dad Gave Tone-Deaf Plea for Lenient Sentence in Son's Sexual Assault Case," *Huffington Post*, June 5, 2016, https://www.huffpost.com/entry/brock-turner-dad-action-stanford-sexual-assault_n_57548e2fe4b0c3752dcdf574?ir=College&section=us_college&utm_hp_ref=college#document/p3/a300156.

102. Katie J. M. Baker, "Here's the Powerful Letter the Stanford Victim Read to Her Attacker," BuzzFeed News, June 3, 2016, https://www.buzzfeednews.com/article/katiejmbaker/heres-the-powerful-letter-the-stanford-victim-read-to-her-ra#.xf2YDd8Xv.

103. Chanel Miller, *Know My Name: A Memoir* (New York: Viking Press, 2019), 233–41.

104. Maggie Astor, "California Voters Remove Judge Aaron Persky,

Who Gave a 6-Month Sentence for Sexual Assault," *New York Times*, June 6, 2018, https://www.nytimes.com/2018/06/06/us/politics/judge-persky-brock-turner-recall.html.

105. Julie K. Brown, "How a Future Trump Cabinet Member Gave a Serial Sex Abuser the Deal of a Lifetime," *Miami Herald*, November 28, 2018, https://www.miamiherald.com/news/local/article220097825.html.

106. Matt Stieb, "Everything We Know About Jeffrey Epstein's Upper East Side Mansion," Intelligencer, *New York Magazine*, July 9, 2019, https://nymag.com/intelligencer/2019/07/everything-we-know-about-jeffrey-epsteins-new-york-mansion.html?utm_source=nym&utm_medium=f1&utm_campaign=feed-part.

107. Mimi Rocah and Berit Berger, "Jeffrey Epstein's Deal with Federal Prosecutors Wasn't Normal. The Men Who Arranged It Need to Face the Music," NBC News, February 23, 2019, https://www.nbcnews.com/think/opinion/jeffrey-epstein-s-deal-federal-prosectors-wasn-t-normal-men-ncna974911.

108. Moira Donegan, "Too Many Men Think Teenage Girls Are Fair Game. That Gave Jeffrey Epstein Cover," *Guardian*, July 10, 2019, https://www.theguardian.com/commentisfree/2019/jul/10/teenage-girls-jeffrey-epstein-fair-game.

109. Ed Pilkington, "Jeffrey Epstein: How US Media—with One Star Exception—Whitewashed the Story," *Guardian*, July 13, 2019, https://www.theguardian.com/us-news/2019/jul/13/jeffrey-epstein-alex-acosta-miami-herald-media.

110. David Ovalle, "Jeffrey Epstein Lawsuits Offer Sordid Details, Including Sex While on Work Release," *Miami Herald*, August 20, 2019, https://www.miamiherald.com/news/state/florida/article234189557.html; Lori Rozsa, "For 'Client' Jeffrey Epstein, an Unlocked Cell in a Florida Jail," *Washington Post*, July 19, 2019, https://www.washingtonpost.com/

investigations/captain-at-jail-where-epstein-served-time-in-2008-ordered-that-his-cell-door-be-left-unlocked/2019/07/19/93e38934-a972-11e9-86dd-d7f0e60391e9_story.html.

111. Jan Ransom, "Cyrus Vance's Office Sought Reduced Sex- Offender Status for Epstein," *New York Times*, July 9, 2019, https://www.nytimes.com/2019/07/09/nyregion/cyrus-vance-epstein.html.

112. Tiffany Hsu et al., "Jeffrey Epstein Gave $850,000 to M.I.T., and Administrators Knew," *New York Times*, January 15, 2020, https://www.nytimes.com/2020/01/10/business/mit-jeffrey-epstein-joi-ito.html.

113. Donegan, "Too Many Men Think Teenage Girls Are Fair Game."

114. Moya Bailey, " 'Surviving R. Kelly' Serves Up a Toxic Cocktail of Misogynoir and Masculinity," *bitchmedia*, January 22, 2019, https://www.bitchmedia.org/article/surviving-rkelly-moya-bailey-misogynoir.

115. Rebecca Epstein et al., "Girlhood Interrupted: The Erasure of Black Girls' Childhood," Center on Poverty and Inequality, Georgetown Law (2017): 2, 8, https://www.law.georgetown.edu/poverty-inequality-center/wp-content/uploads/sites/14/2017/08/girlhood-interrupted.pdf.

116. Nicole Hong, "R. Kelly Used Bribe to Marry Aaliyah When She Was 15, Charges Say," *New York Times*, December 5, 2019, https://www.nytimes.com/2019/12/05/nyregion/rkelly-aaliyah.html.

117. Ida Harris, "R. Kelly's Victims Were Ignored for 30 Years. It Has 'Everything to Do With the Fact That They Are Black Women,' " *Elle*, January 5, 2019, https://www.elle.com/culture/movies-tv/a25756816/r-kelly-lifetime-documentary-dream-hampton-interview.

118. Jim DeRogatis and Abdon M. Pallasch, "City Police Investigate R&B Singer R. Kelly in Sex Tape," *Chicago Sun-Times*, February 8, 2002, http://web.archive.org/web/20020212051418/http://www.suntimes.com/output/news/cst-nws-kelly08.html.

119. Harris, "R. Kelly's Victims Were Ignored for 30 Years."

120. Jim DeRogatis, *Soulless: The Case Against R. Kelly* (New York: Abrams Press, 2019), 237, 263-64.

第六章 "更糟糕了"：为何可信度复合体会伤害受害者

1. Janey Williams, host, "You Don't Matter," *This Happened* (podcast), October 3, 2013.

2. Rebecca Campbell, "Rape Survivors' Experiences with the Legal and Medical Systems: Do Rape Victim Advocates Make a Difference?," *Violence Against Women* 12, no. 1 (2006): 1-2.

3. Heather L. Littleton, "The Impact of Social Support and Negative Disclosure Reactions on Sexual Assault Victims: A Cross-Sectional and Longitudinal Investigation," *Journal of Trauma & Dissociation* 11, no. 2 (2010): 212.

4. Jennifer J. Freyd and Pamela J. Birrell, *Blind to Betrayal: Why We Fool Ourselves We Aren't Being Fooled* (Hoboken, NJ: John Wiley & Sons, Inc., 2013), 23; Rachel E. Goldsmith et al., "Betrayal Trauma: Associations with Psychological and Physical Symptoms in Young Adults," *Journal of Interpersonal Violence* 27, no. 3 (2012): 557.

5. Ullman, *Talking About Sexual Assault*, 59-82.

6. Littleton, "The Impact of Social Support and Negative Disclosure Reactions on Sexual Assault Victims," 223.

7. Ahrens, "Being Silenced," 266-71; Kimberly A. Lonsway, "Improving Responses to Sexual Assault Disclosures: Both Informal and Formal Support Providers," End Violence Against Women International (March 2020): 7, 9, https://evawintl.org/wp-content/uploads/2019-6_TB_Improving-Responses-to-SA-Disclosures.pdf.

8. Julia Moskin, "A Celebrity Sommelier Is Accused of Sexual Assault," *New York Times*, November 1, 2019, https://www.nytimes.com/2019/11/01/dining/drinks/anthony-cailan-sexual-assault.html.

9. Carly Parnitzke Smith and Jennifer J. Freyd, "Dangerous Safe Havens: Institutional Betrayal Exacerbates Sexual Trauma," *Journal of Traumatic Stress* 26, no. 1 (2013): 120.

10. Lindsey L. Monteith et al., "Perceptions of Institutional Betrayal Predict Suicidal Self-Directed Violence Among Veterans Exposed to Military Sexual Trauma," *Journal of Clinical Psychology* 72, no. 7 (2016): 751; Carly P. Smith and Jennifer J. Freyd, "Insult, Then Injury: Interpersonal and Institutional Betrayal Linked to Health and Dissociation," *Journal of Aggression, Maltreatment & Trauma* 26, no. 10 (2017).

11. Herman, *Trauma and Recovery*, 52–53, 61.

12. Carly Parnitzke Smith and Jennifer J. Freyd, "Institutional Betrayal," *American Psychologist* 69, no. 6 (2014): 585.

13. Freitas, *Consent*, 314.

14. Chris Linder and Jess S. Myers, "Institutional Betrayal as a Motivator for Campus Sexual Assault Activism," *NASPA Journal About Women in Higher Education* 11, no. 1 (2018): 6.

15. Linder and Myers, "Institutional Betrayal," 6.

16. Carly P. Smith et al., "Sexual Violence, Institutional Betrayal, and Psychological Outcomes for LGB College Students," *Translational Issues in Psychological Science* 2, no. 4 (2016): 355–56.

17. Alec M. Smidt et al., "Out and in Harm's Way: Sexual Minority Students' Psychological and Physical Health after Institutional Betrayal and Sexual Assault," *Journal of Child Sexual Abuse* 1 (2019): 41–55.

18. Walt Bogdanich, "Reporting Rape, and Wishing She Hadn't," *New York Times*, July 12, 2014, https://www.nytimes.com/2014/07/13/us/how-one-college-handled-a-sexual-assault-complaint.html.

19. Kiera Feldman, "Sexual Assault at God's Harvard," *New Republic*, February 17, 2014, https://newrepublic.com/article/116623/sexual-assault-patrick-henry-college-gods-harvard; Smith and Freyd, "Institutional

Betrayal," 575.

20. Emma Sarran Webster, "Baylor University Punished Sexual Assault Victims for Drinking," *Teen Vogue*, August 1, 2016, https://www.teenvogue.com/story/baylor-university-silenced-rape-sexual-assault-victims.

21. Tatiana Schlossberg, "UConn to Pay $1.3 Million to End Suit on Rape Cases," *New York Times*, July 18, 2014, https://www.nytimes.com/2014/07/19/nyregion/uconn-to-pay-1-3-million-to-end-suit-on-rape-cases.html.

22. Caitlin McCabe, "5 Submit Complaint Against UNC over Sexual Assault," *Daily Tar Heel*, January 16, 2013, https://www.dailytarheel.com/article/2013/01/5-submit-complaint-against-unc-over-sexual-assault.

23. Jane Stancill, "UNC Found in Violation of Federal Law in Its Handling of Sex Assault and Discrimination," *News and Observer*, June 26, 2018, https://www.newsobserver.com/news/local/article213838729.html.

24. Caitlin McCabe, "Group Files Sexual Assault Complaint Against UNC," *Daily Tar Heel*, January 16, 2013, https://www.dailytarheel.com/article/2013/01/group-files-sexual-assault-complaint-against-unc_0116.

25. Erica L. Green, " 'It's Like the Wild West' : Sexual Assault Victims Struggle in K-12 Schools," *New York Times*, May 11, 2019, https://www.nytimes.com/2019/05/11/us/politics/sexual-assault-school.html.

26. Complaint at 2, 3, 9, *Doe v. Gwinnett Cty. Pub. Sch.*, No. 1:18-cv-05278-CAP (N.D. Ga. November 16, 2018), https://www.publicjustice.net/wp-content/uploads/2019/04/2018.11.16-Doc.-1-Complaint.pdf.

27. Aviva Stahl, " 'This Is an Epidemic' : How NYC Public Schools Punish Girls for Being Raped," *Vice*, June 8, 2016, https://www.vice.com/en_us/article/59mz3x/this-is-an-epidemic-how-nyc-public-schools-punish-girls-for-being-raped.

28. Diana Lambert, "Former McClatchy High Student Says She Was Gang Raped by Classmates. She Plans to Sue District," *Sacramento*

Bee, March 18, 2018, https://www.sacbee.com/news/local/education/article204442509.html.

29. Complaint at 6, 9, *Virginia M. v. Sacramento City Unified Sch. Dist.*, Case No. 34-2018-00226922 (Cal. Super. Ct. Sacramento County December 21, 2018).

30. Equal Rights Advocates, "ERA Client Wins in Settlement with Sacramento School District; Spurs New Policies for 49,000 Students," press release, September 24, 2019, https://www.equalrights.org/news/era-client-wins-in-settlement-with-sacramento-school-district-spurs-new-policies-for-49000-students.

31. Miller, *Know My Name*, 3, 296-97.

32. Kristen M. Reinhardt et al., "Came to Serve, Left Betrayed: Military Sexual Trauma and the Trauma of Betrayal," in *Treating Military Sexual Trauma*, ed. Lori S. Katz (New York: Springer Publishing Company, 2016), 61-78.

33. Smith and Freyd, "Institutional Betrayal," 581 (citing Rebecca Campbell and Sheela Raja, "The Sexual Assault and Secondary Victimization of Female Veterans: Help-Seeking Experiences with Military and Civilian Social Systems," *Psychology of Women Quarterly* 29, no. 1 [2005]: 97-106).

34. Felicia J. Andresen et al., "Institutional Betrayal Following Military Sexual Trauma Is Associated with More Severe Depression and Specific Posttraumatic Stress Disorder Symptom Clusters," *Journal of Clinical Psychology* 75, no. 7 (2019): 1306.

35. Andresen et al., "Institutional Betrayal Following Military Sexual Trauma."

36. "Department of Defense Annual Report on Sexual Assault in the Military," Department of Defense (2018): 9, https://int.nyt.com/data/documenthelper/800-dod-annual-report-on-sexual-as/

d659d6d0126ad2b19c18/optimized/full.pdf#page=1; Lindsay Rosenthal and Lawrence Korb, "Twice Betrayed: Bringing Justice to the U.S. Military's Sexual Assault Problem," Center for American Progress (November 2013): 2, https://www.americanprogress.org/wp-content/uploads/2013/11/MilitarySexualAssaultsReport.pdf.

37. 同上。

38. Justin Rose, "I Was Sexually Assaulted by Another Marine. The Corps Didn't Believe Me," *New York Times Magazine*, September 7, 2018, https://www.nytimes.com/2018/09/07/magazine/sexual-assault-marine-corps.html.

39. "Embattled: Retaliation Against Sexual Assault Survivors in the US Military," Human Rights Watch (May 2015): 3, https://www.hrw.org/report/2015/05/18/embattled/retaliation-against-sexual-assault-survivors-us-military.

40. Amy Herdy and Miles Moffeit, "For Crime Victims, Punishment," *Denver Post*, May 13, 2005, https://extras.denverpost.com/justice/tdp_betrayal.pdf.

41. Debra Patterson, "The Linkage Between Secondary Victimization by Law Enforcement and Rape Case Outcomes," *Journal of Interpersonal Violence* 26, no. 2 (2011): 329.

42. Morabito et al., "Decision Making in Sexual Assault Cases," VI.

43. Valeriya Safronova and Rebecca Halleck, "These Rape Victims Had to Sue to Get the Police to Investigate," *New York Times*, May 23, 2019, https://www.nytimes.com/2019/05/23/us/rape-victims-kits-police-departments.html.

44. Complaint at 3-7, *Marlowe v. City & Cty. of San Francisco*, No. 3:16-cv-00076MMC (N.D. Cal. October 21, 2016).

45. *Marlowe v. City and Cty. of San Francisco*, Case No. 16-cv00076-MMC (N.D. Cal. September 27, 2016), *aff'd* 753 F. App'x 479, *cert denied*

140 S. Ct. 244.

46. *Smith v. City of Austin*, No. 1:18–cv–00505–LY (W.D. Tex. February 10, 2020); *Borkowski v. Baltimore Cty.*, No. 1:18–cv–2809–DKC (D. Md. September 10, 2018); *Doe v. Town of Greenwich*, 3:18–cv–01322–KAD (D. Conn. August 9, 2018); *Doe v. City of Memphis*, No. 2:13–cv–03002–JTF–c gc (W.D. Tenn. December 20, 2013); Safronova and Halleck, "These Rape Victims Had to Sue to Get the Police to Investigate" (describing undisclosed settlement paid by Village of Robins, IL, to victim).

47. Barbara Bradley Hagerty, "An Epidemic of Disbelief," *Atlantic*, July 22, 2019, https://www.theatlantic.com/magazine/archive/2019/08/an-epidemic-of-disbelief/592807.

48. Meaghan Ybos and Heather Marlowe, "Five Ways the Media-Driven Rape Kit 'Backlog' Narrative Gets It Wrong," The Appeal, March 5, 2018, https://theappeal.org/five-ways-the-media-driven-rape-kit-backlog-narrative-gets-it-wrong-99a02956df06.

49. Hagerty, "An Epidemic of Disbelief."

50. Ronan Farrow, "From Aggressive Overtures to Sexual Assault: Harvey Weinstein's Accusers Tell Their Stories," *New Yorker*, October 10, 2017, https://www.newyorker.com/news/news-desk/from-aggressive-overtures-to-sexual-assault-harvey-weinsteins-accusers-tell-their-stories.

51. Ronan Farrow, "Behind the Scenes of Harvey Weinstein's Arrest," *New Yorker*, May 25, 2018, https://www.newyorker.com/news/news-desk/behind-the-scenes-of-harvey-weinsteins-impending-arrest.

52. Michael Barbaro, host, "The Harvey Weinstein Case, Part 1," *The Daily* (podcast), January 9, 2020, transcript, https://www.nytimes.com/2020/01/09/podcasts/the-daily/harvey-weinstein-trial.html.

53. Farrow, "Behind the Scenes of Harvey Weinstein's Arrest."

54. Barbaro, "The Harvey Weinstein Case, Part 1."

55. Mackenzie Nichols, "Harvey Weinstein Accuser Lucia Evans Breaks

Silence After D.A. Dropped Charge," *Variety*, September 18, 2019, https://variety.com/2019/film/news/harvey-weinstein-lucia-evans-breaks-silence-1203340104.

56. Michael R. Sisak and Tom Hays, "Manhattan DA Drops Part of Harvey Weinstein Case," Associated Press, October 12, 2018, https://apnews.com/472366b4c7c74178bde962f85416fac6.

57. Barbaro, "The Harvey Weinstein Case, Part 1."

58. David Remnick, "Ronan Farrow on What the Harvey Weinstein Trial Could Mean for the #MeToo Movement," *New Yorker*, January 13, 2020, https://www.newyorker.com/news/q-and-a/ronan-farrow-on-what-the-harvey-weinstein-trial-could-mean-for-the-metoo-movement.

59. Riley Board, "Lucia Evans ' 05 on Midd, #MeToo," *Middlebury Campus*, February 13, 2020, https://middleburycampus.com/48206/news/48206.

60. Lucia Evans, "Own Your Truth," video, September 24, 2019, https://www.youtube.com/watch?v=vQZgZWE5urI&feature=youtu.be.

第七章 超越信念：幸存者至关重要

1. Alison Turkos, "Why I'm Suing Lyft," Medium, September 17, 2019, https://medium.com/@alturkos/why-im-suing-lyft-6a409e316d1f.

2. Complaint at 26-29, *Welch Demski v. City of New York*, No. 150089/2019 (N.Y. Sup. Ct. January 31, 2019).

3. Turkos, "Why I'm Suing Lyft."

4. Complaint at 14, *Turkos v. Lyft, Inc.*, No. CGC-19-579280 (Cal. Super. Ct. September 17, 2019).

5. Maria Cramer, "19 Women Sue Lyft as Sexual Assault Allegations Mount," *New York Times*, December 5, 2019, https://www.nytimes.com/2019/12/05/business/lyft-sexual-assault-lawsuit.html.

6. Lauren Kaori Gurley, "Lyft Allegedly Kept a Driver on the Platform

Who Held a Passenger at Gunpoint While Two Other Men Raped Her," *Vice*, September 17, 2019, https://www.vice.com/en_us/article/vb57w8/lyft-allegedly-kept-a-driver-on-the-platform-who-held-a-passenger-at-gunpoint-while-two-other-men-raped-her.

7. Turkos, "Why I'm Suing Lyft."

8. Complaint at 1, *Welch Demski v. City of New York*.

9. Tarana Burke, "#MeToo Was Started for Black and Brown Women and Girls. They're Still Being Ignored," *Washington Post*, November 9, 2017, https://www.washingtonpost.com/news/post-nation/wp/2017/11/09/the-waitress-who-works-in-the-diner-needs-to-know-that-the-issue-of-sexual-harassment-is-about-her-too.

10. Herman, *Trauma and Recovery*, 70.

11. Judith Lewis Herman, "Justice from the Victim's Perspective," *Violence Against Women* 11, no. 5 (2005): 579, 585.

12. Dan Harmon, host, "Don't Let Him Wipe or Flush," *Harmontown* (podcast), January 1, 2018, https://www.harmontown.com/2018/01/episode-dont-let- him-wipe-or-flush.

13. Michael Nordine, "Dan Harmon Delivers a 'Masterclass in How to Apologize,' and the Woman He Wronged Wants You to Listen," IndieWire, January 11, 2018, https://www.indiewire.com/2018/01/dan-harmon-megan-ganz-apology-1201916560.

14. Jonah Engel Bromwich, "Megan Ganz on Dan Harmon's Apology: 'I Felt Vindicated,' " *New York Times*, January 13, 2018, https://www.nytimes.com/2018/01/13/arts/dan-harmon-megan-ganz.html.

15. Herman, "Justice from the Victim's Perspective," 586.

16. Nick Smith, *I Was Wrong: The Meanings of Apologies* (New York: Cambridge University Press, 2008), 10.

17. Jennifer Schuessler, "MacArthur 'Genius' Grant Winners for 2019: The Full List," *New York Times*, September 25, 2019, https://www.nytimes.

com/2019/09/25/arts/macarthur-genius-grant-winners-list.html.

18. Lesley Wexler et al., "#MeToo, Time's Up, and Theories of Justice," *University of Illinois Law Review* 2019, no. 1 (2019): 69–91.

19. Lesley Wexler et al., "#MeToo, Time's Up, and Theories of Justice," 78 (citing Nancy Berlinger, *After Harm: Medical Error and the Ethics of Forgiveness* [Baltimore: Johns Hopkins University Press, 2005] , 61).

20. Lesley Wexler et al., "#MeToo, Time's Up, and Theories of Justice," 77–82.

21. sujatha baliga, "A Different Path for Confronting Sexual Assault," Vox, October 10, 2018, https://www.vox.com/first-person/2018/10/10/17953016/what-is-restorative-justice-definition-questions-circle.

22. Katherine Mangan, "Why More Colleges Are Trying Restorative Justice in Sex-Assault Cases," *Chronicle of Higher Education*, September 17, 2018, https://www.chronicle.com/article/Why-More-Colleges-Are-Trying/244542?cid=at&utm_source=naicu.

23. Margo Kaplan, "Restorative Justice and Campus Sexual Misconduct," *Temple Law Review* 89 (2017): 717–18.

24. Hirsch and Khan, *Sexual Citizens*, 211.

25. Katie Rogers and Erica L. Green, "Biden Will Revisit Trump Rules on Sexual Assault," *New York Times*, March 8, 2021, https://www.nytimes.com/2021/03/08/us/politics/joe-biden-title-ix.html.

26. Mangan, "Why More Colleges Are Trying Restorative Justice."

27. Tracy Clark-Flory, "How Berkeley High's Whisper Network Sparked a Movement," Jezebel, March 17, 2020, https://jezebel.com/how-berkeley-highs-whisper-network-sparked-a-movement-1841601179.

28. Hirsch and Khan, *Sexual Citizens*, 127.

29. Sarah Deer, *The Beginning and End of Rape: Confronting Sexual Violence in Native America* (Minneapolis: University of Minnesota Press,

2015), 124–25.

30. Kantor and Twohey, *She Said*, 135.

31. Kantor and Twohey, "Harvey Weinstein Paid Off Sexual Harassment Accusers for Decades."

32. Lauren O'Connor, "Ex–Harvey Weinstein Employee Breaks Silence on Her Memo That Helped Take Down Movie Mogul," video, 55:02, January 29, 2019, https://www.democracynow.org/2019/1/29/exclusive_ex_harvey_weinstein_employee_breaks.

33. "'Silence Breakers' Speak Out on Weinstein Verdict," NowThis News, video, February 25, 2020, https://www.youtube.com / watch?v=7Xlj2mcK3x4.

34. Herman, "Justice from the Victim's Perspective," 589–90, 593–94, 597.

35. Jean Hampton, "An Expressive Theory of Retribution," in *Retributivism and Its Critics*, ed. Wesley Cragg (Stuttgart: Franz Steiner Verlag, 1992), 13.

36. Kenworthey Bilz, "Testing the Expressive Theory of Punishment," *Journal of Empirical Legal Studies* 13, no. 2 (2016): 364–90.

37. Rebecca Campbell and Giannina Fehler-Cabral, "Why Police 'Couldn't or Wouldn't' Submit Sexual Assault Kits for Forensic DNA Testing: A Focal Concerns Theory Analysis of Untested Rape Kits," *Law & Society Review* 52, no.1 (2018): 99.

38. Rachael Denhollander, *What Is a Girl Worth? My Story of Breaking the Silence and Exposing the Truth about Larry Nassar and USA Gymnastics* (Carol Stream, IL: Tyndale Momentum, 2019), 291–92, 313.

39. Debra Dickerson, "Rallying Around the Rapist," *New York Times*, March 18, 2003, https://www.nytimes.com/2003/03/18/opinion/rallying-around-the-rapist.html.

40. Eli Rosenberg and Kristine Phillips, "Accused of Rape,

Former Baylor Fraternity President Gets No Jail Time After Plea Deal," *Washington Post*, December 11, 2018, https://www.washingtonpost.com/education/2018/12/11/accused-rape-former-frat-president-gets-no-jail-time-after-plea-deal-da.

41. Holly Yan and Tina Burnside, "Ex-Baylor Frat President Indicted on 4 Counts of Sex Assault Won't Go to Prison," CNN, December 11, 2018, https://www.cnn.com/2018/12/11/us/baylor-ex-frat-president-rape-allegation/index.html.

42. Herman, "Justice from the Victim's Perspective," 595.

43. Brandon Stahl, "6 Years in Prison for Ex-U Student Who Raped Two Women," *Star Tribune*, August 30, 2016, http://www.startribune.com/6-year-term-for-ex-u-student-who-raped-one-woman-at-frat-party-another-at-his-apartment/391781041.

44. Jan Ransom, "19 Women Accused a Gynecologist of Abuse. Why Didn't He Go to Prison?," *New York Times*, October 22, 2019, https://www.nytimes.com/2019/10/22/nyregion/robert-hadden-gynecologist-sexual-abuse.html.

45. Marissa Hoechstetter, "Can a Prosecutor Be Progressive and Take Sex Crimes Seriously?," The Appeal, January 8, 2020, https://theappeal.org/progressive-prosecutors-metoo.

46. Nelli Black, et al., "New Evidence Shows a Patient Warned Columbia University About OB-GYN's Alleged Sexual Assault Decades Ago," CNN, February 28, 2020, https://www.cnn.com/2020/02/28/politics/columbia-sexual-assault-letter-warning-invs/index.html.

47. Stassa Edwards, "Redemption Is Inevitable for Powerful Men," Jezebel, April 20, 2018, https://jezebel.com/redemption-is-inevitable-for-powerful-men-1825364533.

48. Leah Litman et al., "A Comeback but No Reckoning," *New York Times*, August 2, 2018, https://www.nytimes.com/2018/08/02/opinion/sunday/

alex-kozinski-harassment-allegations-comeback.html.

49. Herman, "Justice from the Victim's Perspective," 590.

结 论

1. 关于迪亚洛 / 施特劳斯 – 卡恩故事的叙述来自 :Christopher Dickey, "'DSK Maid' Tells of Her Alleged Rape by Strauss-Kahn: Exclusive," *Newsweek*, July 25, 2011, https://www.newsweek.com/dsk-maid-tells-her-alleged-rape-strauss-kahn-exclusive-68379; Recommendation for Dismissal at 8, *People v. Strauss-Kahn*, No. 02526/2011 (N.Y. Sup. Ct. August 22, 2011); Adam Martin, "Strauss-Kahn Held Without Bail: Graphic Details Released," *Atlantic*, May 16, 2011, https://www.theatlantic.com/international/archive/2011/05/strauss-kahn-held-without-bail-graphic-details-released/350724/; Adam Martin, "Strauss-Kahn Pins Defense on Datebook, Claim of Consent," *Atlantic*, May 17, 2011, https://www.theatlantic.com/international/archive/2011/05/strauss-kahn-pins-defense-datebook/350755/; John Eligon, "Strauss-Kahn Drama Ends with Short Final Scene," *New York Times*, August 23, 2011, https://www.nytimes.com/2011/08/24/nyregion/charges-against-strauss-kahn-dismissed.html; Vivienne Foley and Michael Pearson, "Strauss-Kahn, Accuser Settle Civil Lawsuit," CNN, December 10, 2012, https://www.cnn.com/2012/12/10/us/dsk-lawsuit/index.html; Complaint, *Nafissatou Diallo v. Dominique Strauss-Kahn*, Case No. 307065-2011 (New York Supreme Ct., Bronx County, August 8, 2011).

2. Erika Stallings, "This Is How the American Healthcare System Is Failing Black Women," *O, The Oprah Magazine*, August 1, 2018, https://www.oprahmag.com/life/health/a23100351/racial-bias-in-healthcare-black-women/; Consumer Reports, "Is Bias Keeping Female, Minority Patients from Getting Proper Care for Their Pain?," *Washington Post*, July 29, 2019, https://www.washingtonpost.com/health/is-bias-keeping-female-minority-patients-from-getting-proper-care-for-their-pain/2019/07/26/9d1b3a78-

a810-11e9-9214-246e594de5d5_story.htmlavailable.

3. Ahrens, "Being Silenced," 270–73.

4. Andrea Johnson et al., "Progress in Advancing Me Too Workplace Reforms in #20StatesBy2020," National Women's Law Center (2019), https://nwlc.org/wp-content/uploads/2019/07/final_2020States_Report-12.20.19-v2.pdf.

索 引①

A

Aaliyah 阿莉娅 169

abortions, use in litigation against women 堕胎，用于对妇女的诉讼 97

Abramson, Kate 凯特·艾布拉姆森 89-90, 106, 141-42

academic advisors 学术顾问 184

Access Hollywood tape《走进好莱坞》录音带 179

Accused, The（film）电影《被告》218

acquaintance, assault by 熟人侵犯 38, 65

Adams, Brenda 布伦达·亚当斯 75, 219

affirmative consent 明确同意 47

Akana, Anna 安娜·阿卡纳 145

Alabama 亚拉巴马州 46

---

① 索引标注页码为原书页码，即本书边码。——译注

Alaska 阿拉斯加州 22-23
American Law Institute 美国法律学会 95
Anderson, Michelle J. 米歇尔·亚历山德森 126-27, 160
apology, genuine 真诚道歉 206-9, 211
Armstrong, Elizabeth 伊丽莎白·阿姆斯特朗 113
arrest rates 逮捕率 81-82
Asian American women 美国亚裔女性 21, 33-35, 73, 145
Associated Press 美联社 65-66
athletes 运动员 106, 114, 164-67, 185-86
attention seeker archetype 寻求关注者 71

B

"bad" victims "坏"的受害者 108-14
Bailey, Moya 莫亚·贝莉 169
Baker, Katie J.M. 凯蒂·贝克 107
baliga, sujatha 苏雅塔·巴利加 207-8, 210-11
Baltimore County 巴尔的摩县 82
Barth, Jessica 杰茜卡·巴思 217
Bay Area ballet teacher 湾区著名芭蕾舞老师 52
Baylor University 贝勒大学 222-23
Bay to Breakers race（旧金山）越湾长跑赛 193
Becker, Kevin 凯文·贝克尔 49, 204-5
belief 信念 *See also* credibility complex; credibility discount; credibility inflation; doubt 又见可信度复合体；可信度受损；可信度提升；质疑
  degrees of 程度 61-64
  appropriate confidence levels for 适当的置信水平 235
Berkeley High School（California）伯克利高中（加州）214
Berkowitz, Robert 罗伯特·伯科威茨 161-62
betrayal 背叛 *See also* trust, betrayal of 又见信任，~的背叛

  by criminal justice system 来自刑事司法系统 192–98

  by friends 来自朋友 171–80

  by trusted institutions 来自信任的机构 180–92

betrayal trauma theory 背叛创伤理论 176

Bible 圣经 69

Bilz, Kenworthey 肯沃西·比尔茨 218–19

Black civic leaders 黑人民间领袖 234

Black girls 黑人女孩 16, 29, 204

  adultification of ~的成人化 169

  school suspensions and 学校停学和~ 188

  sexualization of ~的性化 110–12

Black male rapist stereotype 黑人男性强奸犯的刻板印象 20

Black men 黑人男性 15, 163–64

  cultural mandate to protect 保护~的文化使命 19–20

  slavery and 奴隶制与~ 157

Black women 黑人女性

  accusations vs. Black men and 指控与黑人男性和~ 19–20, 133

  assault of, trivialized ~的日常骚扰 138–39

  blame-shifting and 责任转嫁和~ 111–12, 121–22

  care gap and 关照落差和~ 169–70, 230n

  credibility discount and 可信度受损和~ 17–18

  criminal justice system and 刑事司法系统和~ 55–60, 157, 231–34

  dress and 穿着和~ 110–11, 123

  promiscuity myth and 滥交迷思和~ 18–19, 111–12, 122

  reporting rates and 上报率和~ 28

  slavery and 奴隶制和~ 15, 19, 156–57

  workplace harassment and 工作场所骚扰和~ 111, 121–23, 203

blame-shifting 责任转嫁 12, 24, 98–129

  anticipated 预期的~ 28–29

"bad" victims and "坏"的受害者和~ 108-14
　　Black victims and 黑人受害者和~ 18-19, 110-12
　　colleges and 学院和~ 17, 182-84, 187
　　double standard and 双重标准和~ 112-14
　　friends and family and 亲友和~ 176-79
　　internalized 内化的~ 105-8
　　just world theory and "公正世界"理论和~ 104-5
　　law and 法律和~ 114-26
　　military and 军方和~ 42, 191
　　Native women and 土著女性和~ 22
　　perfect victim and 完美受害者和~ 104
　　power and 权力和~ 235
　　resisting lure of 抵制~的诱惑 236
　　unwelcomeness test and 不受欢迎的检验和~ 124-25
Bloom, Lisa 丽萨·布卢姆 14
Bloom, Paul 保罗·布卢姆 137
Body Keeps the Score, The (van der Kolk)《身体从未忘记》(范德考克) 76
Boston rape crisis center 波士顿强奸危机中心 132
Boulder, Colorado 科罗拉多州博尔德 165
Bowman, Barbara 芭芭拉·鲍曼 51-52
Boys & Sex (Orenstein)《男孩与性》(奥伦斯坦) 140
Brake, Deborah 德博拉·布雷克 96
Brave (McGowan)《勇敢》(麦高恩) 13
Brock, Michelle 米歇尔·布罗克 164
Brokaw, Tom 汤姆·布罗考 53
Brown, Grant 格兰特·布朗 44-45
Buress, Hannibal 汉尼拔·布列斯 52
Burke, Tarana 塔拉纳·伯克 2, 20, 203-4

C

Cailan, Anthony 安东尼·凯伦 177
California 加利福尼亚州 93
Campbell, Rebecca 丽贝卡·坎贝尔 80–83, 195, 220
care gap 关照落差 129, 131–70
 abusers benefited by 因~受益的施暴者 135, 163–70
 defined 已界定的~ 135
 Internalized 内化的~ 140–46
 law of rape and 强奸法和~ 156–63
 law of workplace harassment and 工作场所有关骚扰的法律和~ 146–56
 power and 权力和~ 135, 235
 shrinking 缩小~ 236
 status quo bias and 现状偏见和~ 136–37
 trivialization of abuse and 日常侵犯和~ 137–40
care work 照顾工作 141
Carroll, E. Jean 琼·卡罗尔 143–44
CBS News 哥伦比亚广播公司新闻台 53
CBS *This Morning* (TV show) 哥伦比亚广播公司《今晨》(电视节目) 133
Chamallas, Martha 玛莎·查马拉斯 154–55
Chicago 芝加哥 82
Chicago Sun-Times《芝加哥太阳时报》170
childhood molestation 儿童猥亵 29, 43, 129, 154
child pornography 儿童色情作品 169
Chiu, Rowena 赵仪 33–36
civil law 民法 114
 financial interest of victim and 受害人的经济利益和~ 70–71
 preponderance of evidence standard and 优势证据标准和~ 61, 73–74
 pretrial discovery and 审前披露和~ 125–28

reforming 改革～ 237

settlements and 协议和～ 232–34

statute of limitations 诉讼时效 237

vindication and 辩护和～ 226–27

Civil War 美国南北战争 157

Clark, Annie E. 安妮·克拉克 187

Class 阶层 15, 74, 113–14, 135 See also socioeconomic class 又见社会经济阶层

clearance numbers, police and 警方和清理数据 81

clear and convincing standard 清晰且令人信服的标准 61, 185

Clune, John 约翰·克鲁尼 84, 165, 226

cognitive dissonance 认知失调 51, 105

confirmation bias 证实偏差 64, 72

College of New Jersey 新泽西学院 215

colleges and universities 学院和大学 16–17, 42

    affirmative consent and 明确同意和～ 47

    Black women and 黑人女性和～ 112

    blame-shifting and 责任转嫁和～ 17, 99–102

    degrees of belief and 相信的程度和～ 62–63

    disciplinary hearings and 纪律听证会和～ 8, 62, 64, 75, 183, 185–86

    double standards and 双重标准和～ 113–14

    dress and 衣着和～ 109, 110n

    drinking and 喝酒和～ 109, 187

    expressive theory of punishment and 惩罚的表达理论 219

    orientation and 指导和～ 182

    rape unreported at 在～未上报的强奸事件 28, 200

    restorative justice and 恢复性司法和～ 212–15

    stranger rape paradigm and 陌生人强奸范式和～ 40–42

    victims failed by 被～辜负的受害者 17, 64, 182–87, 189–90

Columbia Law School 哥伦比亚大学法学院 131

community service 社区服务 209

confidential settlements 保密和解 98 *See also* nondisclosure agreements 又见保密协议

confirmation bias 证实偏差 64, 72

consent 同意 46–47, 67–68, 159–60, 211

 clearly expressed standard and 清晰表达标准和 ~ 47

 legal definitions of ~ 的法律定义 237

Consent（Freitas）《同意》（弗赖塔斯）108, 146

consequences, meaningful 有意义的结果 214, 218–20

Constand, Andrea 安德烈娅·康斯坦德 52

coping mechanisms 应对机制 43, 49, 107

Cornell University 康奈尔大学 31

corroboration requirement 证实要求 65–69, 82, 92–95

Corsie, Jillian 吉利恩·科尔西 99–102, 105–6, 127

Cosby, Bill 比尔·科斯比 7, 51–52, 71

coverture 有夫之妇的法律地位 158–59

credibility boost 可信度提升 *See also* credibility inflation 又见可信度膨胀

credibility complex 可信度复合体 *See also* blame-shifting; care gap; doubt; power imbalances; *and specific laws and institutions* 又见责任转嫁；关照落差；怀疑；权力失衡；以及具体的法律制度

 defining 定义 ~ 3–7

 dismantling 废除 ~ 234–238

 friends and 朋友和 ~ 171–77

 harm to victims by 因 ~ 伤害受害者 171–98

 intersections and 交叉身份和 ~ 9 *See also* specific groups 又见特定群体

 myths and 迷思和 ~ 37–38, 50–54

 NDAs and 保密协议和 ~ 34–35

 operation of ~ 的运作 8–36

perfect victim standard and 完美受害者标准和 ~ 41-50
　　police and 警方和 ~ 80-84
　　presumption of innocence and 无罪推定和 ~ 69
　　silencing of victims by ~ 导致的受害者沉默 23-36
　　vulnerabilities compounded by ~ 加剧的脆弱性 33
　　women of color and 女性肤色和 ~ 21
　　workplace and 工作场所和 ~ 145-46
credibility discount 可信度受损 4
　　anticipated 预期的 ~ 23, 28-30, 177
　　colleges and 学院和 ~ 185
　　corroboration demands and 确证要求和 ~ 60, 65-68
　　defined 已界定的 ~ 9-11
　　eliminating 消除 ~ 234-38
　　false reports estimates and 虚假报案估计和 ~ 63-65
　　friends and family and 亲友和 ~ 29, 176-78
　　"he said, she said" and "他说，她说" 和 68-69
　　internalized 内化的 89-92
　　marginalized victims and 边缘化的受害者和 ~ 16-17, 21, 33
　　military and 军方和 ~ 191
　　police arrest rates and 警方逮捕率和 ~ 81-82
　　self-doubt and 自我怀疑和 ~ 89-92
　　ubiquity of ~ 的普遍存在 9-11
credibility inflation 可信度膨胀 3-4, 11-12, 60, 84-88, 233, 238 *See also* credibility boost 又见可信度提升
Crenshaw, Kimberlé Williams 金伯利·威廉斯·克伦肖 21
criminal law 刑法 4, 212, 220 *See also* police; prosecutors; *and specific cases* 又见警方；检察官；以及特定案例
　　accuser's sexual history and 原告的性史和 ~ 126-27
　　burden of proof and 证据的重负和 ~ 74

cautionary instruction and 警示性指令和~ 93–94

civil law vs. 民法与~ 74

consent definitions and 同意的定义和~ 47

convictions in ~的定罪 220–21

credibility discount and 可信度受损和~ 192–98

distrust of accusers in ~中对指控者的不信任 64, 92–95

presumption of innocence and 无罪推定和~ 69

prompt complaint rule and 及时报警的法规和~ 93

reasonable doubt and 合理怀疑和~ 61, 67, 94

resistance requirement and 抵抗要求和~ 44

statute of limitations and 诉讼时效和~ 237

D

"damaged goods" reasoning "有缺陷者"逻辑 152–54

damages caps 赔偿的最高限额 155–56, 237

Deer, Sarah 萨拉·迪尔 21, 23, 214–15

Delaware 特拉华州 46

Democratic National Convention (2004) 民主党全国大会 (2004) 131–32

Denhollander, Rachel 雷切尔·登霍兰德 221

DeRogatis, Jim 吉姆·德罗加蒂斯 170

Detroit 底特律 84

Diallo, Nafissatou 纳菲萨图·迪亚洛 229–34

discounting mechanisms 受损机制 11, 103, 177

disgrace, burden of 耻辱的负担 205, 215–19

disregard 忽视 28–30, 131–70

    abuse repackaged as humor 被包装成幽默的侵犯 137–40

    Black women and 黑人女性和~ 19

    colleges and 学院和~ 182–83

    friends and 朋友和~ 176–77

Native women and 土著女性和~ 22-23
　　status quo and 现状和~ 134
distrust 不信任 *See also* doubt 又见怀疑
DNA tests 基因测试 57-59, 67
doctors 医生
　　abusive 虐待他人的~ 55-60, 90-91, 224-25
　　harassment of women training to be 对实习女~的骚扰 145-46
Domingo, Plácido 普拉西多·多明戈 65-67
Donegan, Moira 莫伊拉·多尼根 168
Donovan, Roxanne 罗克珊·多诺万 111
Dostie, Ryan Leigh 瑞安·利·多斯蒂 42-43
double standards 双重标准 110, 112-14
doubt 怀疑 *See also* distrust 又见不信任
　　default to 默认~ 63-69
　　internalized 内化的~ 89, 140
　　law and 法律和~ 92-98
dress and appearance 衣着和外表 74, 108-14, 118-20, 122-23, 129, 188
Dressler, Joshua 乔舒亚·德雷斯勒 46
Drill-Mellum, Daniel 丹尼尔·德里尔-梅吕姆 24-25, 27-28
drinking 喝酒
　　by abuser 施暴者~ 108-9
　　by victim 受害者~ 65, 100-101, 106-9, 114-17, 127, 162, 172-73, 185-86
drugging of victim 给受害者下药 188-89, 193-94, 222
　　voluntary vs. involuntary intoxication and 自愿与非自愿醉酒和~ 116-18
drug use 药物使用 15, 24, 73, 116
Duke University 杜克大学 40, 72, 133, 205-6

E

Eberhardt, Jennifer 珍妮弗·埃伯哈特 64

Education, Department of 教育部门 213n

emotional distress, intentional infliction standard 故意造成情感困扰 151–52

emotional response of victim 受害者的情绪反应 47–49, 75, 80–81

empathy 共情 137

   for abuser 对施暴者~ 167

employers 雇主 32, 95–96

End Rape on Campus "终止校园性侵"组织 182, 184–85, 187

England, Paula 葆拉·英格兰 112–13

Epstein, Jeffrey 杰弗里·爱泼斯坦 7, 167–68

Equal Employment Opportunity Commission（EEOC）平等就业机会委员会 18, 31, 95

Evans, Lucia 露西娅·埃文斯 195–98

evidentiary standards 证据的标准 4, 61–63, 68

F

Facebook 脸书 174

Fager, Jeff 杰夫·法格 53

Fairfax, Justin 贾斯廷·费尔法克斯 131–34, 163

false accuser mythology 诬告者神话 63–65, 69–71, 82–83 See also lying woman archetype 又见说谎女性的形象

family members 家庭成员 4, 7, 19, 38, 62, 176–77, 235

Farley, Lin 琳·法利 31

farmworkers 农场工人 237

Farrow, Ronan 罗南·法罗 13, 196, 198

Federal Bureau of Investigation（FBI）联邦调查局 167, 200, 202

federal civil rights law 联邦民权法

damages and 损害赔偿和 ~ 155
state tort law vs. 州侵权法与 ~ 151

female sexuality, stigma and 耻辱和女性特征 112-14

femininity 女性气质 43, 114

fighting back 反击 41-47, 100, 106-7, 114.

financial compensation 经济赔偿 209

Florida 佛罗里达州 167-68

Florida State University 佛罗里达州立大学 114

force requirement 暴力要求 161-63, 237

Ford, Christine Blasey 克莉丝汀·布莱西·福特 35, 71, 77-79, 106, 165

Ford Motor Company 福特汽车公司 138-39

forensic reports 法医报告 82

Fort Dodge, Iowa 艾奥瓦州道奇堡 118-19

Franken 阿尔·弗兰肯 Al, 53

fraternities 兄弟会 142, 222

Freedman, Estelle 埃丝特勒·弗里德曼 15, 159

freezing, reflexive response to trauma 保持不动的创伤应对机制 43-44

Freitas, Donna, ix 唐娜·弗赖塔斯 107-8, 146, 183-84

Fresno, California 加利福尼亚州弗雷斯诺市 31-32

Freyd, Jennifer 珍妮弗·弗赖德 176, 180

friends 朋友 4, 7, 18, 38, 62, 100-102, 171-79, 200, 202, 204, 235-36

G

gang rape 轮奸 218

Ganz, Megan 梅根·甘兹 206-7

Garber, Megan 梅根·加伯 53-54

gaslighting 煤气灯效应 89-90, 183

Georgia 乔治亚州 93

Georgia Supreme Court 乔治亚州最高法院 93

Girls & Sex（Orenstein）《女孩与性》（奥伦斯坦）110
"giving self" "付出型自我" 141
Godbold, Louise 路易丝·戈德博尔德 217
gold digger archetype 捞金者形象 70–71
Goldilocks scenario 金发姑娘场景 48, 74
Gomes, Larissa 拉丽莎·戈梅斯 217
Gonzalez, Jennifer 珍妮弗·冈萨雷斯 220
"good girl" stereotype "好女孩" 刻板印象 108
"good" or "ordinary" man "好" 或 "普通" 人 50–51, 53
Graves, Fatima Goss 法蒂玛·戈斯·格雷夫斯 135
Grigoriadis, Vanessa 瓦妮莎·格里戈里亚季斯 109, 112
Grillo, Trina 特里纳·格里洛 15
Grossman, Joanna 乔安娜·格罗斯曼 96
Gutierrez, Ambra Battilana 安布拉·巴蒂拉纳·古铁雷斯 85–86

H

Hadden, Robert 罗伯特·哈登 90–92
halo effect 光环效应 164–65
hampton, dream 德雷姆·汉普顿 20, 170
Hampton, Jean 琼·汉普顿 218
Harmon, Dan 丹·哈蒙 206–7
Harris, Angela P. 安吉拉·哈里斯 18
Harris, Ida 艾达·哈里斯 169–70
Harvard University 哈佛大学 131
Haynes, Venkayla 文凯拉·海因斯 16–17
Heldman, Caroline 卡罗琳·黑尔德曼 182–85, 187
"hellish for women" test "女性的地狱" 检验 148
Henderson, Lynn 林恩·亨德森 120–21
Henninge, Carolan 卡罗兰·亨宁格 155–56

Herman, Judith Lewis 朱迪丝·刘易斯·赫尔曼 137, 181, 204-5, 217-18

Hernandez, Maria de Jesus Ramos 玛利亚·德·赫苏斯·拉莫斯·埃尔南德斯 32-33

Hernández, Tanya 塔尼娅·埃尔南德斯 122-23

"he said, she said" contest "他说，她说"的争辩 68-69, 82, 162, 185, 186

hierarchies 等级 3, 7, 103, 125, 135-36, 155, 216

high school victims 高中受害者 187-89, 210-11

Hill, Anita 安妮塔·希尔 18-20, 97, 203-4

#HimToo # 他也是 70

Hippocampus 海马体 77, 79

Hirsch, Jennifer 珍妮弗·赫希 214

Hobart and William Smith Colleges 霍巴特和威廉史密斯学院 185-86

Hoechstetter, Marissa 玛丽萨·赫希施泰特 90-92, 224-25

Hogshead-Makar, Nancy 南希·霍格斯黑德-马卡尔 40-41, 109, 205-6

Honold, Abby 阿比·霍诺尔德 23-29, 67-68, 143, 223-24

Hopper, Jim 吉姆·霍珀 76-77, 79-80

human resources (HR) departments 人力资源部门 64, 69, 138, 177, 204, 215

Human Rights Watch 人权观察 191-92

humor, abuse repackaged as 被包装成幽默的侵犯 137-40

Hunting Ground, The (documentary)《狩猎场》(纪录片) 114

husband, abuse by 遭丈夫侵犯 157-60

Hysteria 歇斯底里 48-49, 65

I

"I know him" defense "我了解他"辩护 53-54

immigrants 移民 6, 15, 32-33

incarceration 监禁 220-24

independent contractors 合同工 2, 237

injury 伤害

 care gap and 关照落差和 ~ 154–55

 physical 身体的 ~ 26–27, 68, 186, 143

"injustice of appearance" "外表不公正" 74

Instagram 照片墙 177

institutional betrayal 机构背叛 180–92, 224–25

Iowa Supreme Court 艾奥瓦州最高法院 120

J

Jezebel stereotype 耶洗别刻板印象 111–12

Johnson, Nicole 尼克·约翰逊 30, 51, 107, 142–43

jokes and mockery 玩笑和嘲弄 137–40, 144, 191

Jones, Karen 卡伦·琼斯 60

Joseph (Biblical figure) 约瑟（圣经人物）69–70

Judd, Ashley 阿什莉·贾德 135

judges 判定 4, 38, 237

jury 陪审团 38, 50, 52, 117–18, 125, 127, 155, 237

just world theory 公正世界理论 104–5

K

Kahneman, Daniel 丹尼尔·卡内曼 136

Kantor, Jodi 乔迪·坎特 13–14, 34–35

Katz, Debra 德布拉·卡茨 71

Kavanaugh, Brett 布雷特·卡瓦诺 7, 35, 77–79, 106, 165

Kelly, R. 罗伯特·凯利 7, 169–70, 203–4, 220

Kennedy, Duncan 邓肯·肯尼迪 109

Khan, Shamus 谢默斯·卡恩 214

Kianerci, Alaleh 阿拉莱·基亚纳尔奇 67, 73, 220

Kimmel, Adele P. 阿黛尔·基梅尔 187–88

King, Gayle 盖尔·金 133
Kinsman, Erica 埃丽卡·金斯曼 114
Knight, James 詹姆斯·奈特 118-20
Know My Name（Miller）《知晓我姓名》（米勒）166
Kozinski, Alex 亚历克丝·科津斯基 225-26
Ku, Katherine 凯瑟琳·库 225
Kuper, Adam 亚当·库珀 3

L

LaGuardia Airport 拉瓜迪亚机场 55
Latinx women 拉丁裔女性 21, 112, 144-45
Leahy, Patrick 帕特里克·莱希 77
legal system 法律体系 4-5 *See also* civil law; criminal law; police; prosecutors; *and specific legal standards* 又见美国南北战争；刑法；警方；检察官；以及特定的法律标准

    blame-shifting and 责任转嫁和~ 103, 107, 114-18
    degrees of belief and 相信的程度和~ 61-62
    doubt and 怀疑和~ 92-98
    force requirement and 暴力要求和~ 160-62
    institutional betrayal and 机构背叛和~ 192-98
    male innocence and female guilt and 男性无辜、女性愧疚和~ 120-21
    noneconomic damages and 非经济性的损失和~ 155
    rape and 强奸和~ 156-63
    reforming 改革~ 236-38
    resistance requirement and 抵抗要求和~ 44-45
    "severe or pervasive" standard and "严重或普遍"的标准和~ 147-51
    self-blame and 自我责备和~ 107
    unwelcomeness test and 不受欢迎的检验和~ 121-25
    workplace harassment and 工作场所骚扰和~ 146-56

Lerner, Melvin 梅尔文·勒纳 104
Leydon-Hardy, Lauren 劳伦·莱登-哈迪 11, 181
LGBTQ victims 性少数群体受害者 6, 71, 184
Lisak, David 戴维·利萨克 161
Lithwick, Dahlia 戴利娅·里斯威克 78, 165
Litman, Leah 莉亚·利特曼 225
Lonsway, Kimberly 金伯利·朗斯威 39, 65, 92, 235
loss aversion 损失规避 136
Lovell, Rachel 雷切尔·洛弗尔 80, 193
Lyft drivers 来福车驾驶员 199–202
lying accuser stereotypes 说谎指控者的刻板印象 69–72, 80–81
lynching 私刑 133, 164

M

MacKinnon, Catharine 凯瑟琳·麦金农 31, 147, 161
male sexual prerogatives 男性的性特权 11, 108–10, 120–21 See also sexual entitlement 又见性权利
Manhattan District Attorney's Office 曼哈顿地区检察官办公室 1, 85–86, 168, 231
Manne, Kate 凯特·曼内 136, 141
marginalized women 边缘化的女性 6, 15, 23, 33, 135, 138–39, 168–69, 202 *See also* specific groups
marital history 婚姻史 129
marital rape exemption 婚内强奸豁免权 159–60
Markey, Jim 吉姆·马基 48
Marlowe, Heather 希瑟·马洛 193–95
Martin, Emily 埃米莉·马丁 73
Mayer, Jane 简·马耶尔 18
McDonald's 麦当劳 139–40

McGowan, Rose 罗丝·麦高恩 12-14, 109-10

McLeod, Lara 拉腊·麦克劳德 83

memory, trauma and 创伤记忆和 ~ 75-80

Memphis Police Department 孟菲斯警察局 194-95

Men Explain things to Me（Solnit）《爱说教的男人》（索尔尼特）38-39

Meridian Township Police Department 默里迪恩镇警察局 86-88

Meritor Savings Bank v. Vinson 美瑞特储蓄银行诉文森案 121-24, 147

#MeToo # 我也是 2, 135, 203, 206

Me Too movement "我也是"反性骚扰运动 2, 4, 6, 20, 177

 victims gathering 受害者聚会 35-36

Metropolitan Opera 大都会歌剧院 66-67

Mezey, Naomi 内奥米·迈泽伊 4

Michigan State University 密歇根州立大学 88

Middlebury College 米德尔伯里学院 195

military service members 现役军人 42, 180, 190-92, 222

Miller, Chanel 香奈儿·米勒 67, 165-67, 189-90

Miller, Dale 戴尔·米勒 104

Miller, Lisa 莉萨·米勒 56

minimal encoding phase 弱编码阶段 77, 79

Minnesota coal mine class-action suit 明尼苏达州煤矿团体诉讼 153-54

Minnesota state law 明尼苏达州法律 114-16, 158

Miramax 米拉麦克斯 196

misogynoir 厌黑女症 169

Mississippi Supreme Court 密西西比州最高法院 157

Missoula, Montana 蒙大拿州米苏拉 107

mistaken woman archetype 犯错的女性形象 71-72, 173, 176

Mitchell, Rachel 雷切尔·米切尔 78

Model Penal Code《模范刑法典》

 cautionary jury instructions and《模范刑法典》对陪审团的警示指南和 ~

94

    corroboration requirement 证实要求 94

    marital rape exemption 婚内强奸豁免权 159-60

    prompt outcry rule 及时报警规则 94

    voluntary vs. involuntary intoxication and 自愿与非自愿醉酒和~ 116

modesty, enforced 端庄的约束 110

Montgomery, Alabama, diner 亚拉巴马州蒙哥马利市餐馆 203

Moonves, Les 莱斯·穆恩维斯 53

Morabito, Melissa 梅利莎·莫拉比托 0 192-93

Morphine 吗啡 55

Morris, Monique 莫妮克·莫里斯 110-11

Murphy, Colleen 科琳·墨菲 208-9

Murphy, Emily 艾米丽·墨菲 225

Muscogee (Creek) Nation 马斯科吉（克里克）部落 21

Muslim accusers 穆斯林指控者 21

myth vs. Reality 迷思与现实 *See also* stranger rape paradigm and *specific myths and archetypes* 又见陌生人强奸范式以及特定的迷思和形象

    abusers and 施暴者和~ 50-51

    victims and 受害者和~ 41-50

N

Nashville 纳什维尔 82

Nassar, Larry 拉里·纳萨尔 7, 86-88, 221

National Collegiate Athletic Association (NCAA) 美国大学生体育联盟 166

National Institute of Justice 国家司法研究 80

National Judicial Education Program for Legal Momentum 法律动力的国家司法教育项目 163

National Women's Law Center 美国国家妇女法律中心 73, 135

Native American approaches to justice 美国本土的司法方式 215

Native women 土著女性 20–23
Nelson, Melissa 梅利莎·纳尔逊 118–20
Nethery, Edna 埃德娜·内瑟里 44–45, 114
neurobiology of trauma 创伤神经生物学 43, 75–81, 204
New Bedford, Massachusetts, gang rape 马萨诸塞州新贝德福德的轮奸案 218
Newman, Aja 阿贾·纽曼 55–60, 62, 65, 97
Newman, David 戴维·纽曼 59
New Yorker《纽约客》13, 136, 196
New York Police Department (NYPD) 纽约警察局
    Lyft case and 来福车案和~ 200–202
    Weinstein and 韦恩斯坦和~ 85, 196–98
New York–Presbyterian Hospital 纽约长老会医院 91, 224–25
New York State 纽约州
    consent definition and 同意定义和~ 47
    corroboration and 证实和~ 93
    workplace harassment damages and 工作场所骚扰伤害和~ 155–56
New York Times《纽约时报》13, 34, 35, 42, 86, 177, 186, 216
New York University 纽约大学 113
Ninth Circuit Court of Appeals 第九巡回上诉法院 225
no contest pleadings 没有抗辩请求 222
Nome, Alaska 阿拉斯加州诺姆市 22–23
nondisclosure agreements (NDAs) 保密协议 2, 34–35, 98, 216 *See also* confidential settlements 又见保密和解
noneconomic damages 非经济性的损失 155
North Carolina 北卡罗来纳州 116–17
Northwestern University 西北大学 1
nude photos 裸照 129
nurse examiners 护士检验员 26–27, 115, 193, 202, 230
"nuts and sluts" defense "有点疯狂，有点浪荡" 辩护 97

O

Occidental College 西方学院 182

O'Connor, Lauren 劳伦·奥康纳 215-17

Olympics of 1984 1984 年奥运会 40-41

oral sex, forced 强制口交 106, 115, 132, 162, 178, 185, 186, 188, 196, 197, 230-31

Orenstein, Peggy 佩姬·奥伦斯坦 110, 140

"outrageousness" standard "令人发指"的标准 151-52

Oxnard, California 加利福尼亚州的奥克斯纳德 82

P

Palm Beach police 棕榈滩警方 167

Paltrow, Gwyneth 格温妮斯·帕特洛 35

patriarchy 父权制 6, 11, 39, 112-14, 141

Paulino, Karmenife 卡梅尼费·保利诺 112

Peacekeeping 维护和平 215

Penny, Laurie 劳丽·彭妮 142

People for the Enforcement of Rape Laws "强奸法执行人"组织 194-95

perfect victim myth 完美受害者迷思 41-50, 60, 74-75, 104, 195, 235

Perkins, Zelda 塞尔达·珀金斯 34, 36

Pezqueda, Sandra 桑德拉·佩斯奎达 73

Phoenix, Arizona, police 亚利桑那州凤凰城警方 48, 82

Pittsburgh 匹兹堡市 81

plausibility calculus 合理性推断 74-76

police 警方 4, 8, 14, 17, 30, 57-59, 62-64, 100-102, 127, 174-75, 192-98, 220, 233-34, 237

    arrest rates and 逮捕率 82

    dismissals by ~ 驳回处理 47-48, 80-84, 87-88, 102

interviews of victims 受害者面谈 24-27

lawsuits by victims vs. 受害者诉讼与～ 192-95

Native victims and 土著受害者和～ 22-23

probable cause and 正当理由和～ 62

reasonable suspicion and 合理怀疑和～ 62

trauma misunderstood by ～ 对创伤的误解 47-48，80-81

workplace harassment and 工作场所骚扰和～ 32

political tool myth 政治工具迷思 71

pornographic pictures 色情照片 152

Portland 波特兰市 82

post-traumatic stress disorder (PTSD) 创伤后应激障碍 189-90

Potiphar's wife 波提乏的妻子 69-70

power imbalances 权力失衡 3，10，11-12，15，85，103，112，123-25，134-37，140-41，164-70，216，219，235

preponderance of evidence standard 优势证据标准 61，74，185-86

presidential election of 2016 2016年总统选举 179

presumption of innocence 无罪推定 69

presumption of welcomeness 受欢迎的推定 237

pretrial discovery 审前披露 97-98，128，237

Prince William County, Virginia 弗吉尼亚州威廉王子县 81

prompt complaint or outcry rule 及时投诉或报警规则 93-97

propofol 异丙酚 55-56

ProPublica "为了公众"组织 82

prosecutors 检察官 8，38，50，114，192，197-98，222-23，231-33，237

Prout, Chessy 切西·普劳特 106

Public Justice "公共正义"组织 187-88

punishment 惩罚

expressive function of ～ 的表达功能 218-20

prison terms and 刑期和～ 220-24

Pushout（Morris）《推出》（莫里斯）110

R

Randall, Brianne 布里安娜·兰德尔 86–88
rape 强奸 *See* sexual assault and rape 见性侵和强奸
rape kits 强奸取证包
   tested 经检测的 ~ 200
   Untested 未经检测的 ~ 80, 83–84, 193–95
rape laws 强奸法 104, 126, 157, 237
rape myths 强奸迷思 38–39 *See also* stranger rape paradigm 又见陌生人强奸范式
real rape stereotype 真正强奸的刻板印象 65, 75
reasonable doubt standard 合理怀疑标准 61–63, 67, 94, 231
   misplaced 错位的 ~ 62–63
reasonable suspicion standard 合理怀疑标准 62
"Reclamation"（Karmenife）"夺回"（卡梅尼费）112
regretful woman myth 后悔的女性迷思 71
resistance requirement 抵抗要求 44–47, 65, 75
restorative justice 恢复性司法 207–15
   colleges and 学院和 ~ 212–14
   high schools and 高中和 ~ 210–12, 214–15
Rhode, Deborah 德博拉·罗德 74
Ries, Jenna 詹娜·里斯 139
righteous victims 正直的受害者 195
Robbennolt, Jennifer K. 珍妮弗·罗本诺特 208–9
Rolling Stone《滚石》杂志 72
Rose, Justin 贾斯廷·罗斯 191
Ross, Marissa 玛丽萨·罗斯 177–80
Rotunno, Donna 唐娜·罗通诺 104–5

S

Sacramento, California 加利福尼亚州萨克拉门托 82
Salt Lake City 盐湖城 82
San Diego, California 加利福尼亚州圣迭戈 82
San Francisco, Marlowe lawsuit vs. 希瑟·马洛诉旧金山案 194
San Francisco Police Department (SFPD) 旧金山警察局 194
Santa Clara, California 加利福尼亚州圣克拉拉 67
Saturday Night Live (TV show)《周六夜现场》(电视节目) 53
Schafran, Lynn Hecht 林恩·赫克特·沙弗朗 163
Scottsdale, Arizona 亚利桑那州斯科茨代尔 82
Scripps College 斯克利普斯学院 131
search warrants 搜查令 63
Seattle 西雅图 82
secondary victimization 二次伤害 171-75, 180, 195
Second Assault (documentary), 102《二次侵害》(纪录片)
self-blame 自我责备 105-9, 112-14, 196, 206-7 *See also* shame 又见羞耻
self-doubt 自我怀疑 89-92, 106
Sellers, Joseph 约瑟夫·塞勒斯 97, 124-25
"severe or pervasive" standard "严重或普遍"的标准 147-50, 237
sex discrimination 性别歧视 147, 151
sex offender classification 性犯罪者分类 168
sexual assault and rape 性侵和强奸 *See also* credibility complex; workplace sexual harassment; *and specific cases; individuals; legal standards; and specific groups* 又见可信度复合体；工作场所性骚扰；以及特定案例；个人；法律标准；以及特定群体

    blame-shifting and 责任转嫁和~ 99-130
    care gap and 关照落差和~ 131-70
    colleges and 学院和~ 40, 99-102, 182-83, 184, 187

convictions for 因 ~ 被定罪 222–23

credibility and harm to victims and 可信度和伤害受害者和 ~ 171–98

credibility and power and 可信度和权力和 ~ 9–36

decision not to report 决定不汇报 ~ 25–28, 172–73

defined 已界定的 ~ 2n

first disclosures and 首次披露和 ~ 29–30

friends and 朋友和 ~ 17, 173–75, 178

by husband or intimate partner 被丈夫或亲密伴侣 ~ 38, 157–59

law and 法律和 ~ 44–48, 92–98, 114–18, 126–27, 156–63

military and 军方和 ~ 180, 190–92

minimization of ~ 的轻视 143–44, 146

motivations to doubt occurrence of 怀疑 ~ 发生的动机 39, 63–65

myths and 迷思和 ~ 37–54, 69–72, 111

police and 警方和 ~ 63–64, 80–82, 192–94, 199–203

punishment and 惩罚和 ~ 218–24

race and 种族和 ~ 15, 111–12, 157

schools and 学校和 ~ 187–89

ubiquity of ~ 的普遍性 37–39, 72

sexual entitlement 性权利 10, 38–39, 120 See also male sexual prerogatives 又见男性的性特权

sexual history 性的历史 15, 125–27, 152–53, 188

"sexy" behavior "性感"的举止 108–10, 114, 123 See also dress and appearance 又见衣着和外表

shame 羞耻 107–8, 112–14, 200 See also self-blame

Silbey, Susan 苏珊·西尔比 5

silence 沉默 7, 10, 16, 19–20, 23–36, 89, 196

Silence Breakers 打破沉默者 13

slavery 奴隶制 15, 19, 111, 156–57

slut shaming 荡妇羞辱 113–14

Small, Gretchen 格蕾琴·斯莫尔 22–23
Smith, Jamil 雅米尔·史密斯 20
Smith, Nick 尼克·史密斯 207
social media 社交媒体 97, 210
social status 社会地位 135–36, 218–19
socioeconomic class 社会经济阶层 *See also* class 又见阶层
Sofitel 索菲特酒店 229–31
Solnit, Rebecca 丽贝卡·索尔尼特 38–39
Soulless(DeRogatis)《失魂》(德罗加蒂斯)170
Sperino, Sandra F. 桑德拉·斯佩里诺 148
Spohn, Cassia 卡西亚·斯庞 195
Stanford University 斯坦福大学 64, 67, 165–66, 189–90
state law 州法律
 caps damages and 限制损害赔偿 155
 damaged goods reasoning and "有缺陷者"的逻辑 153
 intentional infliction of emotional distress and 故意造成情感伤害 151–52
 marital rape exemption and 婚内强奸豁免权 159–60
 physical force requirement and 身体暴力要求和~ 160–61
 sexual history of victims and 受害者的性史和~ 153–54
 slavery and 奴隶制和~ 156–57
 workplace harassment and 工作场所骚扰和~ 151–56
status quo, meaningful disruption of 有意义的打破现状 203–5, 220
status quo bias 现状偏见 136–37
statute of limitations 诉讼时效 2, 194, 237
St. Paul's School 圣保罗学校 106
stranger rape paradigm 陌生人强奸范式 30, 37–41, 74, 143
 colleges and 学院和~ 182
 need to discard 需要摒弃~ 235–36
 police and 警方和~ 195, 200–201

Strauss-Kahn, Dominique 多米尼克·施特劳斯-卡恩 229-34
subpoenas 传票 63
suicide attempts 自杀企图 34, 189
Sundance Film Festival (1997) 圣丹斯电影节 (1997) 13
superencoding mode 超级编码模式 77
Surviving R. Kelly (documentary series)《逃脱凯利的魔爪》(系列纪录片) 20, 170

T

Taylor, Sidney 悉尼·泰勒 121-22
teenage girls 少女 110, 129, 169-70, 178, 200
Teeson, Jenny 珍妮·蒂森 157-58
Teukolsky, Lauren 劳伦·图科斯基 68-69, 96-97, 138
Thomas, Clarence 克拉伦斯·托马斯 18-19, 97
Thomas, Suja A. 苏娅·托马斯 148
Thorndike, Edward 爱德华·桑代克 164-65
Tillet, Salamishah 萨拉米夏·蒂耶 20
Title IX《教育法修正案》第九条 182, 184, 213
Title VII《民权法案》第七章 95, 147, 151
Tolentino, Jia 希亚·托伦蒂诺 72, 136
tort law 侵权法 146-47, 153-54
Traister, Rebecca 丽贝卡·特雷斯特 135, 163
trans women 跨性别女性 23
trauma 创伤 23, 26-27, 43-44, 49, 184, 189
　neurobiology of ~ 神经生物学 75-81
trio of claims 三项主张 37, 103, 176, 193
trivialization 轻视 137-40, 144
Trump, Donald 唐纳德·特朗普 7, 70, 143-44, 179, 213n
trust, betrayal of 信任的背叛 107, 181 *See also* betrayal 又见背叛

Tucson, Arizona 亚利桑那州图森 82
Turkos, Alison 艾莉森·图尔克斯 199–203
Turner, Brock 布罗克·特纳 67, 165–67, 189–90, 220
Twitter 推特 71, 104n
Twohey, Megan 梅根·图伊 13–14, 34–35
Tyson, Vanessa 瓦妮莎·泰森 131–34, 163

U

Unbelievable（TV miniseries）《难以置信》（迷你剧）47
University of Arizona 亚利桑那大学 99, 102
University of Minnesota 明尼苏达大学 23–25, 143, 223
University of North Carolina 北卡罗莱纳大学 187
untrustworthy accuser myth 不值得相信的原告迷思 64
unwelcomeness test 不受欢迎的检验 121–25, 129
USA Gymnastics 美国体操协会 86, 88
US Air Force 美国空军 222
US Army 美军 42–43, 192
US Attorney's offices 联邦检察官办公室 167
US Marines 美国海军陆战队 191
US Senate Judiciary Committee 美国参议院司法委员会 77–79, 165
US Supreme Court 美国最高法院 121, 123–24, 147
　　Kavanaugh nomination and 卡瓦诺提名和~ 70, 77–79, 106, 165
　　Thomas nomination and 托马斯提名和~ 18–19
　　workplace harassment and 工作场所骚扰和~ 95–96
Utah Supreme Court 犹他州最高法院 93

V

Validation 认可 205–15
Vallejo, Leticia 利蒂西娅·瓦列霍 137–38

Vance, Robert 罗伯特·万斯 32, 70–71, 96, 226–27

van der Kolk, Bessel 巴塞尔·范德考克 76

Venice Film Festival 威尼斯电影节 33

verbal harassment 言语骚扰 149

verbal resistance 口头抵抗 162, 237

vindication 辩护 205–6, 217–18, 220–27, 232

Vinson, Mechelle 梅切尔·文森 121–24, 147

Virginia Democratic Party 弗吉尼亚民主党 132–34, 163

voluntary intoxication defense 自愿醉酒辩护 114–117, 237

voluntary social companion defense 自愿社会伴侣辩护 159–60

W

Wagoner, Amelia 阿马利娅·瓦戈纳 42

Washington Post《华盛顿邮报》51

weapon 武器 38, 65, 161

Weeks, Cassandra 卡桑德拉·威克斯 45–46

Weinstein, Harvey 哈维·韦恩斯坦 1–2, 5–7, 12–14, 34–36, 49–50, 85–86, 104–5, 195–98, 215–17, 229, 234–35

Wesleyan University 卫斯理大学 112

West, Carolyn 卡罗琳·韦斯特 111

West, Robin 罗宾·韦斯特 141, 157, 160

Wexler, Lesley 莱斯莉·韦克斯勒 208–9

"What were you wearing?" art exhibits "你穿什么？"艺术展 110n

#WhereIPutMyself #我待的地方 104n

white women 白人女性 15, 16, 18, 40–41, 135

Wigdor, Douglas 格拉斯·维格多尔 233–34

Wilkenfeld, Ari 阿里·威尔肯菲尔德 74, 96–97

Williams, Janey 珍妮·威廉斯 171–74, 179–80

Williams, Michelle 米歇尔·威廉斯 111

Wilson, Angela Turner 安吉拉·特纳·威尔逊 66
wine industry 酒业 177–80
Winston, Jameis 杰米斯·温斯顿 114
Wisconsin Supreme Court 威斯康星州最高法院 44–45, 114
witch-hunting rhetoric 猎巫修辞 164
woman scorned archetype 遭轻蔑拒绝的女性形象 71
"woman who cries rape" archetype 哭诉强奸的女性形象 70
women and girls of color 有色人种妇女和女孩 2, 6, 16, 21, 28, 33, 59, 144–45, 154 *See also specific groups* 又见特定群体
workplace sexual harassment 工作场所的性骚扰 4, 8, 29–33, 39
   accountability and 问责和～ 225–26
   care gap and 关照落差和～ 146–56
   damages and 损害赔偿和～ 154–55
   degrees of belief and 相信的程度和～ 62–64
   diner servers and 餐厅服务员和～ 203–4
   dress and 穿着和～ 118–20
   employer liability and 雇主的法律责任 95
   hellish for women test "女性的地狱" 检验 148
   "he said, she said" and "他说，她说"和～ 69
   hierarchies and 等级和～ 32
   high-barrier of belief and 高信任障碍和～ 73–74
   institutional betrayal and 机构背叛和～ 192
   law and 法律和～ 95–98, 121–29, 146–56
   legal claim, recognition of 承认法律诉求 31
   NDAs and 保密协议和～ 98
   pretrial discovery and 审前披露和～ 97, 125–29
   prompt complaint and 及时投诉和～ 96–97, 237
   retaliation for reporting 举报的报复 32–33
   "severe or pervasive" standard and "严重或普遍"的标准和～ 147–50

trivialized 日常的～ 137–39

　　unwelcomeness test and 不受欢迎的检验和～ 123–25

　　verbal abuse and 口头侵犯和～ 149

　　victim blamed for 受害者因～受指责 121–23

　　victims doubted 被怀疑的受害者 95–98

　　victim urged to downplay harm of 受害者强烈希望淡化遭受～的伤害 144–45

　　Weinstein company and 韦恩斯坦公司和～ 215–16

　　wine industry and 酒业和～ 178–79

Wriggins, Jennifer 珍妮弗·维里金斯 154

Wright, Suzette 叙泽特·赖特 138–39

Wulf, Patricia 帕特里夏·伍尔夫 66

Y

Yang, Andrew 安德鲁·扬 92

Yang, Evelyn 伊夫林·扬 92

Yankton Sioux Reservation 扬克顿苏族保留地 21

Ybos, Meaghan 米根·伊博斯 194–95